TALMA ET L'EMPIRE

DU MÊME AUTEUR

Histoire des Comédiens de la troupe de Molière. 1 vol. in-8........................ 7 50

Études dramatiques : Talma et la Révolution. 1 vol. in-18............................ 3 50

En préparation

Talma et la Restauration.

Il a été tiré de cet ouvrage 10 exemplaires numérotés sur papier de Hollande au prix de 8 francs.

ÉTUDES DRAMATIQUES

TALMA

ET

L'EMPIRE

PAR

ALFRED COPIN

DEUXIÈME ÉDITION

PARIS

LIBRAIRIE ACADÉMIQUE DIDIER
PERRIN ET Cie, LIBRAIRES-ÉDITEURS
35, QUAI DES GRANDS-AUGUSTINS, 35

1888
Tous droits réservés.

TALMA ET L'EMPIRE

I

LA COMÉDIE A LA MALMAISON

Dans notre précédente étude, *Talma et la Révolution*, nous avons dit de quelle façon Bonaparte et Talma se rencontrèrent après la chute de Robespierre. Nous avons vu le futur vainqueur d'Austerlitz ne dédaignant pas les livres que lui prêtait Talma, ni les billets de faveur que celui-ci lui donnait volontiers pour assister aux représentations du Théâtre de la République. Nous avons réfuté cette lettre apocryphe — qui a cours cependant — dans laquelle le jeune général, à bout de ressources, réclame à celui qu'il appelle « son bon Talma » quelques écus dont il veut lui assurer le remboursement sur son premier royaume à conquérir. Nous avons pénétré chez Mme Tallien, la reine du jour, en compagnie de Bonaparte et de Talma ; nous ne reviendrons plus sur toutes ces choses. Notre étude sur Talma s'arrêtait au 18 Brumaire ; c'est du 18 Brumaire que nous reprendrons le cours de notre récit.

Les temps sont déjà bien changés. Aux jours troublés de la Révolution a succédé une période de calme et de repos. Les théâtres reprennent sous le Consulat leur physionomie d'autrefois. Les étrennes, le carnaval, les bals de l'Opéra, la promenade de Longchamps et les œufs de Pâques renaissent de leurs cendres. C'est le temps où la belle Mme Récamier, qui conduit la mode, fait le plus riche ornement de l'Opéra et du Théâtre-Français, retournant après la représentation à son merveilleux château de Clichy. C'est le temps où Garat, qu'on n'appelle plus que l'*Orphée moderne*, excite une admiration sans bornes et fait tomber une foule d'admiratrices à ses pieds. C'est le temps enfin où Talma commence à briller de toute sa splendeur, et où le Théâtre-Français reprend toute sa vogue.

Bonaparte n'a jamais cessé d'aimer le théâtre et les artistes. Va-t-il dîner chez son frère Lucien, au moment de passer à table une hésitation se produit. Le Premier Consul passe le premier sans donner le bras à aucune femme. Il place sa mère à sa droite, et c'est à Garat, au chanteur Garat, qu'il offre la place restée vide à sa gauche (1). Offre-t-il au peuple des fêtes éclatantes comme celle du 1er Vendémiaire an IX pour célébrer l'anniversaire de la République, il ordonne aux théâtres de jouer gratis, et il assiste lui-même avec sa femme à la représentation

---

(1) *Souvenirs de* Mme *Récamier*, t. I, p. 37.

du Théâtre-Français. On donnait ce jour-là le *Cid* et *Tartuffe*. Bonaparte aime tout ce qui est théâtral, il ne faut jamais l'oublier; le génie de Corneille l'enthousiasme, et nous le verrons tout à l'heure se délasser aux conversations de Talma. Chez lui, dans sa propre maison, les arts trouvent un heureux asile. La galerie de la Malmaison a gardé encore les échos de la voix de Garat et des autres artistes célèbres qui s'y firent applaudir. Elle conserve encore dans sa décrépitude le souvenir de la jeune Hortense de Beauharnais s'accompagnant elle-même sur la harpe, lorsqu'elle chantait les charmants morceaux dus à sa propre composition.

L'époque du Consulat — et nous insistons sur ce point — peut être considérée comme une des plus heureuses périodes de notre histoire. La France délivrée de toutes les horreurs de la Révolution, maîtresse de l'Europe, objet d'envie pour toutes les puissances, ne songe plus qu'à jouir de ses victoires. Les théâtres, comme on peut croire, profitent largement de ces élans joyeux, et la Comédie française, admirablement soutenue par cette troupe dont nous aurons si souvent l'occasion de parler dans le courant de cet ouvrage, attire chaque soir une foule nombreuse.

Enfin le goût du théâtre est si vif dans toutes les classes de la société, qu'il pénètre même jusque dans la maison du Premier Consul. On se souvient qu'à la fin du mois de septembre 1798, Joséphine avait acheté le domaine de la Malmaison, situé à côté du village de Rueil. C'est là qu'elle avait passé l'automne de 1798, ainsi que la belle saison de 1799, tout en conservant à Paris son petit hôtel de la rue Chantereine, devenue rue de la Victoire. Quand Bonaparte fut revenu d'Égypte, il fit connaissance avec la Malmaison achetée en son absence ; c'est là que nous le retrouverons pendant plusieurs années, toutes les fois que ses préoccupations lui laisseront le loisir de s'échapper du Luxembourg ou des Tuileries.

« Le Premier Consul ne devait, dans le principe, venir à la Malmaison que pour s'y délasser et oublier, une fois la semaine, les affaires du gouvernement, écrit l'architecte Fontaine dans ses *Mémoires manuscrits*, en date du 10 décembre 1800. Mais aujourd'hui, il y reçoit des hommages ; les ministres y viennent lui rendre leurs comptes, les chefs de l'armée lui font leur cour, et tout est trop petit pour tant de monde. On agrandit les écuries et les dépendances. »

Le général, devenu Premier Consul, s'était installé au Luxembourg, mais il habitait aussi la Malmaison. Bonaparte et Joséphine étaient sans cesse sur la route de Rueil. En effet leurs voyages à Paris, quand ils habitaient cette résidence, étaient très fréquents, non seulement pour les affaires du gouvernement, mais aussi pour aller au spectacle que le général aimait beaucoup, donnant toujours la préférence au Théâtre-Français et à l'Opéra-Italien (1). La Malmaison, à cette époque, était un véritable lieu de

(1) *Mémoires de Constant*, t. I, p. 26 et 27.

délices où l'on ne voyait arriver que des figures qui exprimaient la satisfaction. Dans le salon de Mme Bonaparte ne régnait pas encore cette étiquette sévère qu'il fallut observer depuis à Saint-Cloud, aux Tuileries, et dans tous les palais où se trouva l'Empereur. Là venaient régulièrement Murat, Duroc, Berthier, la famille tout entière du général Bonaparte, et, indépendamment des hommes célèbres dans le gouvernement ou dans l'armée, MM. de Volney, Denon, Lemercier, de Laigle, Baudin, Isabey, Michot, Talma, etc.

Après le dîner, MM. de Lauriston, Didelot, de Luçay, de Bourrienne, Eugène, Rapp, Isabey, Mme Bonaparte et Mlle Hortense ne dédaignaient pas une partie de barres. La société se divisait en deux camps et l'on courait sur la pelouse. Arrivons à la comédie.

« Dès le commencement on joua la comédie à la Malmaison, nous dit Constant. C'était un genre de délassement que le Premier Consul aimait beaucoup. Mais il ne remplit jamais d'autre rôle que celui de spectateur. Toutes les personnes attachées à la maison assistaient aux représentations, et je ne tairai point le plaisir que nous goûtions, plus peut-être que tous les autres, à voir ainsi travesties sur la scène les personnes au service desquelles nous nous trouvions (1). »

Entrons maintenant dans les détails : après avoir construit une espèce de théâtre portatif que l'on

---

(1) *Mémoires de Constant*, t. I, p. 31.

montait dans la galerie, près du salon, on trouva ensuite le moyen de former une petite salle de spectacle, en prenant sur la diagonale de l'une des plus grandes pièces du pavillon Nord, au second ; mais ce dernier arrangement, quoique plus grand que le premier, remplissait moins le but proposé : il fallait monter deux étages, en quittant les salons et la compagnie, pour aller se placer dans une salle étroite qui n'avait ni étendue ni magnificence. « Enfin, continue l'architecte déjà cité, le Premier Consul, cédant aux demandes qui lui sont faites depuis longtemps, nous a ordonné de construire, de la manière la plus économique possible, une petite salle entièrement isolée dans les cours, du côté de la ferme. Il accorde un mois pour l'exécution de cet ouvrage, auquel nous pourrons mettre la main dès qu'il en aura approuvé la dépense. Un plan, un devis ont été faits dans la journée d'hier. Le tout a été remis à M. Bourrienne, qui, avec M*me* Hortense, la fille de M*me* Bonaparte, est l'un des plus ardents acteurs. »

Qui niera, après cette lecture, que Bonaparte n'avait pas le goût du théâtre ? Un jour le Premier Consul se rend chez Murat, propriétaire du château de Neuilly. On devait y jouer *Alzire*, pièce dont tous les membres de la famille Bonaparte s'étaient distribué les rôles. Il réprimanda fort son frère Lucien, chargé du personnage de Zamore, parce que son costume n'avait pas toute la décence convenable. « Quand je m'applique, lui dit-il, à ramener le goût des bonnes mœurs et de l'honnêteté, les membres de ma famille ne doivent rien faire qui porte, dans ce sens, obstacle à mes projets (1). »

Revenons au théâtre de la Malmaison. L'architecte construisit en trente jours, et moyennant trente mille francs, une salle de spectacle bâtie en planches, et pouvant contenir deux cents personnes. On communiquait de la galerie du rez-de-chaussée à la salle de spectacle par un passage couvert en coutil. L'inauguration en eut lieu le 12 mai 1802 par une représentation que vint y donner une troupe d'artistes italiens. On joua la *Serva padrona*. « La salle a paru fort agréable, dit l'architecte, et si l'ouvrage représenté eût été plus conforme au goût des spectateurs, on s'y serait beaucoup amusé. » Mais les artistes ordinaires du théâtre de la Malmaison sont bien autrement intéressants à tous les points de vue. Voici Mme la duchesse d'Abrantès qui va nous soulever un coin du rideau, et nous faire passer derrière la toile. « Mlle de Beauharnais, écrit-elle dans ses *Mémoires*, avait eu de trop grands succès chez Mme Campan, lors des représentations d'*Esther* et des autres pièces où Mlles Auguier, Mlle Pannelier faisaient avec elle preuve d'un talent remarquable, pour n'avoir pas la pensée d'utiliser le théâtre de la Malmaison. Eugène de Beauharnais jouait parfaitement bien; sans aucune prétention flatteuse, Junot avait un talent supérieur; M. Didelot était un admirable Crispin; je ne me tirais pas

---

(1) Charles MAURICE, *Histoire anecdotique du Théâtre*, t. I, p. 71.

mal de mes rôles, et le général Lauriston faisait un fort noble Almaviva ou tout amoureux en habit de cour. Mais le plus habile de la troupe était M. Bourrienne ; il jouait les rôles à manteaux dans une réelle perfection. »

Consultons Bourrienne à son tour : « Hortense jouait à merveille, Caroline (Mme Murat) médiocrement, Eugène très bien. Lauriston était un peu lourd, Didelot passable, et j'ose assurer, sans en tirer aucune vanité, que je n'étais pas le plus mauvais de la troupe (1). »

Et voici où la chose devient particulièrement intéressante en ce qui concerne notre sujet :

« Si, d'ailleurs, nous n'étions pas bons, continue Bourrienne, ce n'était pas faute de bonnes leçons et de bons conseils. *Talma et Michot venaient nous faire répéter* tantôt en commun, tantôt séparément (2). »

Comme on le voit, on ne négligeait rien pour que les représentations données en famille ne fussent complètes, et Talma faisant répéter Hortense, Eugène ou Mme Murat, Talma déjeunant sans apparat avec le Premier Consul ne devient-il pas lui aussi un peu de la famille ?

« Combien j'ai reçu de leçons de Michot, en nous promenant dans le beau parc de la Malmaison, nous

---

(1) *Mémoires de Bourrienne*, t. V, p. 25.
(2) « C'est Michot, de la Comédie française, qui, faisant répéter les jeunes acteurs, s'écriait, toutes les fois qu'un interprète manquait de chaleur : « Chaud ! chaud ! chaud ! » ce qui ne manquait pas, comme bien on pense, de divertir fort toute la troupe. (*Mémoires de Constant.*)

raconte encore Bourrienne. Et, s'il m'est permis de le dire, combien j'éprouve aujourd'hui de plaisir à revenir sur ces bagatelles, dont on fait une affaire, quand on est jeune, et qui contrastaient si singulièrement avec le grand théâtre sur lequel nous ne représentions pas des personnages fictifs! »

Bourrienne ajoute que la troupe possédait, comme on dit en termes de coulisses, un matériel très bien organisé. Le Premier Consul avait donné à chacun des comédiens-amateurs une collection de pièces de théâtre très bien reliées, et, protecteur né de la troupe, il leur avait fait faire des costumes riches et élégants.

« Bonaparte, nous dit Bourrienne, prenait un très grand plaisir à ces représentations ; il aimait à voir des comédies jouées par des personnes de son intimité ; quelquefois même il nous adressait des compliments. Quoique cela m'amusât autant que les autres, je fus plus d'une fois obligé de lui faire observer que mes occupations ne me laissaient guère le temps d'apprendre mes rôles ; alors il prenait ses manières caressantes, et me disait : « Allons, lais-
« sez-moi donc tranquille ; vous avez tant de mé-
« moire ! Vous savez que cela m'amuse ; vous voyez
« bien que ces réunions animent et égayent la Mal-
« maison ; Joséphine les aime beaucoup ; levez-vous
« plus matin. — En effet, je dors beaucoup, n'est-ce
« pas ? — Allons, Bourrienne, faites cela pour moi ;
« vous me faites tous rire de si bon cœur ! Ne me
« privez pas de ce plaisir-là, je n'en ai pas trop,
« vous le savez bien. »

Nous nous appesantissons sur ces détails parce

que, outre qu'ils sont curieux par eux-mêmes, nous voulons prouver qu'il est impossible de suivre de près le théâtre de cette époque sans y retrouver la main de Bonaparte, que ce théâtre soit un théâtre de société comme celui de la Malmaison, ou un théâtre officiel comme le Théâtre-Français, et plus nous avancerons dans cette étude, plus nous approcherons Talma, notre but, plus nous rencontrerons celui qui tout à l'heure va s'appeler Napoléon. Oui, ce vaste génie s'appliquait à toutes choses avec la même sollicitude, et ma foi, *Bonaparte au théâtre* n'est pas un sujet à dédaigner pour un critique d'art dramatique. Nous n'avons pas connaissance qu'on l'ait traité jusqu'à ce jour.

Le jeune lieutenant d'artillerie acceptait jadis les billets de faveur de Talma; rien de plus naturel. Mais ce n'est pas cela qui nous frappe. Ce qui nous frappe, c'est Bonaparte obscur qui s'éprend de Corneille; c'est cet empereur en herbe qui recherche tout ce qui est théâtral ; c'est cet homme de guerre qui adresse les vers suivants, les seuls peut-être qu'il ait jamais rimés, à Mme Saint-Huberty qui jouait Didon à l'Opéra (1) :

> Romains, qui vous vantez d'une illustre origine,
> Voyez d'où dépendait votre empire naissant :
> Didon n'eut pas de charme assez puissant
> Pour arrêter la fuite où son amant s'obstine;

---

(1) Cette légende est presque accréditée. Néanmoins nous n'aurions pas osé en parler si nous ne nous abritions derrière l'autorité de M. Edmond de Goncourt, qui a cité le morceau. (*Mme Saint-Huberty.*)

> Mais si l'autre Didon, ornement de ces lieux,
>   Eût été reine de Carthage,
> Il eût, pour la servir, abandonné ses dieux,
> Et votre beau pays serait encore sauvage.

Et du reste, en y réfléchissant bien, comment l'homme qui possédait au plus haut point la science de l'effet n'aurait-il pas aimé le théâtre? La vieille histoire de Talma donnant à Napoléon des leçons de dignité est absurde. Sa nature d'Italien et de Corse suppléait bien suffisamment à toutes les leçons que le tragédien aurait pu lui donner. Il y a des choses que l'on n'a pas besoin d'apprendre parce qu'on les apporte en naissant.

Ne quittons pas la petite salle de spectacle de la Malmaison sans mentionner la fameuse réprésentation du *Barbier de Séville* qu'y donna la troupe des comédiens ordinaires du Premier Consul. Après avoir joué des petites pièces telles que *les Héritiers, les Étourdis, Défiance et Malice, les Projets de mariage, le Dépit amoureux*, on s'était enhardi à en aborder de plus importantes, et, sur la demande même du maître de la maison, on avait monté un grand ouvrage : *le Barbier de Séville*. La curieuse distribution de cette pièce est heureusement parvenue jusqu'à nous. Nous sommes bien aise de la remettre sous vos yeux :

> Rosine......... Mlle Hortense de Beauharnais.
> Almaviva....... Le général de Lauriston.
> Figaro......... M. Didelot.
> Bartholo....... M. Bourrienne.

BASILE.......... M. Eugène de Beauharnais.
L'Éveillé...... M. Isabey.

Hortense y remporta un succès éclatant. Son mariage même avec Louis Bonaparte n'arrêta en rien le cours des représentations. « J'ai reçu ta lettre du 10 messidor, écrit le Premier Consul à sa femme alors à Plombières, en date du 1ᵉʳ juillet 1803. Hortense a joué hier Rosine dans le *Barbier de Séville* avec son intelligence ordinaire. »

Hélas! il ne reste plus rien aujourd'hui de tous ces aimables souvenirs! J'ai visité, par une belle journée de l'été dernier, cette résidence de la Malmaison. J'ai cru pénétrer dans un sépulcre : les dalles manquent sous les pas; partout sur les murs des traces de délabrement et de moisissure. Je marchais solitaire à travers ces vastes pièces vides où l'on aurait cru que l'incendie ou que l'inondation avait passé. J'ai retrouvé sur les portes qui tiennent encore debout des traces de trophées; j'ai aperçu des allégories mythologiques sur quelques murs ; je suis entré dans la bibliothèque vide de volumes; j'ai regardé les boiseries et les colonnes qui existent encore. Je me suis promené dans la galerie où se voyaient jadis les Claude Lorrain, les Paul Potter, les Téniers, les Berghem, les marbres de Canova, les bronzes d'Herculanum. Puis je ressortis par le parc. Il n'y a plus de parc; j'étais sans le savoir dans la rue. Sur l'emplacement des bosquets et des parterres, des serres et des grottes, on a vendu aux Parisiens des lots de terrain à tant le mètre, payables à volonté. Le château délabré, le parc dépecé : tel est l'état actuel de la Malmaison. Et c'est en vain qu'on chercherait une seule pierre de ce petit théâtre de société où Bonaparte passa peut-être quelques-unes des meilleures heures de toute sa vie.

II

LE PREMIER CONSUL ET LA COMÉDIE FRANÇAISE

Il ne suffisait pas d'avoir rapproché tous les éléments divers qui composaient l'ancien Théâtre-Français, et d'avoir réuni dans une même salle tous les artistes d'élite dispersés par la tourmente révolutionnaire. Nous avons vu, dans notre livre *Talma et la Révolution*, comment les trois troupes s'étaient trouvées réunies. Il fallait maintenant assurer l'existence de cette nouvelle Société, il fallait une main puissante et l'influence même du Premier Consul pour en fixer à tout jamais les bases. A Louis XIV revient l'honneur d'avoir créé notre premier établissement dramatique ; au Premier Consul revient l'honneur de l'avoir réédifié.

L'ouverture du Théâtre-Français après la réunion des trois troupes avait eu lieu le 31 mai 1799. — Le 2 juillet 1802 le Premier Consul dote la Comédie française d'une rente annuelle de 100,000 francs (1). Le 18 janvier 1803 (28 nivôse an XI) est signé à Saint-Cloud le décret organisant définitivement cette Société. C'est en vertu de ce décret que les comédiens à leur tour passent, le 17 avril 1804 (27 germinal an XII), l'acte qui est resté la constitution commerciale de la Comédie française, comme le décret de Moscou en sera plus tard la constitution administrative (2). M. de Rémusat, préfet du palais du gouvernement, est chargé de la surintendance du Théâtre-Français. M. Mahérault est commissaire du gouvernement près du même théâtre. On peut bien croire que Talma, qui était alors le familier de la Malmaison, n'avait pas été étranger à cette décision du Premier Consul qui consultait toujours les hommes compétents en une matière, avant de prendre une détermination.

C'est ainsi que les comédiens se trouvèrent liés peu à peu par une dette de reconnaissance. Et de fait Bonaparte ne cessa jamais de les protéger. Aussi toutes les occasions offertes aux comédiens pour témoigner au chef de l'Etat leur dévouement respectueux étaient-elles saisies par ceux-ci avec empressement. C'est ainsi que le 8 octobre 1801 une députation de la Comédie est admise à présenter des

(1) Ce ne fut qu'en 1852, sous le ministère de M. de Morny, que les comédiens furent exonérés du payement du loyer de leur salle. Il est vrai de dire que sous Louis-Philippe ils le payaient fort inexactement.

(2) Eug. LAUGIER, *Documents historiques sur la Comédie française*. Paris, Firmin Didot, 1853.

félicitations au Premier Consul. Et pourquoi? Vous ne le devineriez jamais. Pour le complimenter au sujet des préliminaires de paix avec l'Angleterre !

De son côté le Premier Consul commence à faire acte d'autorité avec la Comédie française ; comprenant dans sa pensée que la gloire du Théâtre-Français doit être une des gloires de la nation, que la Comédie française doit être son théâtre, il ordonne, le 6 janvier 1802, à Talma, Desprez, Mmes Petit-Vanhove et Raucourt, de se rendre à Lyon pour y donner des représentations. C'était comme le prélude des voyages de Bruxelles, d'Erfurt et de Dresde.

Les rapports de l'autorité avec la Comédie française vont devenir de plus en plus fréquents, et, il ne faut pas le nier, le trait d'union entre la Comédie française et le Premier Consul, c'est Talma, l'ami d'avant la lettre, le commensal des déjeuners intimes, l'interlocuteur favori de l'homme d'État qui cherche à se délasser l'esprit par des conversations littéraires.

Le Premier Consul est un fanatique de théâtre, il y va fréquemment, et ses ennemis politiques le savent si bien qu'ils forment le projet de le frapper là, parce que là, plus que partout ailleurs, il leur semble vulnérable. Une première fois déjà, le 10 octobre 1800, la police avait découvert un complot. « Vous ne savez pas, dit-il à Bessières et à Eugène de Beauharnais, on veut m'assassiner ce soir à l'Opéra. » Et quelques minutes après il faisait son entrée au théâtre, précédé d'Eugène et de ses chasseurs, tandis que les conspirateurs Ceracchi et Aréna étaient arrêtés dans la salle.

C'est encore en allant au théâtre, à l'Opéra, le 24 décembre de cette même année 1800, qu'il manquera d'être victime d'un épouvantable attentat. On savait qu'en sortant des Tuileries pour aller au théâtre, la voiture du Premier Consul passait par la rue Saint-Nicaise. C'est là que Saint-Réjant et ses complices avaient placé leur machine infernale. On se rappelle par quel miracle Bonaparte échappa à une mort certaine qui l'attendait.

Joséphine n'était pas moins empressée au théâtre que son mari. « Elle se plaisait dans ce tourbillon mondain, dans cette vie de salon et de théâtre, écrit M. Imbert de Saint-Amand (1). Chaque première représentation, chaque bal, chaque dîner d'apparat était pour elle l'occasion de commander une nouvelle robe, et de sortir ses bijoux de leurs écrins. »

Bonaparte ne manquait aussi aucune occasion de conduire au théâtre un hôte illustre. Lorsque au mois de mai 1801, l'infant de Parme, Louis, fils d'une sœur de la reine Marie-Antoinette, vint à Paris, il y eut une représentation de gala au Théâtre-Français. On avait affiché *Œdipe*. Le public s'y porta en foule pour voir le Premier Consul faire les honneurs de la Capitale à un Bourbon, et l'on raconte que lorsque l'acteur chargé du rôle de Philoctète récita ce vers :

J'ai fait des souverains et n'ai pas voulu l'être!

le public fit une ovation au chef de l'État. Et cependant l'Empire n'était pas loin!

(1) *La Femme du Premier Consul*. Paris, Dentu, 1884.

« Curieux de voir à côté l'un de l'autre Talma et Mlle Duchesnois, écrit Ch. Maurice (1) en date du 24 mars 1802, j'ai dîné vite et suis allé attendre assez longtemps l'ouverture des bureaux. — Enfin je me suis placé, et, au lieu d'un plaisir, j'en ai trouvé deux, le second un véritable bonheur. — Le Premier Consul est venu au théâtre. — Avant qu'on eût su son arrivée, le sourd roulement de sa voiture et le bruit des chevaux de son escorte l'avaient annoncé. — Dieu! quel frémissement a parcouru l'assemblée! Et comme, avec une simplicité toute militaire, ce héros s'est noblement présenté! Son salut, bref et modeste, digne et amical tout ensemble, répondant aux acclamations de la salle, m'a pénétré jusqu'au fond de l'âme... Ma foi, j'ai pleuré. Vraiment, cet homme-là n'est pas fait et ne fait rien comme un autre. Son teint mat et plombé a quelque chose des divinités égyptiennes qui rendaient des oracles. La sévérité de sa tenue n'en exclut ni la bienveillance ni la grandeur. Il impose sans troubler, on voudrait même qu'il vous adressât la parole, tant il semble qu'une émanation de son génie vous inspirerait quelque bonne réponse. Il écoute comme on pense. Son œil fascine, son silence vous attache; toute sa personne fait rêver, et quand on revient de son extase, il ne faut pas se regarder, on se trouverait trop petit. Dans mon émotion, que pouvais-je attendre du spectacle qui m'avait attiré ?... Pyrrhus, Oreste, Hermione,

---

(1) Ch. MAURICE, *Épaves*, p. 45.

Andromaque n'étaient plus qu'un cortège, et je suivais le triomphateur. »

L'organisation définitive du Théâtre-Français — nous l'avons vu — ne devait être complétée que sous le Consulat à vie. Jusque-là rien de positif. Le Théâtre-Français est bien déjà un théâtre semi-officiel. Ainsi il donne un spectacle gratis le 14 août 1802, veille du jour de naissance du Premier Consul. On joue *Adélaïde Duguesclin* et *Crispin médecin*. Il fait relâche le lendemain 15 août, à l'occasion de cette même fête.

Le Premier Consul de son côté ne veut pas être en reste de politesse vis-à-vis des comédiens. Il assiste avec sa femme, le 20 août, à la représentation d'*Andromaque*, toujours joué par Talma et Mlle Duchesnois. Après la subvention de 100,000 francs, c'est le décret de 1803. Les comédiens sont associés pour l'exploitation du théâtre, la durée de la Société est illimitée, et elle est divisée en vingt-cinq parts. Aucun comédien ne pourra être admis dans la Société à moins d'un quart de part. Les autres articles concernent principalement les débuts, les admissions, les retraites, les pensions, les pièces nouvelles, etc. Enfin M. de Rémusat administre absolument le théâtre à la manière du premier gentilhomme de la chambre du roi sous l'ancien régime. « M. de Rémusat, écrit M. Paul de Rémusat, son petit-fils, dégoûté, ennuyé, cédait davantage chaque jour à son humeur, à sa répugnance à se produire, à se ménager auprès des grandeurs froides ou hostiles. Il se désintéressa surtout de ses fonctions de chambellan pour se renfermer dans ses devoirs d'administrateur des théâtres, qu'il mena singulièrement bien. Une grande part des règlements actuels du Théâtre-Français lui est due (1). »

Cette époque (1802-1803) fut fertile en événements au Théâtre-Français. Le 5 avril 1802 mourait Dubus-Champville, sociétaire. Le 24 avril de cette même année le célèbre Molé jouait pour la dernière fois. Il mourait, le 11 décembre suivant, à soixante-neuf ans, après quarante-huit années de service. Et comme Molé était membre de l'Institut (2), ses obsèques eurent lieu le 13 décembre au milieu d'une affluence énorme. Le Premier Consul s'y fit représenter par le général Jubié. Un service solennel eut lieu à Saint-Sulpice, et le curé de cette paroisse prononça le panégyrique de Molé en s'élevant contre le préjugé qui pèse contre les comédiens. Molé fut enterré à Antony, suivant son désir; la déclaration du curé d'Antony se glorifiant de recevoir les restes de Molé, et demandant aux comédiens que sa lettre soit conservée aux archives du Théâtre-Français, n'est pas non plus sans intérêt pour l'histoire des rapports du clergé avec les comédiens (3).

Le 29 janvier 1803, la célèbre Clairon, déjà retirée de la scène depuis de longues années, mourait à son

---

(1) *Mémoires de M*^{me} *de Rémusat*, t. I. Préface, p. 40.

(2) C'est Molé, membre de l'Institut, section de déclamation, qui écrivait à Chaptal, ministre de l'intérieur :

« Citoyen Ministre, si vous pouviez faire pour ce citoyen ce que je vous demande, veuillez, *mon cher confrère*, le recommander à *notre confrère* le Premier Consul. »

(3) Cette lettre a été reproduite par M. Eugène Laugier : *Documents historiques sur la Comédie française*, p. 69.

tour, et, le 11 février, Bellemont succombait après trente-sept ans de service et soixante-quinze ans d'âge. Mme Vestris avait pris sa retraite de sociétaire le 23 septembre précédent.

Après les morts, revenons aux vivants. Si la Comédie s'appauvrissait d'un côté, elle faisait en revanche d'assez belles recrues. Au commencement de juillet 1802, Mlle Duchesnois avait paru pour la première fois à Versailles, et à titre d'essai, dans le rôle de Phèdre (1). Le 29 novembre Mlle Georges avait débuté dans le rôle de Clytemnestre dans *Iphigénie en Aulide* (2).

Le 2 avril 1803, nous apprend M. Laugier déjà cité, M. de Rémusat ouvrait un concours pour doubler l'emploi des jeunes premiers dans la tragédie, et des troisièmes amoureux et jeunes marquis dans

---

(1) L'usage d'essayer les débutants à Versailles n'avait pas encore été abrogé par le ministre Chaptal. Cette coutume évitait au public habituel de la Comédie française le spectacle de tentatives quelquefois malencontreuses, et sauvegardait aussi la bonne exécution des pièces. Ainsi ce début à Versailles ne fut pas heureux pour Mlle Duchesnois. Grâce à des protections, elle obtint cependant la faveur de se montrer à Paris sur la scène du Théâtre-Français où elle fit son apparition le 3 août 1802, dans ce même rôle de Phèdre, et cette fois avec succès. (Notice biographique sur Mlle Duchesnois, par de Manne. *Galerie historique des comédiens de la troupe de Talma.*)

(2) Ces noms de Duchesnois et de Georges étant des pseudonymes, l'orthographe n'en est pas bien précise. Ainsi on écrit *Duchesnoy* et *Duchesnois*. On écrit aussi *George* et *Georges*. Nous nous conformons à l'usage généralement établi en écrivant *Duchesnois* et *Georges*. Ceci soit dit une fois pour toutes.

la comédie. Les concurrents devaient avoir de quinze à vingt-trois ans, de bonnes mœurs, bien posséder la langue française, et être en état de jouer sur-le-champ. Le jury d'examen se composait de Monvel, Vanhove, Saint-Prix, Saint-Fal, Talma, Dazincourt, Fleury, Grandménil, Dugazon; Mmes Raucourt, Contat, Suin et Devienne.

Quelques jours après, le comité d'administration accordait à Ducis une pension de 1,500 francs en échange de la propriété de ses œuvres. Vous avez bien lu : 1,500 francs ! Que diraient nos auteurs à la mode d'une semblable proposition? Qu'en penseraient MM. Dumas, Sardou, Augier, et *tutti quanti?* Qu'en dirait M. Coppée? Quelle figure ferait M. d'Ennery? Car n'allez pas croire que Ducis fût oublié en 1803. On jouait parfaitement *Hamlet*, *Macbeth*, *Othello*, *Abufar*. Un fabricant de chansonnettes pour les cafés-concerts d'aujourd'hui rougirait de ces 1,500 francs ! Pauvre Ducis !

Et à propos de Ducis, l'anecdote suivante nous revient sous la plume. Nous avons dit à différentes reprises dans notre précédente étude que Ducis était le familier de Bonaparte. Nous les avons vus dans la même loge au théâtre. Sainte-Beuve qui a étudié son Ducis nous affirme que Bonaparte, qui avait fort goûté Ducis, lui avait fait beaucoup d'avances pendant son séjour à Paris après la première campagne d'Italie, jusqu'à vouloir l'emmener avec lui dans l'expédition d'Égypte. Mais Ducis était un modeste. Ducis refusa tout, comme il refusera plus tard le Sénat et la Légion d'honneur. C'est de lui que

Sainte-Beuve dira plus tard : « Il demeura en tout temps, et au milieu des diverses illusions qu'il put traverser, *l'honnête Ducis* (1). »

Eh bien, il paraît à présent que Bonaparte ne pouvait pas le souffrir. C'est Mme de Rémusat qui nous l'apprend dans ses *Mémoires*. Il est juste d'ajouter que Mme de Rémusat y dénigre un peu tout le monde, à la façon des serviteurs mécontents de leurs maîtres. On pourrait seulement demander à ceux-ci pourquoi ils s'obstinent à rester dans une place où ils se trouvent si mal. La scène se passe dans le salon du Premier Consul. Mme Bonaparte vient de parler de je ne sais quelle tragédie que l'on donnait alors. « Le Premier Consul, nous dit Mme de Rémusat, passa en revue à ce propos les auteurs vivants, et parla de Ducis dont il n'aimait guère le talent. Il déplora la médiocrité de nos poètes tragiques, et dit qu'il voudrait pour tout au monde avoir à récompenser une belle tragédie. Je m'avisai de dire que Ducis avait gâté l'*Othello* de Shakespeare. Ce nom si long et anglais sortant de mes lèvres fit un certain effet sur notre galerie en épaulettes, silencieuse et attentive. Bonaparte n'entendait pas trop que l'on louât quelque chose qui appartenait aux Anglais. Nous discutâmes un peu de temps ; je demeurai pour ma part dans une ligne de conversation fort commune, mais j'avais nommé Shakespeare, j'avais un peu tenu tête au Consul, loué un auteur anglais, quelle audace! Quel prodige d'érudition! Comme je fus obligée de me

(1) *Causeries du Lundi,* de Sainte-Beuve, t. VI, p. 466 et 468.

tenir plusieurs jours après dans le silence ou dans les discours oiseux, pour réparer l'effet d'une supériorité dont assurément je ne pensais pas avoir pu si facilement acquérir l'embarras ! » A défaut d'autre chose le morceau ne manque pas de prétention.

« L'hiver de cette année (1803), nous dit encore Mme de Rémusat, fut très brillant. Bonaparte commença à vouloir qu'on donnât des fêtes ; il voulut aussi s'occuper de la restauration des théâtres. Il en confia l'administration à ses préfets du palais. M. de Rémusat eut la Comédie française ; on remit à la scène une foule d'ouvrages que la politique républicaine avait écartés. Peu à peu on semblait reprendre toutes les habitudes de la vie sociale. C'était un moyen adroit d'amener *ceux qui la savaient* à venir s'y replacer. C'était reformer des liens entre les hommes civilisés. »

Pendant ce temps que devenait Talma ?

III

SECOND MARIAGE DE TALMA

Les créations de Talma sont rares de 1799 à 1803. Cela provient de différentes causes. La première, c'est que les productions littéraires, absolument dignes de ce nom, n'abondent pas à cette époque de transition ; la seconde, et la plus sérieuse, c'est que Talma, en véritable artiste, attachait bien plus de prix à jouer d'une façon irréprochable tel ou tel rôle du répertoire, Oreste ou Néron par exemple, qu'à établir un rôle nouveau dans la pièce d'un auteur médiocre. Il faut bien reconnaître que c'est en jouant sans cesse les mêmes rôles pendant une partie de sa carrière qu'un comédien arrive à se rapprocher de l'idéal. « Je dois à un sincère et bien sévère ami, écrivait récemment Bouffé dans ses intéressants *Mémoires*, je lui dois d'avoir étudié des rôles jusqu'à la centième représentation. Savez-vous, jeunes comédiens, en quoi cela est précieux ? C'est que vous ne vous blasez pas, et que, chaque jour, vous travaillez à mieux faire. On arrive seulement ainsi à une certaine perfection. Je dis *certaine*, parce que de grands artistes, tels que Talma, Fleury, Préville, Potier, ont dit que le comédien ne devait jamais croire qu'il était arrivé à l'entière perfection, et que la vie d'un artiste ne suffit pas pour jouer complètement bien de certains rôles. L'illustre Garrick dit exactement la même chose, dans ses *Mémoires*, en parlant de l'*Hamlet* de Shakespeare. »

Et cependant si les pièces manquaient, les éléments ne faisaient guère défaut au Théâtre-Français après la réunion des trois troupes. N'était-ce pas une brillante époque que celle où Talma entrait sur la scène, celle où Larive n'en était pas tout à fait sorti, celle où l'on y voyait journellement Saint-Prix, Saint-Fal, Dugazon, Dazincourt, Michot, les deux Baptiste, sujets qui eussent été remarqués dans les jours les plus resplendissants de la Comédie française comme des acteurs d'un talent rare ? N'était-ce pas une brillante époque que celle où l'on voyait encore Monvel et Grandménil, acteurs de premier ordre, et Molé et Fleury, acteurs incomparables, si différents l'un de l'autre, et se montrant l'un et l'autre supérieurs dans les mêmes rôles ?

En ce qui concerne Talma, nous ne relèverons guère à son actif que quelques créations de 1799 à 1803 et dans des pièces aujourd'hui complètement oubliées (1). Etant données les raisons que nous venons de développer plus haut, il n'y a nul lieu de s'en étonner.

En revanche Mme Petit-Vanhove, qui s'appellera bientôt Mme Talma, créa d'assez nombreux rôles pendant la même période. Comme nous allons nous occuper forcément dès à présent de la femme qui va devenir la compagne du tragédien devant la loi — bien qu'elle le fût en réalité depuis déjà quelques années — nous ne pouvons passer ses créations sous silence, ce sont :

En 1799, MATHILDE......... dans *Mathilde*........... de Monvel.
— ALEXIS.......... — *Les Précepteurs*.... de Fabre d'Églantine.
— ANTIGONE......... — *Ethéocle et Polynice*, de Legouvé.
— JULES............. — *L'Abbé de l'Épée*.. de Bouilly.
En 1800, CAMILLE........... — *Camille*........... de Mme de Salm.
— LA DUCHESSE...... — *Pinto*............ de Lemercier.
— LA REINE......... — *Montmorency* ...... de Carrion de Nisas.
— Mme DE CLAIRVILLE — *Le Mariage supposé*. de Lourdet et Santerre.
En 1801, OZÉPHINE......... — *Fœdor et Wladimir*. de Ducis.
En 1802, FÉLICIE .... — *Le roi et le laboureur* d'Arnault.
— ISULE.............. — *Isule et Orovèze*... de Lemercier.
En 1803, SIRI-BRAHÉ....... — *Siri Brahé*......... de Thuring.

On remarquera que Mme Talma jouait dans toutes les pièces à côté de son mari ; et ces créations n'ex-

(1) Ces créations sont les suivantes : Éthéocle dans *Éthéocle et Polynice*, de Legouvé (1799); Pinto dans *Pinto*, de Népomucène Lemercier ; Montmorency dans *Montmorency*, de Carrion de Nisas; Thésée dans *Thésée*, de Mazoyer (1800); Fœdor dans *Fœdor et Wladimir*, de Ducis (1801); Don Pèdre dans *le Roi et le Laboureur*, de V. Arnault; Orovèze dans *Isule et Orovèze*, de Népomucène Lemercier (1802). Aucune création en 1803.

cluaient pas naturellement tous les rôles qu'elle rétablissait dans l'ancien répertoire. Nous avons dit autre part ce qu'était Mme Petit-Vanhove. Nous le rappellerons ici en quelques mots : Mlle Caroline Vanhove, née à la Haye le 10 septembre 1771, était fille du tragédien Vanhove qui joua pendant vingt-six ans les pères nobles au Théâtre-Français. La jeune Caroline avait débuté à ce même théâtre le 8 octobre 1785, à peine âgée de quatorze ans. Sa réussite avait été complète dès le premier soir, dans le rôle de l'*Iphigénie*, de Racine. Mariée bien jeune encore, le 8 août 1786, à un musicien de l'orchestre, nommé Petit, elle s'appela alors Mme Petit-Vanhove. Nous l'avons vue arrêtée pendant la Terreur et incarcérée avec ses camarades.

L'amour que Talma conçut pour cette jeune personne peut remonter à 1794 ou 1795. Talma avait alors trente-deux ans. Caroline en avait vingt-quatre. Devenue libre par son divorce avec Petit, le 26 avril 1794, rien ne s'opposait plus pour elle à une nouvelle union avec tout autre que Talma. Mais Talma était encore marié à Julie. Nous avons raconté sa séparation à l'amiable avec cette dernière, puis son divorce officiel le 6 février 1801 (1). Les deux amants régularisèrent leur situation le 16 juin 1802.

Comment donc jugeait-on Mme Caroline Petit-Vanhove à cette époque? Nous ne rencontrons partout qu'un concert de louanges à son adresse. Mme Talma excellait surtout dans les rôles qui demandaient

---

(1) *Talma et la Révolution*, p. 223 et suiv.

une sensibilité profonde, nous disent tous les contemporains, et sa douleur était si déchirante, si vraie, si sincère, qu'elle inspirait des vers comme les suivants, composés par Legouvé pour être mis au bas de son portrait (1796) :

> Vanhove, autre Gaussin, enchante tous les cœurs :
> Lorsque de Michelin, qu'un séducteur enflamme,
> Elle exprime sans art les coupables malheurs,
> Ou d'Andromaque en deuil rend les chastes douleurs,
> Chacun de ses accents est un soupir de l'âme!

Certes on pourrait accuser ces vers d'une flatterie outrée. Mais sont-ils donc exagérés tous les témoignages que nous avons sous les yeux ? Mme Talma fut une artiste de *premier rang*. Elle n'a qu'un malheur aux yeux de la postérité : c'est celui d'avoir été la femme de Talma. La gloire de son mari devait effacer la sienne.

Parcourez les recueils périodiques de 1797, par exemple. Vous y verrez que Mme Petit, chargée de jouer Cassandre dans la belle tragédie d'*Agamemnon* de Lemercier, y fut si remarquable qu'elle excita un enthousiasme sans bornes. Ouvrez l'*Indicateur dramatique* de l'an VII, et vous y trouverez l'épître : *A la Citoyenne Petit, jouant le rôle de Cassandre*.

Talma jouait dans la même pièce le rôle d'Égisthe. Nous ne rappellerons que le passage suivant :

> De l'acteur qui peignit Egisthe
> Le succès au tien s'unira;
> Tous deux vous ornerez la liste
> De ceux que la scène honora;

> Tous deux en partage de gloire
> Avec l'auteur d'Agamemnon,
> Je vois les filles de mémoire
> Près du sien placer votre nom.

La *Lorgnette des spectacles* signalait en 1798 Mme Petit comme *supérieure à toutes ses émules* dans le drame, et ajoutait que dans la haute comédie il n'y avait plus que Mlle Contat qui lui fût supérieure.

« En 1799, nous dit M. Villenave dans sa notice sur Mme Talma, la comédie des *Deux Précepteurs*, ouvrage posthume de l'infortuné Fabre d'Églantine, dut sa réussite aux rôles des deux élèves qui furent confiés à Mme Petit et à Mlle Mars. Les journaux du temps dirent, et c'était l'éloge le plus flatteur, que, sous le nom d'Alexis, Mme Petit avait paru *un véritable écolier*. »

La même année elle obtint un triomphe bien plus grand encore dans l'*Abbé de l'Épée*. C'était un rôle de sourd-muet; Mme Petit sut remplir la scène pendant les quatre derniers actes, sans cesser d'intéresser profondément les spectateurs. « C'est à Mme Petit, a écrit Bouilly, l'auteur de la pièce, que je dus mon plus beau laurier. »

La grâce de sa tenue, sa physionomie spirituelle, sa voix touchante, la noblesse de son geste, tout concourait en elle à séduire le public qui, en présence de tant de qualités, oubliait facilement l'insuffisance de sa taille. Dans tous les journaux du jour, les almanachs de théâtre, les revues littéraires de l'époque, ce n'est donc qu'un concert d'éloges pour le couple Talma ; ce n'est qu'un *couple aimable et tendre, couple heureux et charmant.*

Et songez que ce triomphe va durer nombre d'années, non seulement à Paris, mais en province, à l'étranger ; partout ce sera le même enthousiasme ; ce ne seront partout que couronnes, hymnes et fêtes. Le *Journal de Bruxelles* (1797, n° 272) ira jusqu'à parler de couronne civique, et tandis que Talma et sa femme récolteront une moisson de lauriers, le bon Vanhove leur écrira : « On vous attend avec la plus grande impatience, car vous nous manquez furieusement, et nous ne faisons pas un sou (1). »

Hélas, le brave Vanhove ne devait plus jouir longtemps du bonheur de ses enfants. Venu pour passer quelques jours à la campagne, chez son gendre, à Brunoy, tandis que celui-ci était avec les artistes de la Comédie française à Bruxelles par ordre supérieur, Vanhove tomba malade. — Nous aurons plus d'une fois dans la suite l'occasion de parler de

(1) Talma vint pour la première fois à Bruxelles en 1797. Il était accompagné de toute une troupe avec laquelle il parcourait la province. Parmi ces artistes, se trouvaient Vanhove, Joanny et Mlle Vanhove. Talma donna sa première représentation le 30 août 1797. Il parut dans le rôle de Farhan d'*Abufar*, tragédie de Ducis. Mlle Vanhove jouait le rôle de Zuléma.

Les comédiens associés partirent ensuite pour la Hollande. A leur retour, ils donnèrent encore plusieurs représentations, à dater du 26 janvier 1798. Talma interpréta *Philoctète*. On est donc parfaitement fixé sur la première apparition du grand tragédien en Belgique. (Manuscrit communiqué par M. Delhasse. *Histoire du théâtre français en Belgique*, par Frédéric Faber, t. II, p. 179.)

cette campagne de Brunoy où Talma se ruina en dépenses folles. — Vanhove fut le premier à ne pas s'alarmer de son état.

Il souffrait, en effet, depuis dix ans, d'une affection hépatique. Mais, cette fois, le mal s'aggrava rapidement, et au bout de quelques jours seulement de maladie, Vanhove succombait le 27 juin 1803. Le vieux comédien fut inhumé dans la propriété même, à Brunoy, à l'ombre d'un gros noyer (1).

Ainsi se termina la carrière du premier père noble de la Comédie française, où il avait débuté en 1777. Vanhove était resté vingt-six ans dans la maison de Molière.

Le talent de Vanhove a été fort contesté. Dans ses *Études sur l'art théâtral*, Mme Talma prend naturellement la défense de son père. Elle reproche à Arnault d'avoir essayé de le couvrir de ridicule, en l'accusant de ne pas seulement savoir parler français, et de jouer indifféremment *Mithridate, Agamemnon*

(1) Dans une récente visite faite à la maison de Talma, à Brunoy, je fis part de ce détail à la propriétaire actuelle qui me répondit qu'elle n'avait pas connaissance qu'il y eût une sépulture dans son parc. — L'acte de décès porte simplement : « Du 9 messidor an XI (28 juin 1803) de la Répu-
« blique française. Acte de décès de Charles-Joseph Van-
« hove, décédé audit Brunoy, le 8 dudit mois, à trois heures
« du matin. Profession d'artiste ; âgé de soixante-trois ans,
« célibataire, domicilié à Paris, etc. » Vanhove était qualifié célibataire, parce qu'il avait divorcé. — Grâce à l'obligeance de M. le secrétaire de la mairie de Brunoy, nous avons retrouvé un autre acte de décès : celui de Jean-François Talma, mort célibataire à Brunoy, âgé de trente-six ans, à la date du 12 ventôse an XII (3 mars 1804). Ce Jean-François Talma était le frère du tragédien.

ou le *vieil Horace* « avec une cuirasse de velours vert à quatre poils, enrichie d'écailles d'or, et d'un trophée composé de canons, de tambours, de fusils groupés avec un goût exquis, dans laquelle il s'était ménagé deux poches, l'une pour son mouchoir, et l'autre pour sa tabatière ».

Il y a évidemment de l'exagération dans ce portrait. Vanhove ne fut pas un grotesque. Lemazurier nous l'a dépeint tout autrement : « Vanhove jouait très bien dans le drame et la haute comédie. Il exprimait supérieurement la noble indignation dont Géronte est pénétré dans le *Menteur*, et la douleur paternelle du baron Hartley, dans *Eugénie*. » Ce que l'on peut affirmer encore, c'est que Vanhove fut toujours un artiste infatigable et zélé, et dans la vie privée, un honnête homme. Seulement comme il avait contracté avec l'âge un embonpoint excessif, il eut à souffrir des quolibets de la jeune génération qui, ne l'ayant point connu dans son beau temps, ne voyait que ses défauts physiques. Voilà ce qui explique peut-être suffisamment le ridicule dont on chercha à le couvrir. Mais tous les témoignages des contemporains le représentent comme un comédien de valeur, fort distingué dans l'emploi des *pères nobles*.

Qu'il fût dépourvu de toute espèce d'instruction, c'est possible. Qu'il ne comprît pas les tentatives de réforme que son gendre Talma essayait d'apporter dans le costume, c'est encore possible. Et qu'il se fâchât tout rouge contre son costumier qui ne lui mettait pas de poches dans ses costumes à la romaine, rien de plus vrai. Mais il ne faudrait pas pour cela lui refuser toute espèce de talent. Le *Journal des Débats* (9 pluviôse an XI) résume ainsi le talent de Vanhove : « L'utile et laborieux Vanhove, quoique dédaigné, est toujours prêt à se sacrifier aux plaisirs d'un public ingrat. Il a de la stature, des poumons, parfois du naturel, et il arrache avec peine les applaudissements qu'on prodigue trop aisément à d'autres. »

Laissons Talma aux douceurs de sa lune de miel et de ses succès, laissons le vieux Vanhove dormir du repos éternel sous un gros arbre du jardin de Brunoy, et revenons au Premier Consul, l'Empereur de demain.

IV

LE THÉATRE DE SAINT-CLOUD
VOYAGE A BRUXELLES

Les bons rapports entre le Premier Consul et la Comédie française ne font que s'accentuer encore en 1803. Le 24 janvier, Bonaparte assiste à la première représentation du *Séducteur amoureux*, comédie en trois actes et en vers, de Longchamps, jouée par Fleury et Mlle Mézeray. Et comme il a quitté la Malmaison pour le palais de Saint-Cloud, comme il ne veut pas se priver de ses acteurs favoris, il ordonne d'élever une salle de spectacle derrière l'Orangerie.

C'est en vain qu'on chercherait à présent les vestiges de cette salle de théâtre dans les jardins du palais de Saint-Cloud. La salle en question, ainsi que l'Orangerie, fut démolie un peu avant la chute du second Empire. Elle prolongeait l'Orangerie, à droite du palais, sur les parterres. Elle a été remplacée par une fort belle avenue d'arbres entremêlés de vases et de statues de marbre.

La salle de spectacle était précédée de deux petits salons d'attente destinés au chef de l'État et à sa suite. Quelquefois Napoléon se plaisait à faire ouvrir la large porte du fond qui donnait sur la scène et qui servait à introduire les décors, et de là le regard pouvait s'étendre sur les brillantes illuminations du parterre. Le coup d'œil était ravissant (1).

Sous l'Empire, le rez-de-chaussée sera presque entièrement occupé par les généraux, les sénateurs et les conseillers d'État; les loges des premières, par les princes et les princesses de la famille impériale et les dames d'honneur. Aux secondes se placeront toutes les personnes attachées à la Cour et les invités. L'Orangerie, qu'il fallait traverser, offrait à l'admiration des spectateurs les plantes et les fleurs les plus rares. C'est dans cette salle que nous allons pénétrer souvent avec Talma; et faisons cette remarque en passant : si l'on jouera fréquemment dans la salle de théâtre de Saint-Cloud, ce sera toujours en présence de l'Empereur, car l'Impératrice Joséphine ne fera jamais jouer pendant l'absence de son mari. Marie-Louise, au contraire, ouvrira deux fois par semaine le théâtre de Saint-Cloud.

Nous avons dit que cette salle fut démolie par ordre de Napoléon III. Une nouvelle salle devait être prochainement construite, et, en attendant, la

---

(1) *Le Palais de Saint-Cloud*, par Ph. Saint-Albin et A. Duranton, p. 233 et suiv.

Comédie s'était réfugiée dans la galerie d'Apollon. La guerre de 1870, en livrant aux flammes le palais de Saint-Cloud, en décida tout autrement.

Quant à Talma, il va aussi bien chez le Premier Consul à Saint-Cloud, qu'il allait chez le Premier Consul à la Malmaison. Et cependant, au point de vue de l'étiquette et du cérémonial, ce n'est pas tout à fait la même chose. « A Saint-Cloud, nous dit Mme de Rémusat, qui, en sa qualité de dame du palais, connaissait les habitudes de la maison, à Saint-Cloud, le Premier Consul déjeunait seul, et souvent sur la terrasse qui se trouvait de plain-pied avec le cabinet. Pendant ce déjeuner, il recevait des artistes, des *comédiens*. Il causait alors volontiers et avec assez de bonhomie. Ensuite il travaillait aux affaires publiques jusqu'à six heures. »

Il en résulte forcément qu'il s'intéresse aux travaux dont le tragédien l'entretient à son tour. C'est ainsi qu'il ne manque pas d'assister à la reprise de *Polyeucte* avec Talma, dans le rôle de Sévère, le 3 mai 1803. Et il y prend goût apparemment, puisqu'il retourne l'applaudir encore dans ce même rôle le 14 du même mois. Voilà des témoignages irréfutables de l'admiration de Napoléon pour Talma (1) !

---

(1) Le critique Geoffroy, si peu tendre pour Talma, est moins admiratif dans son *Journal des Débats*, 15 floréal an XI. — « Cette tragédie a été médiocrement jouée, écrit-il (4 avril 1803). Elle est d'un genre auquel les acteurs ne sont point accoutumés ; cet admirable dialogue exige beaucoup de naturel, de vérité, de chaleur, un débit parfaitement senti. Le rôle de Sévère convient peu au talent de

Et remarquez qu'il retourne encore au Théâtre-Français dans l'intervalle. Il y retourne le 5 mai pour voir jouer le *Jeu de l'Amour et du Hasard*, par Baptiste aîné, Dazincourt, et Mlle Desrosiers ; les *Trois Sultanes*, par Lafon, Dazincourt, Baptiste cadet, Mes Bourgoing, Mézeray et Gros. Il y retourne le 25 mai pour assister à la représentation de *Tartuffe*, joué par Baptiste cadet, Grandménil dans Orgon, Fleury dans Valère, Mlle Contat dans Elmire, Mlle Mars dans Marianne, une distribution exceptionnelle, comme on voit. La soirée se terminait par les *Militaires*, spectacle-épisode historique en trois actes, en prose, de M. Favières.

Deux faits marquants dans les annales de la Comédie française se passent alors à huit jours d'intervalle. Le 4 juin 1803, l'Assemblée générale des sociétaires, « guidée par son amour pour la patrie et son attachement inviolable à l'auguste chef du gouvernement », dit le procès-verbal de la délibération, vote une somme de 2,500 francs pour aider à subvenir aux frais de la guerre avec l'Angleterre. Une députation composée de Dazincourt, Larochelle et Baptiste aîné, est chargée d'être l'organe de la Comédie auprès du gouvernement.

Le 12 juin la Comédie française va donner à Saint-Cloud sa première représentation comme service de la cour. Cette représentation coïncidait avec l'inauguration du théâtre que le Premier Consul avait

---

Talma : cet acteur a cependant débité avec énergie et fermeté quelques tirades de raisonnement. Saint-Fal est un peu froid dans le rôle de Polyeucte

fait construire derrière l'Orangerie et dont nous venons de donner la description. Cette représentation vaut la peine qu'on s'y arrête. Le programme se composait d'*Esther*, avec les chœurs ; la tragédie de Racine avait pour interprètes Talma, Monvel, Lafon, Mmes Duchesnois, Volnais, etc. Après la tragédie, Lafon fit la lecture d'une cantate de M. Fontanes, relative à la guerre avec l'Angleterre. Mais le spectacle le plus curieux n'est assurément pas sur la scène, mais bien dans la salle. Tout le corps diplomatique, tous les ministres, ambassadeurs, officiers de la suite du Premier Consul ont été invités solennellement. On n'ose ni applaudir, ni sourire, ni pleurer, avant que le maître n'ait donné le signal. Lui, Bonaparte, occupe seul le devant d'une loge à la droite du théâtre. Au fond de la loge, les aides de camp se tiennent debout. Dans la loge de gauche se tient Joséphine entourée des dames du palais. On se lève à l'entrée du Premier Consul et de sa femme ; on se lève à leur sortie. Le temps des petites représentations en famille à la Malmaison est passé. Douze ans plus tard, en 1815, les tailleurs de l'armée de Blücher tireront leur aiguille là où Talma faisait frémir son auditoire. C'est le prince de Metternich qui nous apprend dans une lettre à sa fille la transformation de cette salle de spectacle où nous reviendrons encore bien souvent.

Décidément les événements se succédaient pour les comédiens en ce mois de juin 1803.

Après le vote de l'Assemblée pour subvenir aux frais de la guerre contre l'Angleterre, après l'inauguration de la salle de théâtre du palais de Saint-Cloud, quelques jours avant la mort de Vanhove, le 18 juin enfin, une partie de la Comédie française part à quatre heures du matin et se rend à Bruxelles pour le voyage du Premier Consul. Nous avons déjà vu Talma à Lyon, et par ordre, en 1802 ; voici Talma et Monvel à Bruxelles, et par ordre aussi, en 1803 (1).

Les comédiens arrivèrent dans la capitale de la Belgique le 5 messidor an XI (24 juin 1803), nous dit M. Faber dans son *Histoire du Théâtre français en Belgique* (2), et quelques jours après (9 messidor) donnèrent leur première représentation qui se composait de l'*Abbé de l'Épée*, comédie de Bouilly, et de l'*Amant bourru*, autre comédie, jouée par Mme Talma et Monvel, auteur de cette dernière pièce.

Pour la même occasion, des musiciens de mérite, Rodolphe Kreutzer, Frédéric Duvernoy et Dalvimare, artistes de l'orchestre du grand Opéra de Paris et de la musique particulière du Premier Consul, arrivèrent à Bruxelles le 30 juin. Ils donnèrent deux concerts au théâtre de la Monnaie, le 2 et le 16 juillet suivants. Le 4 du même mois, Talma et Mlle Rau-

---

(1) Cette apparition de Talma à Bruxelles est la troisième. Nous avons déjà parlé des représentations données en Belgique et en Hollande en 1797-1798. — Le second voyage avait eu lieu en octobre 1802. — On trouvera les comptes rendus de ces représentations dans le journal *l'Oracle*, numéros du 21 vendémiaire an XI (14 octobre 1802), du 25 vendémiaire an XI (18 octobre 1802), du 15 brumaire an XI (7 novembre 1802), reproduits par M. Faber.

(2) *Histoire du Théâtre français en Belgique*, par M. Frédéric Faber, t. II, p. 208.

court jouèrent *Mérope*, de Voltaire. Ils se produisirent encore le 8 et le 10.

Le 14 juillet, Bonaparte et Joséphine firent leur entrée solennelle dans la ville de Gand, à six heures du soir. A huit heures, les comédiens français réunis à ceux du théâtre de Bruxelles donnèrent une représentation extraordinaire qui fut honorée de la présence du Premier Consul et de sa femme. Ils jouèrent *Cinna* et le *Legs*. Les principaux rôles furent remplis par Talma, Monvel, Mmes Rancourt et Talma, et les autres par Durand, Eugène, Belleville, Verteuil, Mmes Saint-Albin et Tanquerelle, de la scène de Bruxelles. Il y eut une affluence considérable, malgré le prix élevé des places : premières et deuxièmes loges neuf francs, troisièmes loges et parquet six francs, paradis deux escalins et demi. Ce spectacle fut le seul que donnèrent alors à Gand les artistes du Théâtre-Français.

Le 21 juillet, le Premier Consul fait son entrée à Bruxelles vers neuf heures et demie du soir. On devait donner au théâtre : *Le mari qui se croit trompé* et le *Calife de Bagdad*. Les portes n'ouvrirent pas à cause de cette solennité. On se rappelle ce voyage sans pareil du Premier Consul à travers la Belgique. Partout le canon tonne; à chaque pas, des arcs de triomphe; toutes les cloches sont en branle; toutes les rues sont pavoisées; Bonaparte a fait venir le légat du pape; il est entouré de ses ministres, des ambassadeurs, de tous les généraux. Ce ne sont que *Te Deum* et revues. Et le soir, laissant là les illuminations, le grand homme va écouter Monvel et Talma et le petit noyau des artistes français qu'il a fait venir à Bruxelles tout exprès. L'habitude en est prise, et la Comédie française sera désormais de tous les triomphes.

Le 22 juillet, Joséphine se rendit au théâtre où l'on représentait *Cinna* (1). Cette représentation de gala fut splendide. Nous citerons, après M. Faber, ce passage du journal *l'Oracle* du 5 thermidor an XI (24 juillet 1803) : « C'est hier que la tragédie de *Cinna* fut jouée sur notre théâtre. La loge destinée pour le Premier Consul, ornée de draperies bleu céleste garnies de franges d'argent, avec un fond étoilé de même ; la salle élégamment illuminée de bougies, la foule des spectateurs, l'élégance des dames, tout cela formait un coup d'œil ravissant. La pièce était commencée ; Cinna faisait ce récit admirable des misères publiques à Rome pendant les guerres civiles, et il achevait ces deux vers si connus :

> Romains contre Romains, parents contre parents,
> Combattaient seulement pour le choix des tyrans.

lorsque Mme Bonaparte est entrée dans sa loge : des applaudissements nombreux et répétés de tous les coins de la salle se sont alors fait entendre et ont arrêté l'acteur, M. Talma, au milieu du beau morceau qu'il récitait et qui fit couler jadis les larmes du grand Condé.

« Nous ne dirons rien de la perfection du talent

(1) HENNE et WAUTERS, *Histoire de la ville de Bruxelles*, t. II, p. 472.

des artistes : citer Mlle Raucourt, MM. Monvel et Talma, c'est faire leur éloge en peu de mots. »

Le Premier Consul ne vint pas ce soir-là. Deux jours après, les artistes de la Comédie française jouaient *Esther* avec Talma, Monvel, Mme Talma. Le 8 thermidor, Bonaparte parut enfin au théâtre, accompagné de Lebrun, troisième consul, et de Joséphine. On jouait *Britannicus*. Le même soir, il assistait à un grand concert, où l'on donna une scène lyrique de circonstance. Le 10 thermidor, dernier jour de son séjour à Bruxelles, Bonaparte se rendit encore au théâtre où l'on représenta *la Joyeuse entrée*, pièce composée par Jouy, alors chef de la première division à la préfecture (1).

Pendant leur voyage en Belgique, les artistes de la Comédie française avaient donné quatorze représentations à Bruxelles, et une représentation sur le théâtre de Gand. Le 28 juillet, ils reprenaient le chemin de la France, après une suite non interrompue d'ovations.

Bonaparte est de retour à Saint-Cloud le 12 août;

---

(1) Ces deux pièces de circonstance ont été imprimées. M. Faber les a citées dans sa bibliographie. En voici les titres exacts :

1° *L'Arrivée du Héros*, scène lyrique en vers libres, exécutée à l'occasion de la fête offerte par le commerce de Bruxelles au Premier Consul et à Mme Bonaparte. Bruxelles S. N. (Poublon) S. D. (1803) In-4° de 10 p. p. Très rare. Par Verteuil, artiste du théâtre, pour les paroles; par Pauwels, chef d'orchestre, pour la musique;

2° *La Joyeuse entrée*, comédie en un acte, en prose, par M. Jouy. Bruxelles S. N. 1803. In-8°, de 24 p. Rare. Représentée le 28 juillet 1803 au théâtre de la Monnaie.

le 14, spectacle gratis en l'honneur de la naissance du Premier Consul dont l'anniversaire tombe le lendemain. Bien que l'Empire ne fût pas encore proclamé, cette fête est déjà devenue une véritable fête nationale; elle est passée dans les usages.

Enfin est-ce l'amour de la tragédie, ou le charme exercé sur Bonaparte par les attraits de Mlle Georges, qui fait dicter des ordres au préfet du palais pour la représentation du 8 octobre, dans la salle du théâtre du palais de Saint-Cloud? Le Premier Consul impose sa volonté; il veut que l'on joue *Andromaque;* bien plus, il en règle la distribution comme suit :

ORESTE	TALMA.
PYRRHUS	LAFON.
PYLADE	DESPREZ.
PHÉNIX	LACAVE.
HERMIONE	Mlle GEORGES.
ANDROMAQUE	Mlle DUCHESNOIS.
CLÉONE	Mme THÉNARD.
CÉPHISE	Mlle PATRAT.

C'est en effet à cette époque que se rattache l'intrigue amoureuse entre le Premier Consul et Mlle Georges. L'aventure ayant été maintes fois commentée, nous ne nous y arrêterons pas longtemps.

V

MADEMOISELLE GEORGES

Que n'a-t-on pas raconté sur le caprice de Bonaparte pour Mlle Georges? Quelles histoires n'a-t-on pas forgées? Quelles anecdotes saugrenues n'a-t-on pas rééditées? Mlle Duchesnois et Mlle Georges Weymer, qu'on appelait Mlle Georges tout court, avaient débuté presque en même temps au Théâtre-Français. La première de ces deux actrices, au dire de tous les contemporains, était à la vérité fort laide, mais possédait beaucoup de talent. La seconde était fort belle, mais ne possédait pas encore les qualités dramatiques qu'elle acquit par la suite. Ce qui fit dire de ces deux tragédiennes que l'une était si bonne qu'elle en était belle, et que l'autre était si belle qu'elle en était bonne.

Une lutte des plus passionnées s'engagea donc dans le public et dans la presse. Le *Journal des Dé-*

bats où trônait le critique Geoffroy et les *Petites Affiches* défendaient Mlle Georges. L'*Observateur* et le *Courrier des spectacles* se firent les champions de Mlle Duchesnois. Une partie de cette lutte, qui prit des proportions considérables, a du reste été résumée dans un petit pamphlet intitulé : *la Conjuration de Mlle Duchesnois contre Mlle Georges Weymer pour lui ravir la couronne, avec les pièces justificatives*, recueillies par J. M. BOULLAULT, *ouvrage dédié au parterre, à l'orchestre, aux loges, aux galeries, à l'amphithéâtre et même au paradis du Théâtre-Français*. A Paris, chez Pillot jeune et chez Martinet. An XI, 1803.

C'est le recueil de tous les articles parus cette année-là concernant les deux rivales, mais surtout au profit de Mlle Duchesnois.

« Mlle Duchesnois n'est pas belle, écrit Geoffroy; le premier coup d'œil ne lui est pas favorable; mais elle a une taille très convenable à la scène ; elle est jeune, et cet avantage est plus nécessaire que celui de la beauté, car rien n'est plus ridicule que les vieilles amoureuses. Son organe est doux, sonore et touchant; elle a ce que les belles ont bien rarement : l'expression, la sensibilité, la chaleur; et s'il faut opter entre les grâces de la figure et les qualités de l'âme, le choix ne peut être douteux. Mlle Duchesnois émeut par un secret bien simple, quoique bien rare, elle est émue elle-même; elle fait pleurer parce qu'elle pleure ; c'est son cœur qui parle, et tous les cœurs l'entendent. »

Passons à l'examen de sa rivale : « Une comète

annoncée par les astronomes, lisons-nous dans la brochure citée plus haut, attire moins de monde dans la place publique qu'une débutante au Théâtre-Français. Il faut toujours, dans ce cas, pour la renommée d'une actrice distinguée, un certain nombre de bras ou d'épaules fracassés. Rien ne manque en ce genre au succès de Mlle Georges. A son premier début on se déchirait les habits, on s'arrachait les cheveux. Deux mille personnes encombraient la rue Richelieu dès cinq heures du soir. Cependant, plus ou moins mutilé, on est entré ; l'objet si désiré, si attendu, a paru : c'était tellement le port, la taille, la démarche de Mlle Raucourt, que plusieurs personnes s'y sont méprises. »

Et en effet ce n'est qu'un concert de louanges pour célébrer la jeunesse, la beauté, la prestance de la jeune débutante. On n'avait jamais vu des formes aussi pures, un visage aussi admirable. Seulement il est bien évident, pour nous qui jugeons les choses à distance et sans parti pris, que le talent était du côté de Mlle Duchesnois et les avantages physiques du côté de Mlle Georges. Mlle Georges acquerra du talent, elle aussi, mais ce sera beaucoup plus tard.

Nous reproduisons, à titre de curiosité, le parallèle suivant entre Mlle Duchesnois et Mlle Georges, dû à la plume d'un critique de l'époque :

« Si l'on allait aux voix, jusqu'à présent, écrit-il, voici à peu près comment on pourrait composer le scrutin :

Pour Mlle Duchesnois.	Pour Mlle Georges.
1° Tous les gens de lettres.	1° Le corps des médecins. Ils disent qu'ils n'ont jamais vu un si beau sujet.
2° Tous les acteurs célèbres retirés de la Comédie, notamment Mlles Clairon et Dumesnil.	2° Mlles Raucourt, Volnais, MM. Dazincourt, Lacave et le souffleur.
3° Quelques membres actuels du théâtre, notamment M. et Mme Talma, Fleury et quelques subalternes, tels que Florence et Mlle Suin.	3° 400 gratis distribués régulièrement dans la salle et bien et dûment stylés.
4° Les élèves de l'École polytechnique.	4° Des députés de la ville d'Amiens.
5° Geoffroy, rédacteur du fameux feuilleton.	5° Geoffroy, rédacteur du fameux feuilleton.

« Il paraîtra peut-être singulier, ajoute ce mauvais plaisant, de voir M. Geoffroy dans les deux partis. Nous ne savons comment concilier cette bizarrerie; mais c'est un fait dont nous ne pouvons douter; on se dit tout bas dans la société que Mlle Duchesnois n'avait fait que toucher son cœur, mais que Mlle Georges lui a tourné la tête. »

Nous verrons un peu plus loin comment Mlle Duchesnois fut à la fin admise au Théâtre-Français sur la recommandation de Joséphine. Mais cette admission n'alla pas sans tumulte. Chaque apparition nouvelle de Mlle Duchesnois ou de Mlle Georges devint une cause de scandale. Les partisans des deux actrices s'entassaient dans la salle et ne craignaient pas d'en venir aux mains. Un soir, sous le prétexte de demander à revoir Mlle Duchesnois dans *Phèdre*, alors qu'elle venait de jouer le rôle d'Aménaïde dans *Tancrède*, on chassa les acteurs, on escalada l'orchestre, on envahit la scène. Il fallut avoir recours à un peloton d'infanterie légère pour ramener les assaillants à leurs places. Les journaux ne parlent plus que d'articles salariés, de souples manœuvres, de messagers répandus dans les cafés, de vociférateurs, de bandes de cabaleurs, d'étourdis révolutionnaires, etc., etc. Voilà assurément des mœurs théâtrales auxquelles nous ne sommes plus habitués de nos jours.

Quant au Premier Consul, il avait pris fait et cause pour les beaux yeux de Mlle Georges, mais pour des considérations qui peut-être n'avaient rien à voir avec l'art dramatique proprement dit.

« Mme Bonaparte, nous dit Mme de Rémusat, témoin oculaire de cette passion de Bonaparte pour la jeune tragédienne, apprit assez vite, par le secret espionnage de ses valets, que Mlle Georges avait été durant quelques soirées introduite secrètement dans un petit appartement écarté du château. Cette découverte lui inspira une vive inquiétude ; elle m'en fit part avec une émotion extrême, et commença à répandre beaucoup de larmes qui me parurent plus abondantes que cette occasion passagère ne le méritait. »

Cependant les visites de Mlle Georges se succédaient au château pendant l'hiver de 1803, et n'étaient pas, on le conçoit, sans exciter la jalousie de

Joséphine. Nous allons assister à une petite scène d'intérieur.

« C'était durant cet hiver (1803), continue Mme de Rémusat. Bonaparte avait encore l'habitude de venir tous les soirs partager le lit de sa femme ; elle avait eu l'adresse de lui persuader que sa sûreté personnelle était intéressée à cette intimité. « Elle avait, « disait-elle, un sommeil fort léger, et s'il arrivait « qu'on essayât de tenter quelque entreprise noc- « turne sur lui, elle serait là pour appeler à l'ins- « tant le secours dont il aurait besoin. » Le soir elle ne se retirait guère que lorsqu'on l'avertissait que Bonaparte était couché. Mais lorsqu'il fut pris de cette fantaisie pour Mlle Georges, il la fit venir assez tard, quand l'heure de son travail était passée, et ne descendit plus ces jours-là que fort avant dans la nuit. Un soir, Mme Bonaparte, plus pressée que de coutume par sa jalouse inquiétude, m'avait gardée près d'elle et m'entretenait vivement de ses chagrins. Il était une heure du matin ; nous étions seules dans son salon, le plus profond silence régnait aux Tuileries. Tout à coup elle se lève : « Je n'y peux « plus tenir, me dit-elle ; Mlle Georges est sûrement « là-haut, je veux les surprendre. » — Passablement troublée de cette résolution subite, je fis ce que je pus pour l'en détourner, et je ne pus en venir à bout. « Suivez-moi, me dit-elle, nous monterons ensem- « ble. » Alors je lui représentai qu'un pareil espionnage, étant même sans convenance de sa part, serait intolérable de la mienne, et qu'en cas de la découverte qu'elle prétendait faire, je serais sûrement de trop à la scène qui s'ensuivrait. — Elle ne voulut entendre à rien ; elle me reprocha de l'abandonner dans ses peines, et elle me pressa si vivement que malgré ma répugnance je cédai à sa volonté, me disant d'ailleurs intérieurement que notre course n'aboutirait à rien, et que sans doute les précautions étaient prises au premier étage contre toute surprise.

« Nous voilà donc marchant silencieusement l'une et l'autre, Mme Bonaparte, la première, animée à l'excès, moi derrière, montant lentement un escalier dérobé qui conduisait chez Bonaparte, et très honteuse du rôle qu'on me faisait jouer. Au milieu de notre course, un léger bruit se fait entendre. Mme Bonaparte se retourne. « C'est peut-être, me dit-elle, Roustan, « le mameluck de Bonaparte, qui garde la porte. « Ce malheureux est capable de nous égorger toutes « deux. » A cette parole, je fus saisie d'un effroi qui, tout ridicule qu'il était sans doute, ne me permit pas d'en entendre davantage, et, sans songer que je laissais Mme Bonaparte dans une complète obscurité, je descendis avec la bougie que je tenais à la main, et je revins aussi vite que je pus dans le salon. Elle me suivit peu de minutes après, étonnée de ma fuite subite.

« Cette folle entreprise se termina par des éclats de rire. »

En attendant, le public ne paraissait pas être tous les jours du goût de son seigneur et maître. C'est encore Mme de Rémusat qui nous l'apprend : « D'un autre côté, le public de Paris prenait de plus en plus parti pour la laide actrice (Mlle Duchesnois). La belle (Mlle Georges) était souvent accueillie par des sifflets. M. de Rémusat tâchait d'accorder une protection égale à ces deux débutantes ; mais ce qu'il faisait pour l'une ou pour l'autre était presque également pris avec mécontentement, soit par le parterre, soit par le Consul. Toutes ces pauvretés nous donnèrent quelques tracas. »

On voit d'ici la situation difficile où se trouvait ce malheureux préfet du palais pour tâcher de faire concorder les goûts du public avec ceux de son maître. Il est vrai de dire que le public ne recevait pas en échange les mêmes compensations.

Cette liaison dura vraisemblablement jusque vers la fin de 1803, car le Premier Consul partit pour visiter le camp et la flottille de Boulogne le 3 novembre, et Mme de Rémusat nous raconte que, peu de temps avant son départ, quelques nouvelles visites secrètes de Mlle Georges avaient fait naître encore des discussions dans le ménage. Et, à ce propos, il est curieux de savoir comment le futur empereur envisageait et jugeait ces petits coups de canif donnés dans le contrat. « Ma femme se trouble beaucoup plus qu'il ne faut, disait-il à Mme de Rémusat. Joséphine a toujours peur que je devienne sérieusement amoureux; elle ne sait donc pas que l'amour n'est pas fait pour moi. Car, qu'est-ce que l'amour ? Une passion qui laisse tout l'univers d'un côté pour ne voir, ne mettre de l'autre que l'objet aimé ! Et assurément je ne suis pas de nature à me livrer à une telle exclusion. Que lui importent donc des distractions dans lesquelles mes affections n'entrent pour rien ? » Quoi qu'il en soit, M{ne} Duchesnois, malgré sa supériorité réelle comme talent, aurait vraisemblablement succombé sans l'intervention de Joséphine, qui fit ordonner sa réception. Mais bien que reçue le 22 février 1804, ce ne sera véritablement qu'après la fuite de Mlle Georges en Russie qu'elle verra enfin le champ s'ouvrir devant elle.

La dernière représentation donnée par les comédiens sous le Consulat, et en présence du Premier Consul, fut celle donnée à Saint-Cloud le 29 octobre 1803. La pièce jouée était *Agamemnon*, la tragédie en cinq actes de Lemercier. Les acteurs étaient Saint-Prix, Talma, Desprez, Lacave, Florence, Mmes Duchesnois, Talma, Bourgoing; Mlle Georges n'y figurait pas comme on voit. Bonaparte craignait sans doute d'éveiller de nouvelles susceptibilités de la part de sa femme. Après la représentation, M. de Rémusat fut chargé d'aller chercher le manuscrit de la pièce pour le Premier Consul qui voulait la lire.

Ce nouveau trait montre encore combien il s'intéressait à toutes les choses théâtrales. Cependant, après cette représentation du 29 octobre, le Premier Consul va être longtemps sans retourner au théâtre, et sans faire venir ses acteurs favoris à Saint-Cloud. C'est qu'il a bien d'autres choses en tête. Cette année 1804 va décider de son sort. C'est celle où il va, brûlant les dieux qu'il avait adorés, du moins en apparence, c'est celle, dis-je, où il va se faire proclamer empereur; c'est celle aussi où il va se couvrir d'opprobre par une action infâme; c'est celle où il va faire assassiner lâchement le duc d'Enghien dans les fossés du château de Vincennes.

Eh bien ! dans cette terrible soirée du 20 mars, soirée passée à la Malmaison, à l'heure même où l'on termine les sinistres préparatifs de la tragédie qui s'apprête, alors qu'il a signé et paraphé tous les ordres relatifs à ce criminel attentat, il affecte un calme apparent, joue aux échecs avec Mme de Rémusat, et chante entre ses dents. Puis tout à coup il récite des fragments de vers qui lui reviennent à la mémoire :

Soyons amis, Cinna, c'est moi qui t'en convie.

Puis les vers de Voltaire, les vers de Gusman dans *Alzire* :

Des dieux que nous servons connais la différence :
Les tiens t'ont commandé le meurtre et la vengeance,
Et le mien, quand ton bras vient de m'assassiner,
M'ordonne de te plaindre et de te pardonner.

La tragédie ! toujours la tragédie ! Ici en vers dans la bouche du Premier Consul ! là-bas en action dans les fossés de Vincennes. Cette nuit-là le duc d'Enghien tombait sous les balles françaises par l'ordre de Bonaparte. Après sa mort on avait permis aux gendarmes de prendre ses vêtements, sa montre et son argent. Aucun ne voulut y toucher. Un seul homme paraissait indifférent à ce meurtre : celui qui l'avait ordonné. Celui-là se contentait de réciter les vers de clémence que Corneille mit dans la bouche d'Auguste. Il faut avouer que l'allusion était singulièrement choisie.

VI

JUGEMENTS DE NAPOLÉON SUR CORNEILLE, RACINE ET MOLIÈRE

L'année 1804 ne vit pas fréquemment Bonaparte au théâtre. C'est que le futur César se souciait bien peu alors d'une tragédie de Legouvé ou de Népomucène Lemercier. Après la mort du duc d'Enghien, la proclamation de l'Empire! C'est une tragédie pour lui bien autrement intéressante. Est-ce à dire pour cela qu'il renonce à son goût pour les controverses littéraires? Nullement. Mme de Rémusat, si souvent citée en témoignage quand il s'agit de cette époque de 1802 à 1808, nous raconte que le maître se plaisait à attaquer le goût pur et classique de M. de Fontanes qui défendait les chefs-d'œuvre français avec une grande force, et, vu les circonstances, avec un certain courage ; car oser encore admirer *Mérope* ou *Mithridate* en présence du héros qui avait déclaré qu'il n'aimait ni l'un ni l'autre de ces ouvrages, c'était se faire la réputation d'un vrai Romain.

Bien plus, il semblait prendre un goût si vif à ces conversations, qu'il chargea M. de Rémusat d'inviter certains hommes de lettres à venir passer deux fois par semaine la soirée chez sa femme. Et alors on voyait cet homme prodigieux aborder tous les sujets, s'élever très haut, et stupéfier par son imagination extraordinaire le cercle d'auditeurs qui l'entourait. Seulement il avait oublié que se montrer affable et de bonne humeur à jour fixe était une chose qui ne pouvait guère s'accorder avec ses préoccupations et sa nature. Aussi, les soirées littéraires du Premier Consul durèrent-elles l'espace de quelques semaines, et ce fut tout.

Et cependant, presque au même moment, malgré ses affaires sans nombre, malgré sa rupture avec l'Angleterre, malgré ses travaux de tout genre, il prenait le temps de faire écrire une lettre de compliments au musicien Paesiello au sujet de l'opéra de *Proserpine* que le compositeur venait de donner à Paris. Il prenait le temps de lire une tragédie manuscrite qui lui avait été remise ; il prenait le temps de dicter à son préfet du palais les changements qu'il jugeait nécessaire d'y apporter, et dans des termes si rapides, que le malheureux secrétaire ne fut jamais capable de les jeter en signes compréhensibles sur le papier.

Mme de Rémusat nous a laissé le récit complet d'une de ces conversations de Bonaparte sur la littérature dramatique. La scène se passe à Boulogne où elle est venue rejoindre son mari tombé gravement malade au quartier général. Chargée par le poète Lemercier de porter à Bonaparte une tragédie de *Philippe-Auguste* qui contenait des allusions à la propre personne du chef de l'État, Mme de Rémusat profita d'un entretien familier pour s'acquitter de sa commission. Il voulut la lire tout haut. « C'était quelque chose de plaisant, nous dit-elle, de voir un homme toujours pressé, quand il n'avait rien à faire, aux prises avec l'obligation de prononcer des mots de suite sans s'interrompre, forcé de lire des vers alexandrins dont il ne connaissait pas la mesure, et vraiment prononçant si mal qu'on eût dit qu'il n'entendait pas ce qu'il lisait. »

Puis il s'échauffe, s'anime, blâme le plan et les caractères, efface des tirades, met des notes en marge, et enfin, honteux de sa précipitation à tout biffer, supplie son interlocutrice de prendre ces ratures sur son compte, pour ne pas froisser l'amour-propre de l'auteur.

Il n'est pas sans intérêt de savoir aussi ce qu'il pensait du style en général, et de nos grands classiques en particulier : « Ce qu'on appelle le *style*, mauvais ou bon, ne me frappe guère, disait-il. Je ne suis sensible qu'à la force de la pensée. J'ai aimé d'abord Ossian, mais c'est par la même raison qui me fait trouver du plaisir à entendre murmurer les vents et les vagues de la mer. En Égypte, on a voulu me faire lire l'*Iliade*, elle m'a ennuyé. Quant aux poètes français, je ne comprends bien que votre Corneille. Celui-là avait deviné la politique, et, formé aux affaires, eût été un homme d'État. Je crois l'apprécier mieux que qui que ce soit, parce qu'en le jugeant j'exclus tous les sentiments dramatiques. Par exemple il n'y a pas bien longtemps que je me suis expliqué le dénouement de *Cinna*. Je n'y voyais d'abord que le moyen de faire un cinquième acte pathétique, et encore la clémence proprement dite est une si pauvre petite vertu, quand elle n'est point appuyée sur la politique, que celle d'Auguste, devenu tout à coup un prince débonnaire, ne me paraissait pas digne de terminer cette belle tragédie. Mais une fois, Monvel, en jouant devant moi, m'a dévoilé le mystère de cette grande conception. Il prononça le *soyons amis, Cinna*, d'un ton si habile et si rusé, que je compris que cette action n'était que la feinte d'un tyran et j'ai approuvé comme calcul ce qui me semblait puéril comme sentiment. Il faut toujours dire ce vers de manière que de tous ceux qui l'écoutent, il n'y ait que Cinna de trompé.

« Quant à Racine, il me plaît dans *Iphigénie*; cette pièce, tant qu'elle dure, vous fait respirer l'air poétique de la Grèce. Dans *Britannicus*, il a été circonscrit par Tacite, contre lequel j'ai des préventions, parce qu'il n'explique pas assez ce qu'il avance. Les tragédies de Voltaire sont passionnées, mais ne fouillent pas profondément l'esprit humain. Par exemple, son Mahomet n'est ni prophète ni Arabe. C'est un imposteur qui semble avoir été élevé à l'École polytechnique, car il démontre ses moyens de puissance comme, moi, je pourrais le faire dans un siècle tel que celui-ci. Le meurtre du père par le fils est un crime inutile. Les grands hommes ne sont jamais cruels sans nécessité.

« Pour la comédie, elle est pour moi comme si l'on voulait me forcer à m'intéresser aux commérages de vos salons ; j'accepte vos admirations pour Molière, mais je ne les partage pas ; il a placé ses personnages dans des cadres où je ne me suis jamais avisé d'aller les regarder agir. »

Qui osera dire après un pareil morceau que Bonaparte ne connaissait pas ses classiques ? Quel critique de nos jours, quel professeur de littérature dramatique, rougirait de ce jugement sur Corneille et Racine ? Avec quelle netteté d'esprit tout cela est exprimé ; quelle profondeur dans certains mots tels que « les grands hommes ne sont jamais cruels sans nécessité ». Quel aperçu enfin sur le théâtre de Corneille ! Aussi n'avons-nous pas craint un seul instant de citer le passage en entier. Ceux de nos lecteurs qui le connaissaient déjà en auront été quittes pour le relire avec plaisir. Mais à coup sûr ils ne nous garderont pas rancune de ces deux pages supplémentaires.

« Aux grandes et nobles qualités que vous avez reconnues dans Napoléon, disait Alexandre Duval à M. Dupaty lorsqu'il le reçut à l'Académie (1), vous n'avez pas oublié quelle était sa passion pour les lettres et surtout pour la littérature dramatique ; il l'a prouvé au temps de ses plus grands succès et même au temps de ses revers. C'est à l'intérêt seul qu'il y prenait que l'on doit la renaissance du théâtre

---

(1) Discours prononcé à l'Académie le 10 novembre 1836, le jour de la réception de M. Dupaty.

après la Révolution de 1789. A qui devait-on ce retour du public vers notre vieille littérature, si ce n'est à l'intérêt qu'il portait aux nouvelles compositions qu'il voulait connaître avant le public? De là le plaisir qu'il semblait prendre aux entretiens des gens de lettres. Il discutait avec eux les beautés ou les défauts de leurs ouvrages; il assistait aux premières représentations, soit dans ses châteaux, soit à Paris. Un tel intérêt, manifesté par le premier homme de l'État, s'il ne crée pas le génie, porte au moins à le découvrir, à le développer. Napoléon connaissait le cœur humain; il savait que la considération, de nobles encouragements donnés à propos, excitaient la reconnaissance des gens de lettres, et que leur reconnaissance ouvrait les routes de la gloire. Si Napoléon, parmi les guerriers, voulait surpasser Louis XIV, qu'il surpassait en effet par son courage et ses victoires, il voulait être encore Louis XIV pour les hommes de lettres de son siècle qu'il honorait de ses faveurs. »

Nous ajouterons que Napoléon, en politique habile, encourageait même les écrivains qui s'étaient faits ses ennemis. Marie-Joseph Chénier, dont les tragédies avaient fait tant de bruit au commencement de la Révolution, s'était jeté dans l'opposition sous le Consulat et l'Empire. Il écrivit les pièces de vers les plus violentes qu'il faisait courir en manuscrit. Tombé dans l'indigence, il adressa à l'Empereur une lettre assez touchante. L'Empereur y répondit par une pension de 8,000 francs. Il le chargea en outre de continuer l'histoire de France de Millot, attachant à ce travail une indemnité régulière. Enfin, vers les derniers temps de la vie de Chénier, ayant appris qu'il était malade, et qu'il ne recevait pas tous les soins désirables, Napoléon lui envoya encore une somme de 6,000 francs sur sa cassette. Des traits de la sorte ne manquent pas. Une fois, se trouvant au spectacle, il vit le *Déserteur* de Monsigny. Ayant demandé à Picard qui se trouvait dans sa loge de qui était cette musique, il apprit alors que Monsigny, vieux et oublié, n'avait pour lui et sa famille qu'une faible pension que lui faisaient les artistes de l'Opéra-Comique; il lui en accorda aussitôt une de 6,000 francs, et le nomma chevalier de la Légion d'honneur.

« La haute tragédie, disait-il un jour à l'un de ses couchers à Saint-Cloud, est l'école des grands hommes; elle doit être celle des rois et des peuples; c'est le point le plus élevé auquel un poète puisse parvenir. Peut-être doit-elle être placée plus haut encore que l'histoire. C'est le devoir des souverains de l'encourager et de la répandre. Il n'est pas nécessaire d'être poète pour la juger; il suffit de connaître les hommes et les choses, d'avoir de l'élévation et d'être homme d'État. La tragédie échauffe l'âme; elle élève le cœur; elle peut, elle doit créer des héros! Si Corneille eût vécu, je l'aurais fait prince!

« Le Théâtre-Français doit être soutenu, ajoutait-il encore, parce qu'il fait partie de la gloire nationale. On devrait réduire, le dimanche, à 20 sous les places de parterre, afin que le peuple pût en jouir.

On ne doit pas se régler sur ce qui a existé précédemment, comme s'il était impossible de faire mieux. »

Rapprochons du discours d'Alexandre Duval, que nous avons cité, le discours de M. Scribe, lors de sa réception à l'Académie française, où il était appelé en remplacement d'Arnault.

« Rendu à ses travaux littéraires, dit-il en parlant de son prédécesseur, M. Arnault donna successivement la tragédie d'*Oscar* et celle des *Vénitiens*, dont le cinquième acte est un des plus beaux du théâtre moderne. Disons cependant, en historien fidèle, que M. Arnault n'est pas le seul auteur de ce cinquième acte. Dans l'origine, il avait donné à son ouvrage un dénoûment heureux. Montcassin, son héros, ne mourait pas. Il était sauvé du supplice par son rival. Ce dénoûment ne plut pas à un membre de l'Institut que M. Arnault avait connu en Italie, et à qui il faisait lecture de sa tragédie. Ce membre de l'Institut, c'était le général Bonaparte qui avait en littérature des idées aussi arrêtées qu'en politique. Il détestait Voltaire ; il avait le malheur de ne pas aimer beaucoup Racine ; mais il aurait fait Corneille premier ministre. Il était pour les dénoûments énergiques et voulait que, même au théâtre, toutes les difficultés fussent enlevées à la baïonnette. Le cinquième acte des *Vénitiens* ne lui paraissait pas attaqué franchement ; il le trouvait affaibli et gâté par le bonheur des deux amants. Si leur malheur eût été irréparable, disait-il à M. Arnault, l'émotion qu'ils m'ont causée m'eût poursuivi jusqu'au soir, jusqu'au lendemain. Il faut que le héros meure!!! Il faut le tuer! Tuez-le!!!

« Montcassin fut donc mis à mort par ordre de Napoléon, à la grande satisfaction du public qui, par ses applaudissements, confirma la sentence.

« Il est inutile de dire que la tragédie des *Vénitiens* fut dédiée au général Bonaparte. C'était justice. »

Nous nous permettrons cependant de relever M. Scribe sur un point. Napoléon ne détestait pas Racine autant qu'il veut bien nous le dire. « L'Empereur, a écrit M. de Las-Cases, est ravi de Racine; il y trouve de vrais délices. Il admire éminemment Corneille et fait fort peu de cas de Voltaire, plein, dit-il, de boursouflures et de clinquant, ne connaissant ni les hommes ni les choses, ni le mouvement des passions. » Et autre part : « L'Empereur a lu *Phèdre* et *Athalie* en s'extasiant toujours davantage sur Racine. » — Et encore : « Il nous a lu (à Sainte-Hélène) *Britannicus*, et a payé à cet ouvrage un juste tribut d'admiration (1). »

« Il sentait les arts comme un Italien, a dit quelque part M. Thiers. Il savait ce qu'ils ajoutent à la splendeur d'un empire, et l'effet qu'ils produisent sur l'imagination des hommes ! »

Certain jour, nous raconte Sainte-Beuve (2), qu'on vantait devant lui Talma dans un rôle : « Qu'en pense

---

(1) Napoléon à Saint-Hélène a écrit des observations sur la tragédie de *Mahomet* de Voltaire. Le texte original communiqué par M. le comte Marchand a été imprimé dans le XXXI° volume de la *Correspondance*.

(2) SAINTE-BEUVE, *Portraits littéraires*, t. II, p. 272.

Fontanes? dit l'Empereur; il est pour les anciens, lui ! — Sire, repartit le spirituel contradicteur, Alexandre, Annibal et César ont été remplacés, mais Lekain ne l'est pas. » Cette sévérité pour Talma est caractéristique chez Fontanes, ajoute Sainte-Beuve, et tient à l'ensemble de ses jugements; il ne voulait pas qu'on brisât trop le vers tragique, non plus que les allées des jardins. Il avait vu Lekain dans sa première jeunesse, et en avait gardé une impression incomparable. Il convenait pourtant que dans l'*Oreste* et l'*Œdipe* de Voltaire, Talma était supérieur à Lekain; ce qui, de sa part, devenait le suprême aveu. Faut-il ajouter qu'il en voulait à Talma d'être l'objet de je ne sais quelle phrase de Mme de Staël, où elle disait qu'il avait dans les yeux l'apothéose du regard? Et puis Talma s'est beaucoup varié sur les dernières années, et a grandi dans les rôles modernes. M. de Fontanes, qui s'en tenait aux anciens, s'irritait surtout qu'on en vînt à *causer* comme de la prose le beau vers racinien un peu *chanté*. Souvent, dans ces conversations du soir, l'Empereur indiquait à Fontanes et développait à plaisir d'étonnants canevas de tragédies historiques; le poète en sortait tout rempli.

Cependant les succès n'abondaient pas à la Comédie française. Le *Shakespeare amoureux* d'Alexandre Duval, représenté pour la première fois, le 1er juillet 1804, n'avait pu se soutenir malgré le talent de Talma. La pièce disparaissait de l'affiche après douze représentations.

Le *Polixène* d'Aignan, tragédie en trois actes

donnée le 13 janvier, dans laquelle Talma jouait le rôle d'Ulysse, fit une chute épouvantable, et fut jouée quatre fois.

Enfin comme toutes les imaginations étaient alors tournées vers la conquête de l'Angleterre, on s'efforçait d'animer l'esprit public par des ouvrages dramatiques contre les Anglais. Hélas! *Guillaume le Conquérant,* drame en cinq actes en prose, d'Alexandre Duval, et dans lequel Talma jouait le rôle de Harald, ne remplit pas le but souhaité. *Guillaume le Conquérant* n'eut qu'une seule représentation, la pièce ayant été retirée ou défendue après cette unique soirée, qui avait attiré une grande affluence. On comprendra après cela pourquoi Talma préférait se montrer dans les rôles du répertoire où il était incomparable et ne se hasardait qu'à contre-cœur dans ces tentatives douteuses d'où un artiste a toujours peine à sortir indemne, et où il risque d'y laisser quelques-uns des plus beaux fleurons de sa couronne dramatique.

A la Comédie française, continuation de la rivalité entre Mlle Georges et Mlle Duchesnois, rivalité dont nous avons déjà parlé au chapitre précédent. Le critique Geoffroy, le *Monarque du feuilleton* comme on l'appelait alors, qui ne pouvait comprendre le talent sans beauté, continuait à sonner la fanfare en l'honneur de Mlle Georges dans le *Journal des Débats.*

Qu'était-ce donc que ce Geoffroy dont nous allons avoir si souvent l'occasion de parler, et dont nous ne ménagerons pas les citations quand il s'agira de Talma? — Né en 1743, Geoffroy avait alors atteint la soixantaine. Fort instruit, sorti de l'école des jésuites, tour à tour professeur au collège de Navarre et au collège Mazarin, puis simple instituteur dans une campagne pendant la Terreur, Geoffroy était rentré à Paris comme professeur à l'institution Hix. C'est là que Bertin des *Débats* était allé le prendre. Il devint au journal le créateur du *Feuilleton des théâtres*. Il avait de gros appointements, une loge à chaque théâtre, une voiture pour s'y rendre.

« Geoffroy manquait essentiellement de distinction, écrit Sainte-Beuve (1), mais il ne manquait ni d'esprit, ni d'un certain sel. Il a volontiers le style gros, l'expression grasse, mais en général juste, saine. Quand il ne se laisse point détourner par la passion ni déranger par certains calculs, il dit des choses qui se retrouvent vraies et définitives ; il a raison d'une manière peu gracieuse, mais il a raison... Il savait l'antiquité ; il la savait sans finesse, sans mollesse ; et, en fait d'atticisme, il aurait eu à en prendre leçon... Ses articles, relus aujourd'hui, ont fort perdu, nous dit encore Sainte-Beuve. Les gens du métier, cependant, en font cas toujours, et y retrouvent encore d'utiles remarques. Mais leur vogue, dans le temps, fut prodigieuse. » Geoffroy peut donc se résumer ainsi : nature très grossière, qui avait puissance et talent.

En attendant, au point où nous en sommes, ce ne sont toujours que louanges à l'adresse de Mlle Georges. Ce sont les grâces françaises réunies

---

(1) SAINTE-BEUVE, *Causeries du Lundi*, t. I, p. 383 et suiv.

à la noblesse et à la régularité des formes grecques.

« Sa taille, écrivait encore Geoffroy dans un mouvement de lyrisme, est celle de la sœur d'Apollon, lorsqu'elle s'avance sur les bords de l'Eurotas, environnée de ses nymphes, et que sa tête s'élève au-dessus d'elles. » — « Jamais peut-être on n'a vu une plus belle femme sur la scène française, proclame l'*Opinion du parterre* de l'an XI. C'est Pallas ! c'est Junon ! c'est Galathée ! »

Toutefois il faut convenir qu'après les débuts extrêmement brillants de Mlle Duchesnois, débuts couronnés par le triomphe le plus flatteur et le plus mérité, il y avait eu de l'audace pour Mlle Raucourt à faire débuter sa jeune élève dans la Clytemnestre d'*Agamemnon*. Aussi il est fort à croire qu'elle y fut assez médiocre; et l'*Opinion du parterre* ne la ménage pas.

La saison tout entière se passa encore en débats entre les *Georgiens*, partisans de Mlle Georges, et les *Carcassiens*, nom assez impoli employé pour désigner les partisans de Mlle Duchesnois, qui était fort maigre.

— De quel côté se range Cambacérès ? demandait un soir Talma, au foyer des artistes.

— Il est neutre, répondit Mlle Georges.

Mot que recueillit plus tard Alexandre Dumas qui en tira parti.

L'élément militaire, tout-puissant à l'époque, prit bientôt fait et cause pour celle qui avait mérité d'être distinguée par le chef de l'État.

Et si les *Carcassiens* sifflaient, les *Georgiens* n'avaient pas la main légère.

Nous terminerons ce chapitre par une petite épigramme assez gaillarde, faible écho de cette lutte pyramidale :

>Entre deux actrices nouvelles,
>Les beaux esprits sont partagés ;
>Mais ceux qui ne se sont rangés
>Sous les drapeaux d'aucune d'elles
>Préféreront sans contredit,
>Sauf le respect de Mélpomène,
>D'entendre l'une sur la scène,
>Et tenir l'autre dans le lit.

VII

TALMA MIS EN ÉCHEC PAR LAFON

En attendant, Talma reste toujours l'acteur éminemment tragique. Il tient avec Monvel la première place sur la scène française. Les vieux amateurs de théâtre lui trouvent des rapports frappants avec Lekain, et même les reproches qu'on lui adresse furent adressés autrefois à Lekain. Tout le monde lui reconnaît une chaleur, une véhémence extrêmes, un organe plein et sonore dont il a corrigé avec le temps les accents rauques et sourds. Il sent profondément et il exprime de même le désespoir, la fureur, la jalousie, l'amour malheureux, la soif du sang et du crime. Quiconque l'a vu sous les traits de Macbeth, alors qu'il vient d'assassiner Duncan, quiconque l'a vu dans Oreste poursuivi par les Euménides, qu'il croit attachées à ses pas, quiconque l'a vu, Néron farouche, commander à Narcisse d'essayer le poison de Locuste, ne l'oubliera jamais. Tous les témoignages des contemporains sont unanimes. C'est un Oreste, c'est un Rhadamiste, c'est un Cinna, c'est un Macbeth, c'est un Othello sublime.

Sa déclamation, il est vrai, ne paraît assujettie à aucune règle et c'est en quoi il ne plaît pas à tout le monde ; il est ennemi de tout ce qui est symétrique et compassé ; il ne parle pas selon la vieille méthode classique ; il parle selon sa passion et selon son cœur.

Cette innovation apportée dans l'art de dire ne fut pas, comme on pense, sans lui susciter des ennemis. Un jeune homme admirablement doué, ancien élève en médecine à Bordeaux, puis comédien nomade en province, Lafon enfin, élève de Dugazon, et pensionné par les beaux-arts, avait débuté à la Comédie française le 8 mai 1800, avec un grand succès. Grand, d'une assez belle prestance, Lafon avait l'œil expressif et la démarche tragique. Son organe seul était défavorable (surtout à ses débuts où il gasconnait avec rage) et il avait trop souvent recours aux contorsions et aux gestes, reste de son exubérance méridionale ; mais réalisant avant tout le type de l'acteur distingué et présomptueux, Lafon plaisait principalement aux femmes. En un mot Lafon avait une qualité qui manquait à Talma et qu'en argot de coulisses nous appelons de nos jours : le *panache*. Talma était sombre, furieux, terrible. Lafon était brillant, et dans certains rôles, comme dans celui d'Achille, où il faut tant de *panache*, Lafon n'en manquait pas. Il y était véritablement supérieur. L'occasion était toute trouvée, pour la cabale et pour l'intrigue, de proclamer que Talma avait enfin trouvé sinon son maître, du moins un rival dangereux. On ajouta que les comédiens étaient hostiles au nouveau venu, qu'ils cherchaient à entraver ses débuts par tous les moyens possibles; on le posa enfin comme une victime. Talma, exaspéré, se crut forcé de prendre la parole. D'accord avec la Comédie, il publia une lettre dans laquelle il repoussait bien loin les procédés qu'on lui prêtait vis-à-vis de son camarade, et dans laquelle il ajoutait que la résolution avait été prise par la Comédie de laisser Lafon jouer tous les rôles qui lui conviendraient, et aussi longtemps qu'il le jugerait à propos. Geoffroy qui ne put jamais souffrir Talma, malgré les quelques éloges qu'il ne put faire autrement que de lui décerner chemin faisant, ne fut pas le dernier à intervenir dans le débat. Il saisit cette occasion à deux mains pour propager l'opinion que le débutant était supérieur au tragédien dont la gloire était consacrée. Mlle Raucourt, de son côté, n'écoutant que de vieilles rancunes, paya des parterres pour faire siffler Talma et sa femme, en leur opposant Lafon et Mlle Volnais.

Lafon, dont la modestie n'était pas la première vertu, se crut un instant le roi du jour. Prétendant jouer mieux que Larive tous les rôles chevaleresques faits pour ce dernier, dont le talent pourtant n'était plus mis depuis longtemps en cause, il annonça à qui voulait l'entendre qu'il allait supplanter Talma.

Talma, poussé à bout, accepta le défi. Il réclama

de ses camarades le droit de jouer alternativement avec Lafon les rôles où celui-ci se croyait supérieur, tels que ceux d'Achille et d'Orosmane. Ingrat parterre ou parterre payé !

Talma fut sifflé dans ces rôles à presque toutes les représentations ; à l'une d'elles, il eut même le chagrin d'entendre le public demander que le rôle de Tancrède, qu'il venait de jouer, fût rempli par Lafon le lendemain ! Talma sifflé ! Quel exemple pour les comédiens de nos jours, dont beaucoup, et ceci soit dit sans les blesser, n'ont certes pas le génie de Talma, et qui se croiraient déshonorés s'ils n'étaient pas même rappelés après le baisser du rideau. C'est que les mœurs théâtrales ont profondément changé depuis un siècle. Avez-vous à présent des luttes au parterre, des *Georgiens* et des *Carcassiens*, des partisans de Talma et des partisans de Lafon ? Avez-vous des pièces, si mauvaises qu'elles soient, qui ne voient qu'un soir le feu de la rampe ou qu'on ne laisse pas achever ? Cette grande lutte fortifiait et encourageait les artistes ! Aujourd'hui le théâtre est un endroit où l'on va pour tuer le temps, ou bien afin de dire que l'on a vu la pièce en vogue. M. Francisque Sarcey fait une campagne à ce sujet dans ses feuilletons du *Temps* depuis nombre d'années. Il a dit tout ce qu'il y avait à dire de sain et de vrai sur les mardis, les fameux mardis de la Comédie française. Pauvre monsieur Sarcey ! vous risquez fort en tenant ce langage de prêcher pendant longtemps encore dans le désert !

Nous trouvons dans la notice que M. de Manne a

-consacrée à Lafon une note bien curieuse que nous reproduisons ici.

« M. Védel, ancien directeur du Théâtre-Français, a bien voulu nous faire part de ses souvenirs relatifs à l'incident dont nous nous occupons.

« Talma, nous a-t-il dit, que je voyais tous les jours à cette époque, était désespéré, et, plus d'une fois, je l'ai trouvé les larmes aux yeux. Je combattis un projet qu'il concevait alors : celui de quitter la Comédie française et d'aller à Londres jouer la comédie en anglais. »

Et ceci est digne de remarque, car cette observation seule prouve que Talma avait possédé assez bien la langue anglaise dans sa jeunesse, pour la parler encore couramment à quarante ans.

« Je fis tout pour l'en détourner. Les choses en étaient là, lorsque, arrivant un jour chez lui et l'attendant dans son cabinet, je vis sur son bureau trois brochures, *Thamas-Kouli-Khan*, *Manlius*, de La Fosse, et *Gustave*, de Piron. Talma étant survenu, je lui demandai ce que c'étaient que ces pièces que je ne connaissais pas. — N'ayant pas de rôle nouveau, me répondit-il, je cherche dans l'ancien répertoire quelques ouvrages à remettre. Je viens de lire ceux-ci, et je n'y ai presque rien trouvé de nature à faire espérer un succès.

« Je le priai de me les confier, et, après les avoir lus, je les lui rapportai en lui disant que *Manlius* seul me paraissait susceptible d'une reprise. — C'est aussi mon avis, répondit-il ; mais cette tragédie n'a qu'une scène, point de dénouement, et le personnage principal disparaît pauvrement au quatrième acte. Vous comprenez, mon ami, qu'il y a là bien peu de ressources pour l'acteur. — J'en conviens ; mais convenez aussi que s'il n'y a qu'une scène, elle est bien belle.. — Je le sais, et je sais aussi quel parti j'en tirerais... mais après ? Que voulez-vous, vous ne pouvez faire que la pièce soit autre qu'elle n'est ? — Courez-en, du moins, la chance. — Eh ! bien, vous avez raison, reprit-il après un instant de réflexion, d'autant plus que la pièce peut être très bien montée, et l'exécution sauvera la faiblesse du dernier acte. »

Et voilà pourquoi *Manlius* fut remis au théâtre le 11 janvier 1806. Le succès de Talma y fut tel, que de ce jour la rivalité avec Lafon n'existait plus. Ce qui n'empêchait pas Lafon de ne jamais citer le nom de Talma ; il ne disait que *l'autre !* De telle sorte qu'un jour le duc de Lauraguais, impatienté, lui dit : « Monsieur Lafon, je trouve que vous êtes trop souvent *l'un* et pas assez *l'autre*. »

Si Talma avait vu un moment son étoile pâlir, sa femme n'avait pas été aussi sans ressentir un peu le contrecoup de cette disgrâce. On reprochait à Mme Talma d'avoir voulu embrasser tous les genres. On reconnaissait bien que, sous ce rapport, elle était infiniment précieuse à la Comédie française, mais on disait aussi que cette universalité d'emplois était ce qui l'empêchait de primer réellement dans aucun.

L'Opinion du parterre de l'an XIII ne se montra pas tendre non plus pour Mme Talma. « Cette actrice a joui longtemps d'un succès proportionné à ses talents, lisons-nous dans cette revue des théâtres, mais depuis à peu près deux ans, les uns et les autres semblent diminuer progressivement d'une manière effrayante pour ceux qui s'intéressent à elle, et le nombre doit en être considérable, car personne ne mérite plus d'inspirer un intérêt véritable. On lui trouve une monotonie fatigante, un ton continuellement pleureur, et ces deux défauts, les seuls qu'on lui reproche, sont malheureusement très grands, et ne font que s'accroître de jour en jour. »

Si vous ajoutez à cela que le terrible Geoffroy, l'Aristarque du feuilleton, plein d'une tendre affection pour Mlle Volnais, ne manquait jamais de relever avec empressement les défaillances de Mme Talma, quand il venait à s'en produire, continuant en cela les procédés qu'il employait envers son mari, vous pouvez croire que Mme Talma n'avait qu'à se bien tenir devant le public.

Seulement, ce que ses détracteurs omettent de dire, c'est qu'après vingt années de théâtre, Mme Talma possédait toujours au même degré une sensibilité exquise, beaucoup de chaleur, d'intelligence, et qu'elle laissait encore bien derrière elle ses rivales, Mlles Bourgoing et Volnais.

Comme nous l'avons dit précédemment, Bonaparte, si passionné d'ordinaire pour les choses du théâtre, sembla pour un moment s'en désintéresser complètement. Aussi ne le voyons-nous prendre parti ni pour l'un ni pour l'autre dans cette lutte entre Lafon et Talma. Il est plus que probable, à en juger par ses goûts, qu'il eût donné la palme à son ami Talma.

Et cependant, n'allez pas croire qu'il oublie ses

protégés les artistes. Par décret du 13 pluviôse an XII (1ᵉʳ février 1804), il est accordé au citoyen Talma une rente viagère de 1,200 francs. Comme nous avons été assez heureux pour retrouver aux Archives nationales les pièces concernant cette affaire, nous ne voyons aucun inconvénient à les reproduire ici (1) :

Extrait des registres des délibérations du gouvernement de la République.

Paris, 13 pluviôse an XII de la République.

Le gouvernement de la République
    Arrête ce qui suit :

ARTICLE PREMIER.

Il est accordé au citoyen Talma, artiste du Théâtre de la République, une pension annuelle et viagère de 1,200 francs.

ART. 2.

Cette pension sera payée à dater du 1ᵉʳ germinal prochain.

ART. 3.

Le ministre du Trésor public est chargé de l'exécution du présent ordre.

Le Premier Consul, *signé :* BONAPARTE.
Par le Premier Consul :
Le Secrétaire d'État.
(Signature illisible.)

Un arrêté semblable est rendu en faveur du citoyen Vestris et de Mᵐᵉ Gardel.

(1) *Archives nationales*, AF. IV, 1296, p. 5-13.

MINISTÈRE
du
TRÉSOR PUBLIC

25 Pluviôse
N° 11

SOMMAIRE

RAPPORT

AU GOUVERNEMENT DE LA RÉPUBLIQUE

Citoyen Premier Consul,

Le secrétaire d'État vient de m'adresser les expéditions de trois arrêtés du gouvernement en date du 14 du courant, qui accordent 1,200 francs de pension à chacun des citoyens Vestris et Talma, et à Mme Gardel.

Il importe de savoir si ces pensions doivent être acquittées sur les fonds du Trésor public, ou sur ceux affectés aux dépenses des établissements auxquels ces artistes sont attachés. Le Théâtre-Français a droit, pour ses pensions de retraite, à une inscription de 100,000 francs de rente, déposée à la Caisse d'amortissement, et des règlements particuliers déterminent la quotité des pensions à accorder aux artistes de l'Opéra.

Comme ces pensions n'ont point été accordées suivant les formes que le gouvernement a présentées par son arrêté du 15 floréal dernier sur les nouvelles pensions accordées en vertu de la loi du 15 germinal, il s'est élevé un doute sur la quotité du payement.

Il s'agit de savoir si ces pensions doivent être payées intégralement ou au tiers, conformément à la loi du 9 vendémiaire an VI.

Le Ministre du Trésor public.

(Signature illisible.)

Minutes et expéditions des décrets (13 pluviôse au XII) qui accordent une pension à MM. Talma et Vestris et à Mme Gardel.

(Je vous prie de garder ces pièces jusqu'à ce que j'aie les prénoms et l'âge des pensionnaires.)

Note pour le Secrétaire d'État.

Le Secrétaire d'État m'a envoyé hier soir, avec le travail signé, *le rapport ci-joint du Ministre du Trésor public ayant pour objet de déterminer si les pensions accordées par le gouvernement aux citoyens Talma et Vestris et à Mme Gardel seront acquittées sur les fonds du Trésor et si elles devront être payées intégralement.*

Cette feuille est ainsi émargée à l'endroit du rapport susdit : *les pensions seront acquittées des fonds du Trésor et payées intégralement.*

A ce rapport étaient jointes les expéditions desdits arrêtés adressés au Ministre du Trésor; j'y joins aussi les minutes que je fais passer au Secrétaire d'État avec les décrets d'expédition.

Salut et respect,

AUBUSSON.

Et les pensionnaires (sauf Talma) envoient les pièces demandées. Nous lisons sur un petit carré de papier : « Marie, Élisabeth, Anne Houbert, femme Gardel, née à Auxonne en 73 ou 74. — Pierre, Gabriel Gardel, né à Nancy en 61. » Ce dernier, s'apercevant ensuite qu'on ne demandait que les noms de sa femme, a effacé sa suscription.

Nous lisons encore sur un autre carré de papier : « Jean, Marie, Augustin Vestris, né le 27 mars 1763. » Fort belle signature.

Et le citoyen de Luçay, préfet du palais, ajoute : « Il restera la même addition à faire à l'arrêté relatif au citoyen Talma. »

Cette dernière pièce manque au dossier. Talma aurait-il craint de faire connaître son âge?

VIII

LES COMÉDIENS ORDINAIRES DE L'EMPEREUR

Le Consulat touche à sa fin. Une des dernières représentations auxquelles assista Bonaparte avant sa prise en possession du trône impérial présenta seulement quelques particularités ; nous nous y arrêterons un instant. Nous avons vu qu'en 1804, le Premier Consul allait rarement au théâtre. Après la mort du duc d'Enghien, il redoutait l'opinion publique et n'osait plus trop se montrer. Cependant il lui tardait de vieillir cet événement. Il résolut donc d'aller à l'Opéra ; Mme de Rémusat nous a laissé quelques détails sur cette soirée.

« J'accompagnais Mme Bonaparte, écrit-elle. Sa voiture suivait immédiatement celle de son époux. Ordinairement il avait coutume de ne point attendre qu'elle fût arrivée pour franchir rapidement les escaliers et se montrer dans sa loge ; mais cette fois il s'arrêta dans un petit salon qui la précédait et donna à Mme Bonaparte le temps de le rejoindre. Elle était tremblante, et lui très pâle ; il nous regardait tous et semblait interroger nos regards pour savoir comment nous pensions qu'il serait reçu. Il s'avança enfin de l'air de quelqu'un qui marche au feu d'une batterie. On l'accueillit comme de coutume, soit que sa vue produisît son effet accoutumé, car la multitude ne change point en un moment ses habitudes, soit que la police eût pris d'avance quelques précautions. Je craignais fort qu'il ne fût pas applaudi, et lorsque je vis qu'il l'était, j'éprouvai cependant un serrement de cœur. »

L'Empire est proclamé le 18 mai, et le 4 juin, la Comédie française, M. Mahérault, commissaire du gouvernement, en tête, prête, à l'Hôtel de Ville, le serment prescrit par le sénatus-consulte pour l'Empire, usage tombé depuis en désuétude, mais qui signifiait alors que le Théâtre-Français était considéré comme une institution inhérente à l'État (1).

Les comédiens français sociétaires deviennent alors *les comédiens ordinaires de l'Empereur Napoléon Ier*, en date du 3 juillet. Rappelons comme mémoire qu'ils s'appelèrent ensuite : Théâtre-Français, puis comédiens ordinaires du roi, Théâtre de la République, et comédiens ordinaires de l'Empereur. Aujourd'hui c'est la Comédie française, sans autre périphrase.

A part cette transformation, l'année théâtrale à la

---

(1) LAUGIER. *Documents sur la Comédie française*, p. 75.

5.

Comédie française s'écoula assez paisible et sans grands événements. On enregistra la retraite de Florence, la mort de Mme Vestris, la retraite de Mme Lachassaigne et de Dupont. Le 17 mars, un arrêté de M. de Rémusat élevait en même temps au grade de sociétaire les deux illustres rivales, Mlle Duchesnois et Mlle Georges. Restait à régler la position respective des deux actrices : Mlle Duchesnois eut la priorité sur le registre des sociétaires aux assemblées, où elle était la première à donner son avis ; il fut décidé en outre que Mlle Duchesnois doublerait la première les grandes princesses, et Mlle Georges, la première les rôles de reines. On donna un spectacle gratis le 15 août, jour de la fête de l'Empereur, et enfin, au commencement de septembre, les comédiens ordinaires de l'Empereur reçurent l'ordre de se rendre à Mayence pour y donner des représentations pendant le séjour que l'Empereur devait y faire.

Le voyage de Mayence étant un des grands voyages de la Comédie française à l'étranger, nous en parlerons forcément, bien que Talma n'en fît pas partie.

Avant de se faire sacrer par le pape, Napoléon voulut aller faire un voyage sur les bords du Rhin. Il se rendit à Aix-la-Chapelle (1), médita sur le tom-

---

(1) Nous relevons aussi ce passage dans les *Mémoires* de Mme de Rémusat (t. II, p. 41) : « Vers le 3 septembre, il rejoignit sa femme à Aix-la-Chapelle... Pendant ce séjour, M. de Rémusat eut l'ordre de faire venir à Aix-la-Chapelle le second Théâtre-Français de Paris, dirigé alors par Picard, et on donna, en présence des Electeurs, quelques fêtes assez belles, quoiqu'elles n'approchassent point encore de la magnificence de celles que nous avons vu donner plus tard. »

beau de Charlemagne, puis, au milieu d'une foule de ministres étrangers venus pour saluer son passage, visita Cologne, Coblentz et Mayence. L'Impératrice Joséphine qui voyageait séparément rejoignit l'Empereur dans cette dernière ville. Ils y firent leur entrée solennelle le 21 septembre, et le soir, tous les monuments, toutes les rues furent illuminés. Les princes de la maison de Hesse, le duc et la duchesse de Bavière, l'électeur de Bade accompagné de son fils et de son petit-fils, le suivaient comme une troupe de vassaux. C'est devant cet auditoire que devaient jouer les artistes de la Comédie française. Pour ne rien déranger à l'ordre et au programme ordinaire du théâtre, les acteurs et les actrices qui devaient faire partie de ce voyage avaient été individuellement désignés. C'étaient Saint-Prix, Damas, Lafon, Desprez, Lacave; Mmes Raucourt, Thénard, Bourgoing, Duchesnois et Gros. Ils étaient accompagnés du secrétaire de la Comédie, du premier garçon de théâtre, du magasinier, du chef des gardes, et du perruquier. Comme on le voit, Talma, Mme Talma et Mlle Georges restaient à Paris pour le service ordinaire.

Partie de Paris du 10 au 12 septembre, la petite caravane dramatique arriva à Mayence du 16 au 18 septembre. Voici à titre de curiosité la composition des spectacles qui y furent donnés, et que nous transcrivons d'après M. Laugier *(Documents historiques)* :

22 Septembre : IPHIGÉNIE EN AULIDE.
24 — PHÈDRE.

25 Septembre : Cinna.
27   —   Andromaque.
29   —   Horace.
30   —   Bajazet.

L'Empereur déclara le service terminé le 2 octobre. Le 11, tous les artistes étaient de retour à Paris.

La fin de l'année fut encore occupée par les préparatifs du sacre qui eut lieu, comme on sait, le 2 décembre. La veille, 1ᵉʳ décembre, le Théâtre-Français donna par ordre, et gratis, le *Festin de Pierre* et *Sganarelle*. Le jour du sacre on fit relâche.

Ce fut quelques jours après ces fêtes que Talma eut à établir un rôle nouveau, le rôle de Cyrus, dans le *Cyrus* de Chénier. Hélas! les beaux jours de *Charles IX* et d'*Henri VIII* sont loin. Cette malheureuse pièce de *Cyrus*, donnée le 8 décembre, fit une chute telle qu'elle ne s'en releva pas. Une série qui n'était pas heureuse pour notre brillant tragédien [1].

---

[1] Voici en quels termes Mᵐᵉ de Rémusat s'exprime dans ses *Mémoires* au sujet de *Cyrus* : « L'Empereur avait ordonné à Chénier une tragédie qui pût être donnée à l'occasion du couronnement. Chénier avait traité le sujet de *Cyrus* et le cinquième acte de son ouvrage représentait assez fidèlement, en effet, le couronnement de ce prince et la cérémonie de Notre-Dame. » — Le sacre eut lieu le 2 décembre, et la première représentation de *Cyrus* le 8 du même mois. — « La pièce était médiocre, les applications commandées et trop indiquées. Le parterre parisien, toujours indépendant, siffla l'ouvrage et se permit même de rire au moment de l'installation sur le trône. L'Empereur fut mécontent; il bouda mon mari (M. de Rémusat) chargé de l'administration de ce théâtre, comme s'il eût dû lui répondre de l'approbation du public. »

Ne quittons pas cette année 1804 sans mentionner l'ordonnance sur les congés, en date du 21 novembre. Question toujours brûlante et toujours d'actualité ! Et alors, aussi bien que de nos jours, elle intéressait tout le monde, puisque nous voyons quelque part que le jeune tragédien Lafon avait trouvé le moyen de prendre six mois de congé dans une année. Bref, elle intéresse aussi Talma et sa femme que nous ne tarderons pas à suivre dans leurs excursions triomphales en province et même à l'étranger. Nous croyons être utile aux artistes qui nous liront en donnant les principales dispositions de cet arrêté :

— Le répertoire fait, les distributions proclamées, les lectures et les répétitions fixées, les semainiers ne peuvent rien changer, sans motifs sérieux, sous peine pour eux de 50 francs d'amende.

— Aucun acteur ne peut annoncer la veille qu'il ne jouera pas le lendemain, à moins de 150 francs d'amende s'il a part entière.

— Tout chef d'emploi forcé de ne pas jouer le lendemain doit avertir son double la veille; l'amende comme la première.

— Faire manquer un spectacle équivaut à une amende égale au produit de cette représentation.

— Un comédien restant deux mois et demi sans faire son service est privé pendant un temps du titre et des appointements de sociétaire; en cas de récidive, pendant deux ans. La troisième fois, il est exclu de la Société sans pension.

— Aucun comédien ne peut voter aux lectures que six ans après sa réception, à moins qu'il n'ait eu trente ans d'âge accomplis au moment de sa réception ; mais il est admis aux lectures et reçoit son jeton. Tous les bulletins votants doivent être motivés.

— Tout comédien sociétaire doit savoir son répertoire, et nul ne peut être reçu aux appointements sans en connaître au moins la moitié.

Renvoyé à la méditation des intéressés.

La recette de l'année du couronnement fut de 559,671 francs, dont 111,494 francs de location.

Les auteurs modernes recevaient en moyenne 40,000 francs par an. Le droit des pauvres était du onzième de la recette brute.

C'est ainsi que les règlements qui régissent encore actuellement le Théâtre-Français se succédaient insensiblement, sans qu'on y prît garde, et servaient à fonder un tout solide et durable.

Après l'ordonnance sur les congés, voici l'ordonnance relative aux cérémonies du *Bourgeois gentilhomme* et du *Malade imaginaire* (1805).

Tous les sociétaires sans exception sont tenus désormais d'y paraître, et cet hommage rendu à l'immortel créateur de la Comédie ne fait que consacrer l'appellation par laquelle on désigne le théâtre. La maison est bien définitivement *la maison de Molière*.

Avant de partir pour l'Italie, où il allait se faire couronner roi à Milan, Napoléon voulut revoir ses comédiens de prédilection. Il profita de l'occasion qui lui était offerte au moment des fêtes données à Saint-Cloud pour le baptême du second fils de son frère Louis et d'Hortense de Beauharnais (1). Il y eut deux représentations.

La première, en date du 24 mars 1805, se composait d'*Athalie*, par ordre de l'Empereur, jouée par Saint-Prix (Joad), rôle dans lequel il fut admirable, Talma (Abner), Baptiste aîné (Mathan), Mlle Raucourt (Athalie) et Mlle Duchesnois (Josabeth). La musique des chœurs composée par Gossec avait été supprimée, et Marc, son élève, en avait fait une nouvelle.

Cette tragédie d'*Athalie* n'avait jamais été donnée depuis la Révolution. L'Empereur, qui avoua que la lecture de l'ouvrage ne l'avait jamais bien frappé, s'intéressa vivement à la représentation, et répéta encore à cette occasion qu'il désirait fort qu'une pareille tragédie fût faite pendant son règne. Il consentit à ce qu'elle fût représentée à Paris, et, à dater de cette époque, on commença à pouvoir remettre sur le théâtre la plupart de nos chefs-d'œuvre que la Révolution en avait écartés. Ce ne fut pas cependant sans en retrancher quelques vers, dont on craignait les applications. Luce de Lancival et, peu après, Esménard, furent chargés de corriger Corneille, Racine et Voltaire (2).

La seconde représentation donnée à Saint-Cloud, en date du 27 mars, le soir même du jour où le pape

---

(1) Ce second fils de la reine Hortense était Napoléon-Louis, mort subitement pendant l'insurrection des États pontificaux contre le pape, insurrection à laquelle il prenait part en 1831. Le troisième fils de la reine Hortense, celui qui s'appela plus tard Napoléon III, est né le 20 avril 1808.

(2) *Mémoires de Mme de Rémusat*, t. II, p. 131.

Pie VII avait baptisé le fils de la reine Hortense, se composait de *Nicomède* avec Talma, dans le rôle de Nicomède, et Baptiste aîné, dans le rôle de Prusias. Mlle Georges jouait le premier rôle dans la tragédie de Corneille.

« C'est à Napoléon, lisons-nous dans l'*Opinion du parterre*, que nous devons d'admirer Talma dans Nicomède; et la récompense qu'il daigna lui accorder, lorsqu'il l'eut vu dans ce rôle, prouve assez combien il fut satisfait de cet acteur justement célèbre... Après avoir imité César, il fait rendre à Corneille ses honneurs anciens trop longtemps suspendus. »

Geoffroy lui-même, qui critique toujours Talma de parti pris, est forcé de reconnaître les qualités déployées dans ce rôle de Nicomède.

« Talma dans Nicomède, écrit-il (1), a toute la fierté, toute l'ironie, la hauteur et l'amertume convenables; mais il n'a pas assez de noblesse dans le ton et les manières, assez de brillant dans le débit, assez d'éclat et de légèreté dans l'organe. » Geoffroy n'a jamais pu s'accoutumer à la diction nouvelle.

Le jour de cette solennité, à Saint-Cloud, le parc avait été ouvert au public, les grandes eaux jouaient, des spectacles forains attiraient la foule; dans la soirée, il y eut feu d'artifice, illumination du palais et des jardins, orchestre en plein air, bals champêtres. Enfin, pour se rendre à la salle de spectacle, les invités traversaient l'Orangerie qui était éclairée par des verres de couleur.

(1) *Journal des Débats*, 3 germinal an XIII (23 mars 1805).

L'Empereur et l'Impératrice se rendirent à Milan au commencement d'avril. Ils arrivèrent à Lyon le 10 avril, et l'histoire a gardé le souvenir de la fête que la ville leur offrit au Grand-Théâtre où la toile du fond représentait l'Empereur assis, vêtu d'une longue robe triomphale : « Deux Génies, lisons-nous dans l'ouvrage de M. Imbert de Saint-Amand, *la Cour de l'Impératrice Joséphine*, deux Génies allégoriques figurant l'un la France, l'autre l'Italie, et dont les pieds posaient sur des nuages, soutenaient d'une main une banderolle sur laquelle on lisait : *Sublime feriam sidera vertice* (Je frapperai les astres avec ma tête sublime); de l'autre main, les deux génies offraient chacun une couronne à Napoléon. »

On chanta une cantate intitulée *le Songe d'Ossian*, dont les vers nous ont été conservés, et la fête se termina par une danse devant le trône, pendant laquelle les danseuses, qui n'étaient autres que les dames principales de la ville, jetaient des fleurs avec lesquelles on tressa deux couronnes.

Le 29 avril, à Turin, représentation de gala au Grand-Théâtre. Le 12 mai, portant le grand cordon de l'Aigle noir, l'Empereur se rend avec l'Impératrice au théâtre de la Scala, où l'on jouait l'opéra de *Castor et Pollux*. « La salle, rapporte encore l'écrivain cité plus haut, la salle, éclairée *à giorno*, contenait toutes les belles Milanaises, parées avec une extrême élégance, en toilette de bal, avec tous leurs bijoux. Le luxe et l'éclat de ces beautés justement célèbres, la brillante variété des uniformes, le prestige de la loge impériale, et, sur la scène, la magnificence des costumes, des décors, le talent des chanteurs, tout concourait à la splendeur de la représentation. »

On comprendra sans peine que Napoléon ne négligeait aucune de ces occasions de se faire applaudir en public. Il ne cherchait alors que tous les prétextes pour jeter de la poudre aux yeux des peuples conquis, éblouir les masses par son faste, et satisfaire son immense orgueil de dominateur. Que Napoléon fasse venir la Comédie française à Saint-Cloud, c'est pour en jouir, lui personnellement, lui l'amateur de théâtre, lui le connaisseur. Qu'il fasse à Talma des réflexions sur son art, qu'il discute littérature avec des poètes, voilà la part de l'homme privé. Mais qu'il fasse venir la Comédie à Erfurt pour jouer devant un parterre de rois, qu'il s'installe en grande pompe dans la loge de la Scala, qu'il se montre à Milan à la manière de César dans un cirque où l'on célèbre des jeux antiques, qu'il s'y fasse acclamer par un peuple méridional en délire, voilà l'homme public, le politique, et le rusé comédien. Quand nous étudions Napoléon au théâtre, ne confondons pas ces deux hommes qui ne semblent faire qu'un, et qui cependant sont bien distincts.

C'est encore dans ce voyage à Milan que Napoléon revit la célèbre cantatrice Mme Grassini, dont nous avons déjà eu l'occasion de parler lors de la seconde campagne d'Italie. La diva, disions-nous, ne demandait alors qu'à se laisser attendrir. Mais le général, au dire de la légende, tout entier à l'amour de Joséphine, ne fit guère attention aux œillades de la belle. Les choses avaient changé de tournure en 1805, s'il faut en croire la chronique scandaleuse, et c'est à l'Empereur qu'il appartenait à son tour de faire les avances, ce qui aurait fait dire à la grande chanteuse :

« Lorsque j'étais dans tout l'éclat de ma beauté et de mon talent, je ne désirais qu'un seul de vos regards, je ne pus l'obtenir : et voilà que vous le laissez tomber sur moi aujourd'hui que je n'en vaux plus la peine, que je ne suis plus digne de vous ! »

Bourrienne n'est pas d'accord sur les dates. Il fait remonter cette aventure à 1800. Et d'ailleurs peu importe. Voici ce qu'il en dit : « Il m'est arrivé plusieurs fois de prendre le thé, moi troisième avec elle et Bonaparte, dans la chambre du général, ce qui ne m'amusait pas plus qu'il ne faut. La nuit où j'éveillai Bonaparte pour lui annoncer la mauvaise nouvelle de la capitulation de Gênes, Mme Grassini fut réveillée avec lui. La voix de Mme Grassini le ravissait ; si le soin impérieux des affaires le lui eût permis, il l'aurait écoutée chanter pendant des heures entières avec délices. » Ce qui ne veut pas dire que l'intrigue avortée en 1796, selon les uns, commencée en 1800, selon les autres, n'ait pas continué en 1805, selon la tradition généralement reçue.

Laissons Napoléon se faire couronner roi d'Italie à Milan, et revenons à la Comédie française où un grand événement se prépare. Nous voulons parler de la première représentation des *Templiers*, de Raynouard (14 mai 1805).

IX

LES « TEMPLIERS »

Il y avait assez longtemps que la Comédie française se traînait péniblement de chute en chute, assez longtemps que notre héros Talma était à la recherche d'un rôle nouveau qui le mît en évidence pour qu'un véritable succès attirât l'attention.

L'auteur, François-Juste-Marie Raynouard, déjà connu par son poème de *Socrate dans le temple d'Aglaure*, poème couronné en l'an XII par l'Institut national, avait été envoyé au Corps législatif par le Sénat conservateur en l'an XIV pour le département du Var. On avait donc affaire à un député doublé d'un poète.

Voici quelle était la distribution de la pièce :

PHILIPPE LE BEL........ LAFON.
ENGUERRAND DE MARIGNY. BAPTISTE AÎNÉ.
GUILLAUME DE NOGARET. DESPREZ.

Jacques de Molay......	Saint-Prix.
Gaucher de Chatillon.	Damas.
Marigny fils....	Talma.
Jeanne de Navarre.....	Mlle Georges.
Laigneville, templier...	Lacave.
Un officier...........	Varennes.

Le sujet, puisé dans l'histoire de France, le caractère du Grand Maître, si noble, si imposant; le rôle du jeune Marigny, d'une très heureuse conception, tout assura un immense succès à cet ouvrage, qui d'ailleurs remporta le prix de 10,000 francs, prix fondé en 1804 par l'Empereur, dans le but de féconder l'imagination des auteurs.

Charles Maurice rapporte une anecdote charmante à propos de cette pièce. Nous la citons parce qu'elle ne fait pas longueur, et nous examinerons ensuite de plus près l'interprétation de ces fameux *Templiers*, qui firent alors époque dans l'histoire de la Comédie française et dans l'existence de Talma.

Raynouard racontait un jour chez Andrieux ce mot d'une inexplicable niaiserie. Le succès des *Templiers* avait retenti encore plus à Brignoles, ville natale du poète, que partout ailleurs. Un des braves habitants de l'endroit ayant demandé à l'auteur comment, avocat très occupé, il avait trouvé le temps de composer sa pièce, ce dernier lui répondit que, chaque dimanche, il dérobait quelques heures à ses loisirs pour y travailler, sans nuire aux intérêts de ses clients : « Ah! répliqua le Brignolais, si j'avais su ça, moi qui n'ai jamais rien à faire le dimanche! »

Revenons à l'interprétation : Philippe le Bel, c'est

Lafon, Lafon le brillant débutant d'hier qui a contracté avec le public de terribles engagements, et qui ne semble pas remplir toutes les espérances que l'on était en droit de concevoir de lui. En d'autres termes, Lafon n'a point fait un pas marquant depuis ses débuts. Les méchantes langues disent qu'il est toujours satisfait de lui-même. Cela peut être; mais il devrait comprendre qu'au milieu des plus grands succès, il est toujours utile de travailler, et à plus forte raison quand on a eu le bonheur d'acquérir du premier coup la faveur du public. Lafon est un fort beau Philippe le Bel, mais il n'écrase pas Talma, au contraire.

Baptiste aîné se présente sous les traits du vieil Enguerrand de Marigny. C'est au sujet de cet artiste que La Harpe écrivait au Grand-Duc de Russie : « Baptiste aîné est véritablement un bon acteur. » Après avoir longtemps brillé dans les premiers rôles, Baptiste aîné embrassait un emploi plus conforme à son âge, l'emploi des Brizard et des Vanhove, en deux mots, l'emploi des *pères nobles*. Il n'a pas, il est vrai, la figure respectable de Brizard; il ne possède pas l'organe patriarcal de Vanhove; il n'a même pas les qualités naturelles de Saint-Prix, mais il supplée à ces défauts par le travail le plus assidu, par l'intelligence la plus vive. Aussi est-il arrivé à doubler Saint-Prix, et à jouer en grande partie les rôles de Monvel et de Naudet. Jeune encore il prend l'emploi des *pères*, et en somme il y récolte d'unanimes applaudissements.

Desprez *joue sagement* le chancelier Nogaret ;
ainsi s'exprime l'*Opinion du parterre*, et l'auteur
ajoute que ces deux mots peuvent presque toujours
composer son éloge. Desprez est un homme d'une
haute stature, d'une carrure d'athlète, qui a son utilité
au Théâtre-Français et qui excelle surtout dans les
récits de tragédie.

Quant à Saint-Prix qui tient le personnage de
Jacques de Molay, son éloge n'est plus à faire. Voilà
vingt-deux ans qu'il recueille les applaudissements
des connaisseurs. Toutes les qualités physiques qui
manquent à Monvel, Saint-Prix les possède. Sa taille
est majestueuse, ses formes tragiques, son organe
sonore. « Le rôle du Grand Maître des *Templiers*,
écrit M. Valleran dans l'*Opinion du parterre*, a singulièrement relevé les actions de Saint-Prix ; il s'y
est fait un honneur infini. Sa noblesse, mêlée de
résignation, a paru admirable : il a bien rempli
l'idée que l'on peut se former d'un vrai héros chré-
tien qui n'ambitionne que la gloire du martyre. »
Voici maintenant le jugement porté sur Damas par
ses contemporains : « M. Raynouard, auteur des
Templiers, ne lui avait confié qu'un rôle secondaire,
celui du connétable Gaucher de Châtillon ; mais il
acquérait de l'importance dans le cinquième acte,
par le récit de la mort des Templiers, dont ce personnage est chargé. Il fallait pour ce récit un acteur
d'une intelligence peu commune, qui sût en détailler
avec art toutes les beautés ; un confident ordinaire
n'eût pas suffi. Damas s'en chargea, le rendit avec
un succès prodigieux ; mais non content d'avoir fait

valoir cette scène, qui prêtait réellement beaucoup, il obtint de nombreux applaudissements dans toutes les autres parties de son rôle, qui fussent restées sans effet dans les mains d'un autre acteur, moins habitué aux choses difficiles. »

Nous avons réservé pour la fin Mlle Georges et Talma.

Le rôle de Jeanne de Navarre, épouse de Philippe le Bel, fournissait à Mlle Georges une occasion de plus pour faire paraître sa beauté dans tout son éclat. Le costume du temps, assez bien observé par elle, lui était de plus très favorable, et ses ennemis enfin, qui ne pouvaient lui pardonner sa beauté, en étaient réduits à reconnaître qu'elle avait joué ce rôle « assez passablement bien ». Elle ne pouvait cependant pas, pour être agréable aux partisans de Mlle Duchesnois, dépouiller les grâces de sa personne et de son visage avant d'entrer en scène.

Quant à Talma, qui, suivant les expressions du temps, « a orné de si touchantes couleurs le portrait du jeune Marigny », c'est toujours le tragédien énergique et sublime. « J'ai vu les dernières années de Lekain, écrit un amateur passionné de théâtre, et ne crois point être enthousiaste fanatique, ni détracteur passionné : c'est en raison de cette modération de sentiments que je me borne à dire que je le crois remplacé par Talma, comme Brizard le fut, et même avec avantage, par Monvel. »

Les adversaires de Talma lui ont reproché son œil farouche, son teint hâve, son accent de terreur; ses admirateurs, au contraire, ont vanté son œil plein d'expression « qui se prête à tous les sentiments, et où se peignent successivement l'amour, la haine, le dédain, le mépris, la fierté, la vengeance ». Qui croire ? Mais ne savons-nous pas par des sources multiples que les premiers s'abusaient, et que les seconds seuls avaient raison ?

La pièce eut trente-cinq représentations consécutives, interrompues seulement un instant après la treizième par une maladie de Talma. Ce fut à coup sûr le plus grand triomphe dramatique de l'époque, et les reprises successives que l'on fit de cet ouvrage eurent toujours la même vogue auprès du public.

Les *Templiers* avaient été lus à l'Empereur par M. de Fontanes, approuvés dans quelques parties, blâmés dans d'autres. Le souverain voulait qu'on y fît quelques corrections, auxquelles l'auteur se refusa. Napoléon en demeura un peu piqué. Bientôt le succès des *Templiers* retentit jusqu'en Italie. Alors le nouveau roi couronné à Milan, le tout-puissant Empereur ne trouva pas très bon que les *Templiers* eussent un si grand succès. Il se fâcha contre l'ouvrage, un peu contre l'auteur, et voici ce qu'il écrivit de Milan à ce sujet, le 12 prairial an XIII (1er juin 1805), à Fouché : « Il me paraît que le succès de la tragédie des *Templiers* dirige les esprits sur ce point de l'histoire française. Cela est bien, mais je ne crois pas qu'il faille laisser jouer des pièces dont les sujets seraient pris dans des temps trop près de nous. Je lis dans un journal qu'on veut jouer une tragédie de *Henri IV*. Cette époque n'est pas assez éloignée pour ne pas réveiller des passions. La scène a besoin d'un peu

6

d'antiquité, et, sans porter de gêne sur le théâtre, je pense que vous devez empêcher cela, sans faire paraître votre intervention. Vous pourriez en parler à M. Raynouard qui paraît avoir du talent. Pourquoi n'engageriez-vous pas M. Raynouard à faire une tragédie du passage de la première à la seconde race? Au lieu d'être un tyran, celui qui lui succéderait serait le sauveur de la nation. C'est dans ce genre de pièces, surtout, que le théâtre est neuf, car sous l'ancien régime on ne les aurait pas permises. L'oratorio de *Saül* n'est pas autre chose ; c'est un grand homme succédant à un roi dégénéré. »

Qui dira après cette lecture que cet homme extraordinaire ne songeait pas à tout? Voilà ce qu'il écrit, en Italie, presque au lendemain de son couronnement à Milan, et une des premières choses qu'il fera à son retour en France, ce sera de demander à assister à la représentation de ces fameux *Templiers* (1).

L'Empereur arriva le 11 juillet à Fontainebleau, et de là il vint s'établir à Saint-Cloud. La Comédie française qui avait donné un spectacle gratis le 23 mai, à l'occasion du couronnement, reçut l'ordre d'y représenter les *Templiers* avec l'interprétation que l'on sait. Cette représentation eut lieu à Saint-Cloud le 25 juillet 1805. Les souverains ne s'étaient encore

---

(1) Il écrit encore de Bologne à Fouché, le 23 juin 1805 : « Monsieur Fouché, je vous prie de me faire connaître ce que c'est qu'une pièce de *Don Juan* qu'on veut donner à l'Opéra, et pour laquelle on m'a demandé l'autorisation de la dépense. Je désire connaître votre opinion sur cette pièce sous le point de vue de l'esprit public. »

montrés qu'une fois au théâtre depuis leur retour d'Italie, à l'Opéra, le 18 juillet.

Nous ne savons ce que dit l'Empereur de cette audition des *Templiers* (1). Mais un jour plus tard, à rois heures de l'après-midi, il demandait, pour être joué le lendemain à Saint-Cloud, le *Tartuffe de mœurs*, pièce représentée récemment avec succès. Mlle Desrosiers était absente. Peu importe! Telles étaient les volontés impériales qu'il fallait obéir coûte que coûte. Mlle Mezeray apprit du jour au lendemain e rôle de M° Gercourt et le joua.

La Comédie française donna encore une représentation à Saint-Cloud, le 30 juillet. Après le *Mariage secret*, comédie en trois actes en vers, de Desfaucheretz, les premiers sujets chorégraphes de l'Opéra y dansèrent, par exception, le ballet de *la Rosière*, arrangé par Gardel.

Mme de Rémusat nous a laissé quelques détails

---

(1) Audibert, dans ses *Indiscrétions et confidences* (p. 61), nous rapporte toute une conversation qui aurait eu lieu à ce sujet entre Napoléon et M. de Fontanes. Nous voudrions bien par exemple en connaitre l'authenticité. « Cette pièce est faite dans un mauvais esprit, aurait dit l'Empereur; c'est un succès d'opposition. On place la royauté sous un jour défavorable en présentant les Templiers comme des victimes innocentes. » Raynouard, toujours selon la version d'Audibert, fut mandé auprès de l'Empereur; la conversation fut longue et animée : « J'ai voulu avoir sous mon influence cet homme, dit Napoléon à M. de Fontanes, après le départ de Raynouard; je lui ai fait pressentir un bel avenir. Il a tout refusé. Il se borne à vouloir conserver, dit-il, son indépendance de poète; oui, l'indépendance nécessaire pour faire de l'opposition. Eh bien, qu'il la garde, mais c'est un homme à surveiller. »

sur ce séjour à Saint-Cloud. L'Empereur y travaillait beaucoup, se promenant seulement une heure par jour, et ne recevant que rarement du monde. Ce sont ces jours-là qu'il choisissait naturellement pour y faire venir les comédiens, et M. de Rémusat se mettait alors en quatre pour amuser celui que M. de Talleyrand avait qualifié d'*inamusable*. Quoi d'étonnant d'ailleurs qu'il apportât souvent à ces représentations un esprit préoccupé et distrait? Le contraire eût été surprenant. Voici le passage concernant notre tragédien : « L'Empereur aimait le talent, ou plutôt la personne de Talma, avec qui il avait eu quelque liaison pendant l'obscurité de sa première jeunesse. Il lui donnait beaucoup d'argent, et il le recevait familièrement ; mais Talma lui-même ne venait guère plus qu'un autre à bout de l'intéresser. Tel qu'un malade qui se prend aux autres du mauvais état de sa santé, il s'irritait de voir glisser sur lui les plaisirs qui convenaient à autrui, et croyait toujours qu'en grondant et tourmentant, il ferait inventer enfin ce qui arriverait à le distraire. Il fallait plaindre très sérieusement l'homme chargé de ses plaisirs. Malheureusement pour nous, M. de Rémusat a été cet homme-là, et je pourrais dire ce qu'il a eu à souffrir. »

On était en effet à la veille de graves événements. Napoléon commençait à sentir que pour se maintenir au pinacle, il fallait enfanter des miracles, et il y avait trop longtemps que sa gloire militaire reposait. On s'était habitué à la paix depuis cinq ans, et cependant tout languissait. Les libéraux n'avaient pas vu sans chagrin la fin de la République ; les royalistes faisaient des vœux pour les Bourbons ; l'armée s'impatientait de rester inactive, et le monde des affaires s'alarmait des menaces incessantes des nations coalisées. Voilà pourquoi l'Empereur allait tenter encore un effort suprême en se précipitant sur l'Autriche et sur la Russie.

La Comédie française ne joua plus que deux fois à Saint-Cloud avant le départ de Napoléon pour l'armée, les 10 et 19 septembre. Talma ne faisait point partie de ces deux représentations. Seule Mme Talma joua, le 19, le rôle de Clarisse dans le *Menteur*. Et, chose étrange, quelques jours plus tard, à Strasbourg, au milieu de toutes ses préoccupations, l'Empereur se ressouvenait d'envoyer une gratification à Fleury, parce qu'il l'avait diverti dans le rôle de Dorante du *Menteur* (1).

Le 10 octobre, Napoléon a pris le commandement en chef de ses troupes, et dans les deux mois qui suivirent, le Théâtre-Français inscrivait deux fois les

---

(1) Le 4 octobre, il écrit de Ludwigsburg : « Les événements vont devenir tous les jours plus intéressants. Il suffit que vous fassiez mettre dans le *Moniteur* que l'Empereur se porte bien, qu'il était encore vendredi, 12 vendémiaire (4 octobre), à Ludwigsburg ; que la jonction de l'armée avec les Bavarois est faite. J'ai entendu hier, au théâtre de cette cour, l'opéra allemand de [*Don Juan;* j'imagine que la musique de cet opéra est la même que celle de l'opéra qu'on donne à Paris ; elle m'a paru fort bonne. »
Le même jour il écrit au ministre de l'intérieur :
« Monsieur Champagny, je suis ici à la cour de Wurtemberg, et, tout en faisant la guerre, j'y ai entendu hier de très bonne musique. Le chant allemand m'a paru cependant un peu baroque. La réserve marche-t-elle ? Où en est la conscription de l'an XIV ?

6.

mots : *Spectacle gratis* sur son affiche : la première fois, le 26 novembre, à l'occasion de l'entrée des Français dans la capitale de l'Autriche ; la seconde fois, le 21 décembre, pour fêter la victoire d'Austerlitz, remportée le 2. Au dire de tous les contemporains, jamais victoire n'arriva plus à propos. Les affaires languissaient, les théâtres faisaient de mauvaises recettes, l'hiver était d'une tristesse désespérante.

X

LES BULLETINS DE LA GRANDE ARMÉE
LUS AU THÉATRE

Napoléon gagne la bataille d'Austerlitz, et soudain tout prend une autre physionomie à Paris. On se cause, on se réjouit, on se retrouve. L'argent sort des bas de laine, les salles de spectacles naguère abandonnées se remplissent comme par enchantement. Tant il est vrai qu'il n'y a rien comme le succès pour métamorphoser le Français ! Et savez-vous de quoi causait le grand capitaine la veille de la bataille d'Austerlitz ? Lisez les *Mémoires* du général de Ségur, un témoin oculaire. Vers le soir, la veille de la bataille, Napoléon, entrant dans une chaumière, se met gaiement à table avec Murat, Caulaincourt, Junot, Ségur, Rapp et quelques autres convives. On croit qu'il va parler de la bataille du lendemain. Point du tout. Il s'entretient de littérature avec Junot qui est au courant des tragédies nouvelles ; il lui fait maintes réflexions sur les *Templiers* de Raynouard, sur Racine, sur Corneille et sur la fatalité antique.

Un signe assez caractéristique de l'époque, c'est qu'on ne va pas seulement au théâtre pour la pièce que l'on y représente, mais encore pour écouter la lecture du bulletin de la Grande Armée. La presse n'étant pas organisée ni répandue comme aujourd'hui, le peuple ne savait jamais qu'imparfaitement ce qui se passait, et lorsque l'on entendait le matin le canon gronder en l'honneur de quelque victoire nouvelle, on se rendait le soir au spectacle pour écouter la lecture du bulletin ; petit usage dont les directeurs ne devaient pas se plaindre en ce bienheureux temps. « Avant-hier, aux spectacles, j'ai accompagné la princesse Louis pour assister aux différentes lectures des bulletins qui s'y sont faites, écrit Mme de Rémusat à son mari. Les salles étaient pleines... et je pleurais de toutes mes forces pendant ce temps. »

On s'occupa bientôt des préparatifs des fêtes qui devaient avoir lieu au retour de l'Empereur. Napoléon était bien trop comédien par nature pour négliger ce côté de la mise en scène. D'ailleurs les villes de Stuttgard, de Munich et de Carlsruhe ne venaient-elles pas de lui faire un triomphal accueil ?

M. de Rémusat, qui faisait partie de la suite de l'Empereur, envoya à sa femme des ordres pour que les spectacles préparassent la remise de quelques ouvrages qui devaient prêter aux applications. Le Théâtre-Français choisit *Gaston et Bayard*, la censure ayant soin toutefois de faire changer le vers suivant :

Et suivre les Bourbons, c'est marcher à la gloire,

par :

Et suivre les Français, c'est marcher à la gloire.

Napoléon et Joséphine rentrèrent aux Tuileries dans la nuit du 26 au 27 janvier 1806. Deux jours après son retour, le 29, l'Empereur se rendit à la Comédie française, et comme c'était la première fois qu'il paraissait en public depuis son retour d'Autriche, rien ne peut rendre l'enthousiasme avec lequel il fut reçu. C'est qu'il faut bien l'avouer, Austerlitz, c'est le *summum* de la popularité napoléonienne. Ce jour-là, cette année-là, l'enivrement était sincère, la flatterie sans détours. Hélas! ce sont les dernières ovations sans commande auxquelles nous allons assister.

Talma jouait ce soir-là *Manlius*. Il avait pour partenaires Saint-Prix, Damas, Naudet, Desprez; Mmes Fleury et Thénard. On venait de terminer la première scène au moment où l'Empereur entra dans sa loge. Ce furent alors des acclamations qui éclatèrent de toutes parts, des cris sans fin de : Vive l'Empereur! des transports indescriptibles. Le public fit recommencer la pièce et l'Empereur l'écouta jusqu'au bout.

Ces ovations se renouvelèrent encore à la Comédie française le 1er février; on jouait *Iphigénie en*

Aulide, avec Saint-Prix, Lafon, Mlle Duchesnois. Voici de quelle façon Geoffroy raconte cette soirée dans le *Journal de l'Empire* du 3 février 1806.

« L'Empereur est arrivé au second acte, et sa présence inattendue a produit encore plus d'enthousiasme que la première fois qu'on l'avait vu à *Manlius*. La première explosion des applaudissements n'a pu suffire à l'ardeur du public : les entr'actes ont été employés à de nouveaux transports, à des cris redoublés de Vive l'Empereur ! Vive Napoléon ! Ce jour-là, n'en déplaise à Racine, les entr'actes d'*Iphigénie* avaient plus de mouvement, d'action et d'intérêt, que la pièce elle-même.

« Vers la fin de la tragédie, l'Empereur s'est retiré, et il était facile de deviner les motifs de cette prompte retraite. On allait jouer *les Français dans le Tyrol;* sa délicatesse s'est alarmée des éloges directs qu'il pouvait rencontrer dans la pièce. Plus on est digne de louanges, plus on les craint, plus on les évite. »

Le compte rendu de la soirée du 4 février à l'Opéra est encore bien plus admiratif : « Enfin l'instant est venu : Napoléon, sans défiance — le *sans défiance* est superbe, — s'est rendu mardi soir à son Académie impériale de musique, vers les huit heures et demie du soir; il a trouvé une assemblée aussi nombreuse que brillante, qui, dans son impatience, commençait à désespérer du bonheur de le voir; tous les spectateurs tenaient en main des branches de laurier que l'administration avait fait distribuer avec profusion. Ainsi l'Empereur, en entrant dans sa loge, avait à sa droite un vaste bois de lauriers; à sa gauche, il apercevait dans le lointain le vieux Louvre, la galerie, le pont des Arts, monuments élevés ou réparés sous son règne; sous ses yeux, le théâtre offrait une place triomphale, formée par une enceinte de colonnes et de trophées; dans les intervalles des colonnes, divers médaillons suspendus portaient des inscriptions bien éloquentes, dans leur simplicité, car on y lisait les noms des sièges, des batailles, des traités, et autres actions mémorables de Napoléon.

« Pendant quelques minutes, les transports, l'ivresse bruyante du parterre et des loges ont lutté contre les fracas d'un chœur magnifique, soutenu de toute la puissance de l'orchestre; on n'entendait point d'autre musique que celle des applaudissements, des acclamations, des cris redoublés de : Vive l'Empereur! concert au-dessus de toute harmonie (1). »

Et le récit continue ainsi pendant trois colonnes encore.

Mais une représentation qui ne manque pas à coup sûr d'originalité fut celle du 24 février au Théâtre-Français. On donnait *Athalie*, avec Saint-Prix dans le rôle de Joad, Talma dans celui d'Abner, Mlle Raucourt dans celui d'Athalie. L'Empereur était là, dans sa loge. Hasard ou effet préparé, un courrier lui apporte la nouvelle de l'entrée des troupes françaises à Naples. Aussitôt il envoie un aide de camp à Talma, avec ordre d'interrompre la pièce,

(1) *Journal de l'Empire*, 6 février 1806.

selon Mme de Rémusat, ou de faire une annonce entre le premier et le deuxième acte, selon M. Laugier. Quoi qu'il en soit, Talma s'avance sur le bord de la rampe. Il lit à haute voix le bulletin, et le public apprend de la bouche d'Abner la prise de Naples par les Français.

L'usage de faire recommencer la pièce à l'arrivée du souverain, usage renouvelé quelquefois sous le second Empire, était alors assez fréquent. Le 1er mars, l'Empereur arrive au Théâtre-Français au moment où le premier acte de *Mérope* vient de finir. Le public fait recommencer la pièce. Ce soir-là Mlle Raucourt jouait le rôle de Mérope.

Voici déjà plusieurs fois que nous avons parlé de la reprise de *Manlius*. Ce rôle ayant été un des plus beaux succès de Talma, il convient de s'y arrêter quelque peu. Le *Manlius* de Lafosse, tragédie tombée dans l'oubli, n'avait pas été joué depuis vingt ans. Ce fut Talma qui le ressuscita le 11 janvier 1806. Le succès en fut considérable. « Il est glorieux pour Talma d'être si bien entré le premier jour dans le caractère de *Manlius*, absolument nouveau pour lui, écrit Geoffroy, le plus mortel ennemi du tragédien, et son détracteur de parti pris ; rien ne prouve mieux la profondeur de ses études dramatiques. Cet acteur qui souvent laisse à désirer, mais qui a des qualités assez brillantes pour qu'on puisse lui reprocher ses défauts sans l'offenser et sans lui nuire, s'est montré tout à coup supérieur dans le rôle de Manlius, et s'est mis au-dessus de la critique par l'excellence de son jeu. Son débit a de la fermeté et de la force sans pesanteur; sa voix suffit à tous les sentiments qu'il veut exprimer sans le secours des cris et des hurlements; profond et concentré, il n'en a que plus d'énergie. J'ose assurer que dans ces grands caractères de conspirateurs sombres et fiers, il est meilleur et se montre plus grand comédien que dans les rôles de fous et de furieux. Dans les scènes de Manlius avec son ami, il a même rendu avec beaucoup de naturel et de vérité cette espèce de sensibilité et de douleur qui, bien loin d'être une faiblesse, est au contraire, dans un homme aussi inflexible que Manlius, le sublime de la générosité et de l'amitié. On pourrait peut-être désirer que Talma eût une stature plus élevée, une plus grande dignité dans l'extérieur, un air plus imposant; mais quand cet acteur nous donne tout ce qui dépend de l'art, il faut lui pardonner de ne pas avoir tout ce qui dépend de la nature (1). »

Le même Geoffroy écrit quelques jours plus tard :

« Le succès de Talma s'accroît de jour en jour; cet acteur excite une vive curiosité et attire une foule extraordinaire : l'énergie, la profondeur et la vérité de son jeu sont vraiment admirables. Ce rôle de Manlius est parfaitement assorti à ses moyens et à la nature de son talent. C'est une chose digne d'observation que Talma, que l'on avait cru longtemps borné aux fureurs, aux convulsions, à l'horreur anglaise, ne s'est acquis une véritable gloire que dans les personnages d'un tragique sage et mesuré. Nico-

(1) *Journal de l'Empire*, 13 janvier 1806.

mède et Manlius lui ont fait plus d'honneur que les Hamlet et les Othello, tant il est vrai que le comédien trouve plus d'avantage à faire valoir les bons ouvrages, et que le vrai talent se renferme dans les bornes de l'art et de la nature (1). »

Et oui, voilà bien pourquoi Geoffroy ne pourra jamais s'entendre avec Talma. Geoffroy est avant tout un classique ; il a horreur du romantisme, du réalisme, mots inusités alors, mais qui rendent bien notre pensée. C'est pourquoi il consentira volontiers à applaudir aux tentatives de Talma dans ce répertoire, mais il ne lui pardonnera jamais ni *Hamlet*, ni *Othello*, ni aucun essai moderne, ni Cinna causant comme un simple mortel, ni aucun effet dramatique sortant de la routine et des règles compassées de la vieille tragédie. Geoffroy aurait perdu la tête s'il avait jamais pu assister aux audaces de Victor Hugo !

Le succès de *Manlius* alla sans cesse grandissant. « Cette tragédie, austère par elle-même et qui n'obtint jamais qu'un succès d'estime, nous dit encore Geoffroy, attire aujourd'hui la foule par la curiosité qu'inspire le jeu de l'acteur ; c'est Talma qu'on va voir, et non Manlius. Il est vrai que ce rôle est parfaitement conforme au genre de talent qui distingue Talma : c'est un conspirateur sombre et profond, d'une fermeté et d'une audace inébranlables. L'auteur a mêlé avec beaucoup d'art à ce caractère farouche des nuances précieuses de sensibilité, et la

(1) *Journal de l'Empire*, 27 janvier 1806.

scène de Manlius avec Servilius est une des plus déchirantes qu'il y ait au théâtre. Talma, dans cette pièce, est parfaitement secondé par Damas, qui déploie beaucoup d'âme et d'énergie dans le rôle de Servilius. »

Nous avons assisté aux ovations faites en public au souverain et à l'artiste; passons à présent aux représentations plus paisibles de la Cour.

XI

TRENTE ET UNE REPRÉSENTATIONS
A SAINT-CLOUD

Après s'être fait acclamer à outrance, après s'être prodigué à l'Opéra et au Théâtre-Français, après avoir reçu autant d'applaudissements qu'un mortel peut en recevoir, Napoléon, fatigué ou blasé, cessa tout à coup de se montrer dans les salles de spectacle. Il fit venir la Comédie française chez lui, à Saint-Cloud, sur le théâtre du palais, et du 13 avril au 18 septembre 1806, nous ne comptons pas moins de trente et une représentations données dans ces conditions par les comédiens de l'Empereur.

Le programme en était varié, comme on peut croire; nous jetterons en passant un rapide coup d'œil sur le choix qui présidait à ce répertoire, car il nous donnera une idée du travail auquel étaient forcés de se livrer les sociétaires de la Comédie française pour arriver à plaire au maître tout-puissant.

Voici d'abord *Athalie*, avec la même distribution que le 24 mars 1805, c'est-à-dire avec Saint-Prix, Talma, Mmes Raucourt et Duchesnois.

Voici le *Misanthrope*, avec Fleury, Baptiste aîné, Mlle Contat dans le rôle de Célimène, Mlle Mars dans le rôle d'Éliante. Dugazon ne dédaigne pas de tenir le petit rôle de Dubois. N'avons-nous pas vu récemment M. Coquelin aîné remplir le rôle de Loyal dans *Tartuffe*, et avec quel succès !

Et remarquez que les comédiens savent parfaitement tirer parti de ces rapports fréquents avec la Cour. Le 29 avril, Monvel, Dazincourt, Fleury et Saint-Prix se rendent auprès de l'Empereur pour lui adresser une pétition concernant les intérêts de la Comédie française. « L'Empereur aimait à s'occuper *lui-même* des affaires intérieures du Théâtre-Français, » écrit M. Laugier. C'est ainsi qu'il décida en cette occasion que chaque samedi le comité et deux semainiers arrêteraient le répertoire, qui serait soumis à l'assemblée générale le lundi suivant, et tout acteur, refusant de jouer sans cause légitime, serait passible d'une amende ; les lectures auront lieu une fois par semaine.

Le 1er mai, Talma joue à Saint-Cloud le rôle de César dans la *Mort de Pompée* ; Mlle Georges lui donne la réplique dans celui de Cléopâtre, et Mlle Raucourt dans celui de Cornélie. Et comme la comédie alterne parfois avec la tragédie, le 8 mai c'est l'*Avare*, avec Caumont dans le rôle d'Harpagon.

Mais, il faut bien le reconnaître, l'acteur favori de toutes ces réunions, c'est Talma, qu'il joue Sévère de *Polyeucte*, Coriolan dans la pièce de ce nom, Cinna dans *Cinna*, Rodrigue dans le *Cid* ou encore César dans la *Mort de César*.

Napoléon étudie chaque pièce, en approfondit les caractères, discute la façon d'interpréter chaque rôle. Dans *Cinna*, il fait rétablir le rôle de Livie. C'est Mlle Raucourt qui le tient. Dans le *Cid*, il fait rétablir celui de l'Infante, et le confie à Mlle Georges. Il voit tout, s'occupe de tout, donne son avis en tout. Mais quelle troupe aussi que celle qui comptait dans ses rangs Talma, Monvel, Fleury, Damas, Dazincourt, Dugazon, Saint-Prix, les deux Baptiste, Mlles Duchesnois, Georges, Raucourt, sans oublier ces deux inimitables comédiennes qui avaient nom Mlle Contat et Mlle Mars !

Le répertoire de tragédie se compose de :

Athalie	13 avril	1806.	TALMA.
La Mort de Pompée	1er mai	—	TALMA.
Polyeucte	15 —	—	TALMA.
Coriolan	18 —	—	TALMA.
La Mort de César	25 —	—	TALMA.
Cinna	29 —	—	TALMA.
Le Cid	1er juin	—	TALMA.
Sertorius	8 —	—	TALMA.
Andromaque	22 —	—	(LAFON).
La Mort d'Henri IV	29 —	—	TALMA.
Britannicus	3 juillet	—	TALMA.
Zaïre	10 —	—	(LAFON).
Rhadamiste et Zénobie	13 —	—	TALMA.
Œdipe	20 —	—	TALMA.
Mahomet	27 —	—	(LAFON).
Nicomède	31 —	—	TALMA.
Héraclius	7 août	—	TALMA.
Bajazet	10 —	—	(SAINT-PRIX).
Iphigénie en Aulide	28 —	—	TALMA.
Omasis	18 sept.	—	TALMA.

Les comédies représentées étaient :

Le Misanthrope................	24 avril	1806.
L'Avare......................	8 mai	—
La Gageure imprévue..........	29 —	—
Les Projets de mariage.......	1 juin	—
Le Philosophe sans le savoir.....	5 —	—
L'Epreuve nouvelle............	8 —	—
Le Philinte de Molière........	19 —	—
Minuit......................	19 —	—
La Jeunesse d'Henri V........	22 —	—
L'Inconstant.................	26 —	—
Les Fausses Confidences.......	26 —	—
Les Fausses Infidélités.........	29 —	—
L'Amour et la Raison..........	3 juillet	—
L'Intrigue épistolaire.........	6 —	—
Les Originaux................	10 —	—
Les Rivaux d'eux-mêmes.......	13 —	—
Le Festin de pierre...........	17 —	—
Heureusement................	20 —	—
Les Femmes savantes..........	24 —	—
Le Legs.....................	27 —	—
L'Aveugle clairvoyant.........	31 —	—
L'Amant bourru..............	3 août	—
Les Héritiers................	7 —	—
La Pupille...................	10 —	—
La Métromanie...............	31 —	—
Le Mariage de Figaro.........	4 sept.	—
L'Esprit de contradiction......	18 —	—

Bien que plusieurs de ces comédies ne soient qu'en un acte, nous doutons fort que la Comédie-Française de nos jours puisse mettre sur pied en six mois autant d'ouvrages qui ne représentent pas moins de cent soixante-dix actes au total. Et songez que tous ces ouvrages étaient montés avec le plus grand soin, et avec les premiers artistes dont disposait la Comédie. Sur vingt tragédies représentées à Saint-Cloud, Talma a joué seize fois. Lafon l'a remplacé trois fois, Saint-Prix une fois. Le fameux rôle d'Achille dans *Iphigénie en Aulide*, rôle où Lafon excellait de tous points, a été tenu par Talma. Or, l'Empereur fixant lui-même la plupart du temps la distribution des pièces que l'on représentait à la Cour, qui donc osera dire après cela que Napoléon ne préférait pas Talma à tous les autres tragédiens, et à Lafon lui-même ?

Quelques anecdotes se rattachent à cette série de représentations données par les artistes du Théâtre-Français au palais de Saint-Cloud. L'une nous est fournie par Charles Maurice dans son *Histoire anecdotique du théâtre* : à la suite d'une représentation, le souper d'usage se faisant un peu attendre, Mlle Devienne s'en plaignait à haute voix quand l'Empereur vint à passer. Rien n'indiquait qu'il eût pu l'entendre. Cinq minutes après, Napoléon reparut, et s'adressant à Mlle Devienne : « Vous êtes servie, dit-il. » Il fallait que Mlle Devienne fût une artiste, pour trouver un trait semblable de galanterie chez un pareil homme.

Nous relevons l'autre anecdote dans la biographie de Mlle Georges par Eugène de Mirecourt. La brochure en question n'a aucune valeur comme document, mais il faut que le fait soit exact, puisqu'il est confirmé par une lettre de Mlle Georges, lettre que nous citons plus loin. C'était en plein été, à Saint-Cloud. On avait laissé toutes grandes ouvertes les fenêtres de la salle de spectacle. Une chauve-souris pénètre sur la scène, va tourbillonner autour de Mlle Georges, qui manque de s'évanouir. Puis, passant par-dessus la rampe, l'animal va s'abattre du côté de l'Impératrice, qui pousse des cris d'effroi, et le chasse à coups d'éventail, tandis que le vainqueur de Marengo se tient les côtes dans un accès de fou rire. Voici la copie d'un autographe de Mlle Georges, où il est fait mention de ce petit incident :

« Mon cher Talma, demain donc, *Cinna*, à Saint-Cloud! Je vous emmènerai avec moi, si vous voulez, dans ma voiture. Je ne veux plus de vos vieux chevaux blancs, les pères nobles, comme vous les appelez. Ils en prennent trop à leur aise. Soyez chez moi à trois heures, nous dînerons à Saint-Cloud. Pourvu que cette affreuse chauve-souris qui m'a si fort effrayée, et qui a tant diverti l'Empereur à la dernière représentation d'*Andromaque*, nous fasse grâce de sa visite!! Soyez exact, et ne flanez pas, comme vous faites toujours.

« Votre amie,

« GEORGES W. »

Mercredi matin.

Ce billet a été reproduit en fac-similé dans la biographie de Mlle Georges déjà citée. Seulement, il nous a été impossible d'y mettre une date. En effet, *Andromaque* a été jouée à Saint-Cloud, sans Talma, le 22 juin. *Cinna* fut joué le 29 mai précédent, avec Mlle Georges et Talma. Il ne pouvait donc être question le jour de *Cinna* de la précédente représentation d'*Andromaque* à Saint-Cloud. Une seule chose est exacte : le billet est daté de *mercredi*

7.

matin. Or *Cinna* fut joué à Saint-Cloud le lendemain jeudi 29 mai. En admettant que cette lettre ait été écrite par Mlle Georges, il faut alors supprimer le mot d'*Andromaque*, erreur de plume, et le remplacer par celui de *Polyeucte,* pièce jouée le 15 mai à Saint-Cloud, par Mlle Georges et Talma.

XII

CONVERSATIONS DE NAPOLÉON AVEC TALMA

Les visites presque quotidiennes de Talma, soit au palais des Tuileries, soit au palais de Saint-Cloud, sont un fait que personne ne saurait mettre en doute. Mme de Rémusat, tant de fois citée dans nos précédents chapitres, y fait aussi allusion. Parlant de la façon de vivre de l'Empereur :

« Le lever et les audiences le menaient à l'heure de son déjeuner, écrit-elle. Vers onze heures, on le servait partout dans ce qu'on appelait le salon de service, où il donnait ses audiences particulières et travaillait avec ses ministres. Le préfet du palais annonçait le déjeuner, et y assistait debout. C'était alors qu'il recevait des *artistes*, des *comédiens*. Il mangeait vite de deux ou trois plats et finissait par une grande tasse de café pur. Après, il rentrait, et travaillait. »

A neuf heures et demie le déjeuner était servi, nous apprend M. de Bausset. Ici l'heure ne concorde pas avec celle d'onze heures donnée par Mme de Rémusat. Mais l'heure n'est pour nous que de peu d'importance. Après tout, l'heure du déjeuner fut peut-être changée, et en ce cas tous deux auraient raison. Le préfet du palais allait le prévenir, le précédant dans le salon où il devait déjeuner, et y assistait seul avec le premier maître d'hôtel, qui remplissait les services de détails.

L'Empereur déjeunait sur un petit guéridon en bois d'acajou recouvert d'une serviette. Souvent ce déjeuner ne durait que huit minutes. Quelquefois il se prolongeait ; c'était les jours où il recevait quelques hommes illustres, entre autres le savant Monge, le chimiste Berthollet, le géomètre Costaz, intendant des bâtiments de la Couronne ; Denon, directeur du musée ; ses anciens compagnons dans la campagne d'Égypte ; les peintres David, Gérard et Isabey ; Fontaine, le plus habile architecte de France ; Corvisart, son premier chirurgien ; Talma, enfin, qui ne se trouvait nullement déplacé en semblable société. Et c'était dans ces moments d'abandon et de causerie que Napoléon, doué d'un esprit et d'un tact extraordinaires, étonnait et enchantait ses auditeurs.

« Napoléon a constamment reçu Talma à Saint-Cloud, aux Tuileries, écrit Duval dans son *Précis historique* sur Talma, comme il le recevait dans des habitations moins pompeuses ; il lui donnait même des conseils, et le tragédien a souvent profité des avis de l'Empereur. »

Talma ne cessa ses visites que dans une seule circonstance : lorsque le Premier Consul fut proclamé Empereur. « J'avais cru devoir, racontait Talma à son ami Audibert, et il m'en coûtait, renoncer à mes visites. L'Empereur remarqua mon absence, et il dit à Regnault de Saint-Jean-d'Angely, qui s'empressa de me le répéter : « Est-ce que Talma me boude ? » Dès le lendemain j'étais aux Tuileries. J'avais mis un habit à la française, et je portais l'épée. La figure expressive de l'Empereur me montra tout à la fois un peu de surprise et en même temps beaucoup de satisfaction. Non qu'il eut la petitesse d'être flatté de mon costume de cour, mais comme il m'aimait, il fut bien aise que j'eusse fait une chose convenable. A dater de ce jour, j'allais au moins une fois par semaine aux Tuileries. Je choisissais l'heure de son déjeuner. C'est ainsi que j'entendis les dernières instructions qu'il donna devant moi au grand-duc de Berg, prêt à partir pour l'Espagne. Ce fut encore une bonne leçon, et j'appris là sur quel ton et avec quels discours un empereur décide du destin des empires (1). »

C'était donc pendant ce repas, ou à sa suite, que s'établissaient ces conversations auxquelles Napoléon paraissait attacher le plus vif intérêt.

L'une d'elles, si nous nous en rapportons au chroniqueur des *Souvenirs historiques* (2), aurait eu lieu à Saint-Cloud, un matin que des autorités venaient

---

(1) AUDIBERT, *Louis XI, le cardinal de Retz et Talma*, p. 269.—AUDIBERT, *Indiscrétions et confidences*, p. 66, 67, 68.

(2) *Souvenirs historiques* sur la vie et la mort de Talma, par Tissot, Paris 1826, p. 34.

complimenter Napoléon sur son élévation à l'Empire. Il parlait alors depuis une heure avec Talma sur l'art de la tragédie ; à tout instant on venait lui annoncer de nouvelles députations, et comme Talma, craignant d'être importun, témoignait le désir de se retirer : « Non, non, disait l'Empereur, restez. » Puis s'adressant au chambellan de service : « C'est bien, qu'elles attendent dans la salle du trône; continuons. »

Ces histoires, imprimées, copiées et recopiées cent fois, nous paraissent bien un peu arrangées. Mais que faire à cette place, sinon les reproduire sans commentaires, puisque la discussion sur un tel sujet serait inutile.

Nous aimons mieux, pour notre goût personnel, les appréciations de Napoléon sur les différents rôles interprétés par Talma.

« Comme les pensées se pressaient dans sa tête, disait encore Talma à Audibert, ses phrases étaient courtes, et il accentuait avec force pour qu'on ne perdît pas un seul mot, aucun n'étant inutile; voilà tout ce que j'ai remarqué dans son débit, et non cette affectation qu'on lui a prêtée de hacher ses discours pour se singulariser. Au reste, il a toujours parlé ainsi; seulement, à son retour d'Italie, sa parole était devenue impérative. »

Nous commencerons par les observations présentées par Napoléon à Talma sur le rôle de Néron. Ce sont les plus connues. Si cette conversation rapportée est fausse, ce que nous ne pouvons constater, nous nous consolerons en songeant que si Napoléon n'a pas parlé de la sorte, il a du moins fort bien pu penser ainsi : « Je voudrais, lui disait l'Empereur, reconnaître davantage dans votre jeu le combat d'une mauvaise nature avec une bonne éducation ;. je désirerais aussi que vous fissiez moins de gestes ; ces natures-là ne se répandent pas au dehors ; elles sont plus concentrées. D'ailleurs, je ne puis trop louer les formes simples et naturelles auxquelles vous avez ramené la tragédie ; en effet, lorsque les personnes constituées en dignité, soit qu'elles doivent leur élévation à la naissance ou aux talents, sont agitées par les passions ou livrées à des pensées graves, elles parlent sans doute de plus haut, mais le langage ne doit être ni moins vrai, ni moins naturel. Par exemple, en ce moment, nous parlons comme on parle dans la conversation ; eh bien ! nous faisons de l'histoire. »

Et l'auteur des *Souvenirs historiques* fait suivre cette conversation des réflexions suivantes :

« Toutes les remarques de Napoléon sur le rôle de Néron et sur le jeu de Talma dans ce rôle, quoique décelant une pensée et des aperçus aussi ingénieux que profonds, ne nous paraissent pas également justes ; quand Néron, qui n'était pas moins impétueux que cruel, se livre à sa fureur, il est évident que son caractère, et par conséquent le jeu de l'acteur, ne doit pas être concentré. L'âme de ce monstre naissant, passant violemment d'un état à un autre, doit offrir le spectacle des résolutions et des sentiments les plus opposés, parce que le propre des passions est de se contredire. Au reste, c'est ce qu'a parfaitement senti Talma, qui, par son admirable jeu dans ce rôle, auquel, pendant vingt-ans, il a donné sans cesse des perfectionnements nouveaux, et dont, même entre ses mains, on ne le croyait pas susceptible, justifie entièrement notre remarque. Tacite et Racine n'ont rien imaginé de plus profond et de plus tragique ; et, dans la manière unique dont il a constamment conçu et exprimé les intentions de l'historien et du poète, le grand acteur marche toujours leur égal. »

Talma cherchait depuis longtemps à peindre l'ennui de Néron dans la scène où Agrippine vient lui rappeler longuement qu'il lui doit l'empire. Or, un soir, aux Tuileries, et en présence de l'Empereur, il hasarda une pantomime, d'après les conseils de Monvel, qui l'avait vu faire à Lekain. Pendant qu'Agrippine parlait, Talma-Néron se mit à jouer avec son manteau. Il avait l'air d'en examiner la richesse, mais en affectant une grande indifférence, comme s'il remuait ce manteau machinalement. Le lendemain l'Empereur lui parla avec éloge de ce jeu muet ; il l'avait suivi attentivement, et désormais le tragédien était sûr de son effet.

Un jour, raconte Audibert, qui dit tenir cette anecdote de Talma lui-même, Napoléon montrait à son acteur favori un camée qu'il venait de recevoir d'Italie. Ce camée, pièce rare, représentait la tête d'Alexandre en profil. Et comme Talma lui faisait remarquer quelque ressemblance entre cette tête et la sienne : « Vous me faites plaisir, Talma, de trouver là ma figure, répondit l'Empereur ; comme pierre précieuse, je n'aurais pas osé vous la donner : c'eût été un cadeau ; mais comme portrait, acceptez-la : ce sera un souvenir. »

Une autre fois, avant qu'il fût nommé Empereur, Bonaparte était venu avec Joséphine assister à une représentation d'*Othello*. La présence de l'illustre spectateur avait électrisé Talma, qui fut encore au-dessus de lui-même. Le lendemain le tragédien recevait un billet ainsi conçu : « Vous avez fort ému ma femme, Talma ; elle a frémi et pleuré. En souvenir de cette belle soirée, veuillez accepter le cachemire qu'elle portait sur ses épaules. Elle espère le retrouver bientôt, drapé en turban, sur le front africain d'Othello. »

Nous retrouvons partout une autre anecdote sur Napoléon et Talma, mais nous nous permettrons de ne pas l'accepter sans commentaires, et cela pour cette raison qu'ayant voulu remonter aux sources pour la vérification, nous avons découvert tout au moins l'invraisemblance des dates. Voici le fait :

On raconte généralement que la mesure qui rendit aux juifs un état civil en France prit sa naissance dans une de ces conversations. Le lendemain d'une représentation d'*Esther*, lisons-nous, Talma s'était rendu comme de coutume au déjeuner de l'Empereur, auquel assistait M. de Champagny, alors ministre de l'intérieur. « C'était un pauvre roi que cet Assuérus, dit Napoléon au tragédien. Puis se tournant vers le ministre : « Qu'est-ce que ces juifs ? Quelle est leur existence ? Faites-moi un rapport sur eux. » Et la première assemblée des notables d'entre les juifs, convoquée dans le but de fixer en France le sort de cette nation, eut lieu le 26 juillet 1806.

Jusque-là tout semble marcher à merveille. Seulement, en cherchant bien, nous trouvons une représentation d'*Esther* donnée à Saint-Cloud le 12 juin 1803, et aucune autre avant le 15 octobre 1810 à Fontainebleau. Si l'Empereur a mis trois ans pour réfléchir sur la tragédie d'*Esther,* rien de mieux ; sinon il faudrait au moins se mettre d'accord sur les dates avant de nous faire accepter l'anecdote.

Nous aimons mieux les appréciations de Napoléon sur *Polyeucte*. L'Empereur avait demandé à l'élite du Théâtre-Français une représentation de cette tragédie. C'était à l'époque où il cherchait à réconcilier sa Cour, et ses généraux principalement, avec les croyances religieuses. Il eut alors recours à Corneille. Cette représentation de *Polyeucte* eut lieu au Théâtre-Français, en présence du Premier Consul, le 3 mai 1803 ; il y retourna le 14 mai. — Le 15 mai 1806, il faisait encore jouer cette pièce sur le théâtre de Saint-Cloud. C'est après l'une de ces représentations que, passant dans un salon où l'attendait un cercle nombreux et lettré, il fit une analyse complète de la pièce en y ajoutant ses observations sur le jeu des acteurs.

Il examine d'abord la façon dont Corneille a conçu sa pièce ; il dissèque ce caractère de Polyeucte, qui marche à la mort pour aller à la gloire, Polyeucte envahi par cette contagion qui faisait alors rechercher la mort comme le souverain de tous les biens. Il admire les traits dont l'auteur a peint la figure si naturelle de Pauline, et celle du poltron Félix, qui tremble toujours pour sa charge. « Quant à Sévère, dit-il, il est en dehors de l'histoire. Sévère n'a jamais existé que sur la scène, et Talma, en le jouant tel qu'il a été conçu, Talma, à force d'être vrai, en est plus idéal. C'est une création qu'il a faite d'après Corneille : ce n'est pas, comme dans plusieurs de ses rôles, une imitation de l'antique, une statue de Brutus ou de César animée par un nouveau Pygmalion, appliquant son génie aux arts et non à l'amour. »

Nous possédons encore quelques conseils de Napoléon sur la manière d'interpréter le rôle de César dans la *Mort de Pompée*. « Vous fatiguez trop vos bras, disait-il à Talma au lendemain d'une représentation de cette pièce. Les chefs d'empire sont moins prodigues de mouvements; ils savent qu'un geste est un ordre, qu'un regard est la mort; dès lors ils ménagent le geste et le regard. Il est aussi un vers dont l'intention vous échappe; vous le prononcez avec trop de franchise :

> Pour moi qui tiens le trône égal à l'infamie...

César ne dit point ce qu'il pense. Ne faites pas parler César comme Brutus. Quand l'un dit qu'il a les rois en horreur, il faut le croire; mais non pas l'autre. Marquez cette différence. » (1)

C'est d'ailleurs ce que comprit si bien Talma, que l'Empereur, lui voyant rejouer ce rôle à Fontainebleau, et flatté sans doute dans son amour-propre d'avoir fourni quelques indications à son tragédien,

---

(1) AUDIBERT, *Indiscrétions et confidences*, p. 99.

déclara que, pour la première fois, il avait vu César.

Enfin nous relèverons les paroles suivantes, attribuées à Napoléon et rapportées par M. Tissot :

« Talma, lui disait l'Empereur, vous venez souvent le matin chez moi ; ce sont des princesses à qui on a ravi leur amant, des princes qui ont perdu leurs Etats, d'anciens rois à qui la guerre a enlevé le rang suprême, de grands généraux qui espèrent ou demandent des couronnes. Il y a autour de moi des ambitions déçues, des rivalités ardentes, des catastrophes, des douleurs cachées au fond du cœur, des afflictions qui éclatent au dehors. Certes, voilà bien la tragédie ; mon palais en est plein ; et moi-même je suis assurément le plus tragique des personnages du temps. Eh bien! nous voyez-vous les bras en l'air, étudier nos gestes, prendre des attitudes, affecter des airs de grandeur ? Nous entendez-vous pousser des cris? Non, sans doute ; nous parlons naturellement comme chacun parle quand il est inspiré par un intérêt ou une passion. Ainsi faisaient avant moi les personnages qui ont occupé la scène du monde et joué aussi des tragédies sur le trône. Voilà des exemples à méditer. »

Seulement Talma aurait pu répondre à son auguste interlocuteur que le théâtre ne vivant que de convention, si vous retirez la convention, il n'y a plus de tragédie possible sur la scène. Mais jamais, c'est Talma qui le déclare à Audibert dans ses entretiens, jamais Napoléon ne lui parla d'autre chose que de son art, et, de fait, un tel homme aurait-il commis l'inconséquence de parler guerre ou politique à un artiste? Assurément non, pas plus qu'il n'aurait parlé art à ses diplomates ou à ses généraux.

C'est encore à un de ces déjeuners, où la causerie tombait sur notre premier théâtre lyrique, que Talma fit entendre que cet établissement touchait plus d'argent que la Comédie française. « C'est possible, lui répondit le chef de l'État, mais l'Opéra est le luxe de la nation, et vous en êtes la gloire (1). »

(1) Ch. MAURICE, *Épaves*, p. 44.

XIII

SUPPRESSION DES PETITS THÉATRES

La série des trente et une représentations données par la Comédie française à Saint-Cloud fut brusquement interrompue par le départ de l'Empereur. La dernière soirée avait été donnée le 18 septembre 1806. Napoléon et Joséphine quittèrent leur résidence dans la nuit du 24 au 25 septembre pour se rendre à Mayence. La grande campagne contre la Prusse commençait.

Avant d'aller plus loin, jetons un coup d'œil rétrospectif sur l'année théâtrale de 1806, signalée par un fait d'une importance extrême : la suppression des petits théâtres.

Talma n'avait guère établi que deux rôles dans deux pièces nouvelles : celui d'Henri IV, dans la *Mort d'Henri IV* de Legouvé, et d'Omasis, dans l'*Omasis* de Baour-Lormian. La première de ces deux pièces, représentée le 25 juin au Théâtre-Français, le fut le 29 du même mois sur le théâtre de la Cour à Saint-Cloud. Elle y eut, paraît-il, beaucoup de succès. En effet l'intérêt y est naturel, le style pur, facile, harmonieux. Le dénouement seul manque de pathétique. Et cependant l'ouvrage, quoique bien accueilli, n'eut que quatorze représentations. On cite comme un fait absolument extraordinaire la recette de la première représentation : 5,608 francs ! Une telle fortune était chose inconnue à l'époque. C'est en se rendant à cette première représentation que Talma faillit ne pas arriver à temps pour commencer la pièce. La file des voitures était telle que Laffitte (ce terrible épouvantail des cochers) ne voulait pas que le fiacre de Talma pût s'en dégager. Inquiet et colère, le tragédien descendit alors vivement de son véhicule, et prenant l'homme de police au collet, il le secoua en lui disant : « Comment ! malheureux, tu ne veux pas laisser arriver Henri IV ! » Et Talma passa sans encombre.

« Que de larmes répandues aux représentations d'*Henri IV !* s'écrie l'*Opinion du parterre*. Oui, tel dut être cet homme unique dont ses sujets n'étaient pas dignes, et qui succomba sous les poignards du fanatisme. Sa bonté touchante, son amitié sincère pour un ministre dont le nom vivra toujours, sa magnanimité, sa noble résignation, Talma nous a tout rendu. »

Les progrès de Talma, s'affirment de jour en jour.

« Talma, plus à la mode que jamais, et dont les progrès justifient la mode, écrit Geoffroy dans le

Journal de l'Empire, Talma, je m'en souviens, dans le rôle d'Oreste, n'avait de bon que les fureurs : c'était, dans le reste du rôle, un amant plaintif et larmoyant, qui n'avait pas cette énergie intérieure, ce dépit profond et concentré qui caractérise la fatale passion d'Oreste. Mais dans cette dernière représentation, ce que Talma a joué le moins bien, ce sont les fureurs : une suite de rôles où le tragique ne va pas jusqu'à la folie, Nicomède, Manlius, Coriolan, Sévère, etc., l'ont déshabitué des convulsions frénétiques. »

La seconde pièce à laquelle nous avons fait allusion, *Omasis*, n'est autre que l'histoire de Joseph, racontée en termes aimables et touchants. On la joua vingt et une fois, chiffre alors fort respectable. Mais c'est plutôt une idylle qu'une pièce de théâtre. Geoffroy lui-même reconnaît que Talma, « qui ne paraissait pas propre au rôle de Joseph, a bien saisi le ton de bonté et de candeur qui convient (1). »

Voici en quels termes l'*Opinion du parterre* s'exprime au sujet de Talma et d'*Omasis* : « Peintre éloquent de *Joseph*, espoir de la scène française, vous dont le pinceau fidèle a tracé les traits enchanteurs de Jacob, de Benjamin et de Joseph... reconnaissez avec nous que le talent sublime de Talma, la couleur antique et patriarcale qu'il a donnée à votre *Omasis*, ont doublé votre succès et surpassé vos espérances. Qu'il est beau de se soumettre, comme vous l'avez fait, à de pénibles et nombreuses correc-

(1) *Journal de l'Empire*, 15 septembre 1806.

tions, lorsque les pleurs du public attestent à chaque représentation le succès de votre tragédie ; mais qu'il est heureux de trouver un homme tel que Talma pour rendre cette scène admirable, dont ce beau vers annonce si bien l'intention :

Je voulais un remords, je n'ai pu l'obtenir.

« Poursuis ta brillante carrière, sublime Talma, homme vraiment étonnant ! Peut-être as-tu fait assez pour ta gloire ; mais si tu ne peux l'augmenter, songe actuellement à nous faire jouir du fruit de tes travaux : nous ne regretterons ni Baron, ni Dufresne, ni Lekain (1). »

Depuis quelques années, de 1800 à 1806, le nombre des théâtres à Paris avait augmenté dans une assez forte proportion. On en conclut que c'était au détriment des mœurs et des lettres. Le décret du 8 juin 1806 décida qu'aucun théâtre ne pourrait s'établir à Paris sans l'autorisation spéciale de l'Empereur, et que les répertoires de l'Opéra, de la Comédie française et de l'Opéra-Comique seraient arrêtés ministériellement, avec défense à tout autre théâtre de jouer des pièces comprises dans ces répertoires. Dans les grandes villes, les théâtres étaient réduits à deux ; dans les petites villes, à un seul (2).

---

(1) *Opinion du parterre*, quatrième année, févier 1807, p. 40.
(2) Henri WELSCHINGER, *la Censure sous le premier Empire*, p. 211.

Les théâtres autorisés à Paris furent :
L'Opéra,
La Comédie française,
L'Opéra-Comique,
Le théâtre de l'Impératrice,
Le Vaudeville,
Le théâtre Montansier,
La Porte-Saint-Martin,
La Gaîté,
L'Ambigu,
Le théâtre de la rue Vieille-du-Temple.

« On doit empêcher, disait Napoléon dans la séance du Conseil d'État du 18 avril, qu'il y ait à Paris des théâtres trop voisins les uns des autres. Il faut que le grand Opéra puisse seul donner des ballets. L'Opéra coûte au gouvernement 800,000 francs par an ; il faut soutenir un établissement qui flatte la vanité nationale. Le théâtre de la République mérite d'être soutenu de la même manière, parce qu'il fait partie aussi de la gloire nationale. Il faut supprimer en sa faveur celui de la Montansier, qui est trop voisin, et qui, d'ailleurs, est un scandale pour les mœurs. » Cambacérès trouvait cette mesure trop sévère : « Je ne m'étonne pas, répliqua l'Empereur, que l'archichancelier soit pour la conservation de la Montansier : c'est le vœu de tous les vieux garçons de Paris. » A cette repartie, tout le Conseil d'État fut pris d'un fou rire (1).

---

(1) *Opinions de Napoléon*, recueillies par M. Pelet (de la Lozère), chap. XXXI.

Et le théâtre de la Montansier, que l'on consentit à laisser vivre, fut forcé d'émigrer du Palais-Royal à la Cité, en attendant que l'on construisît pour lui la salle encore existante du boulevard Montmartre (théâtre actuel des Variétés).

Le décret du souverain devait-il élever le niveau littéraire ? Il est fort permis d'en douter.

« Campenon (1) est venu me voir, écrit Mme de Rémusat en date du 15 janvier 1807 ; il dit que le nouvel arrêté n'a rien produit, que trois autres théâtres de plus se sont ouverts à Paris depuis trois mois et que, malgré les secours, il ne donne que peu d'années à nos grands spectacles pour être à peu près perdus (2). Le fait est qu'ils ne font rien, que l'Opéra est endetté, que Feydeau n'attire personne et que les Français clochent. Pendant ce temps Paris court au *Pied de mouton* et aux ballets de la Porte-Saint-Martin. »

L'arrêt du 25 avril 1807 fut encore plus rigoureux que le précédent. Il divisait les théâtres en grands théâtres et en théâtres secondaires. Les grands théâtres étaient :

---

(1) Commissaire impérial près de l'Opéra-Comique.
(2) Il est à remarquer que de tout temps on a dit la même chose, et que l'on n'a jamais cessé de gémir sur la décadence du théâtre. J'en faisais récemment l'observation à M. Francisque Sarcey, à propos d'un article du *Journal de l'Empire* de 1806 : « Il est vrai que tous les siècles se sont plaints les uns après les autres, m'écrivait-il à ce sujet. Le nôtre a peut-être plus de raison. Il me semble que j'assiste à un effondrement. » (11 juillet 1886.)

L'Opéra, rue de Richelieu, sur l'emplacement actuel du square Louvois.

Les Français, rue de Richelieu, salle actuelle.

L'Opéra-Comique, rue Feydeau.

L'Opéra buffa, rue de Louvois.

Le théâtre de l'Impératrice, ou Odéon, rue de Louvois, était considéré comme une annexe du Théâtre-Français. L'Opéra buffa, qui donnait ses représentations dans cette même salle de la rue de Louvois, ne jouait que le mercredi et le samedi.

Les théâtres secondaires étaient :

Le Vaudeville, rue de Chartres.

Les Variétés ou théâtre Montansier ; la troupe de ce théâtre, chassée du Palais-Royal, donnait provisoirement ses représentations dans la Cité, en attendant que la salle du passage des Panoramas fût construite.

La Porte-Saint-Martin, dans l'ancienne salle de l'Opéra, sur le boulevard Saint-Martin.

La Gaîté, boulevard du Temple.

Les Variétés étrangères, théâtre établi dans la salle Molière, rue Saint-Martin.

Aucun théâtre ne pouvait jouer de pièces en dehors du répertoire qui lui était assigné. Les directeurs devaient préalablement déposer au ministère de l'intérieur un exemplaire de la pièce qu'ils avaient l'intention de faire représenter. L'arrêté de 1807, qui jetait sans crier gare tant de malheureux artistes sur le pavé, supprimait du même coup :

Le Théâtre sans prétention.

Le théâtre Molière, rue Saint-Martin, où fut insallée plus tard la salle de bal connue sous le nom de salle Molière.

Le Boudoir des Muses, rue Vieille-du-Temple.

Le théâtre Mareux, rue Saint-Antoine.

Le théâtre du Marais, rue Culture-Sainte-Catherine (Sevigné).

Le théâtre de la Cité, sur l'emplacement actuel du Tribunal de commerce.

Le théâtre de la Société Olympique, rue de la Victoire, la plus belle salle de tout Paris.

Le théâtre des Jeunes Élèves, rue Thionville (Dauphine).

Le théâtre des Jeunes Artistes, rue de Bondy.

Le théâtre des Jeunes Comédiens, au jardin des Capucines.

Le théâtre des Nouveaux Troubadours, boulevard du Temple.

Le théâtre des Victoires Nationales, rue du Bac, connu aussi sous le nom de Théâtre de la rue du Bac. C'est là que s'installa plus tard une salle de danse, dite bal du Pré-aux-Clercs.

Le théâtre du Panthéon, à l'Estrapade.

Le théâtre de l'hôtel des Fermes, rue de Grenelle-Saint-Honoré.

Le théâtre de la Jeune Malaga, boulevard du Temple.

« Jusqu'en 1807, écrit Brazier (1), le goût de la comédie bourgeoise continua de posséder les classes les plus minimes ; mais à cette époque le gouverne-

---

(1) *Chronique des petits théâtres de Paris*, 1837, t. II, p. 299.

ment s'étant aperçu du danger qu'il y avait de tolérer plus longtemps tous ces endroits, où véritablement grand nombre d'honnêtes ouvriers allaient perdre leur temps et dépenser leur argent, ordonna que tous seraient fermés. Il y avait, il faut le dire, d'étranges abus alors; on ne saurait croire l'argent qui se répandait dans tous les petits spectacles bourgeois qui existaient alors à Paris. Dans de certains, on donnait quatre sous en entrant; c'était devenu une spéculation, et il fallait voir quel public et quels acteurs! »

Et de fait, en passant en revue les théâtres supprimés, il n'y a guère lieu de s'apitoyer sur leur sort.

Enfin le décret daté du 29 juillet 1807 réduit encore le nombre de théâtres (1).

DÉCRET IMPÉRIAL CONCERNANT LES THÉATRES

TITRE PREMIER. —*Dispositions générales.*

Article premier. — Aucune représentation à bénéfice ne pourra avoir lieu que sur le théâtre même dont l'administration ou les entrepreneurs auront accordé le bénéfice de ladite représentation.

Les acteurs de nos théâtres impériaux ne pourront jamais paraître dans ces représentations que sur le théâtre auquel ils appartiennent.

(1) Ce décret parut au *Moniteur* du 9 août avec la date du 8 août, mais il figure au *Bulletin des lois*, n° 157, avec la date du 29 juillet, seule date officielle.

Art. 2. — Les préfets, sous-préfets et maires sont tenus de ne pas souffrir que, sous aucun prétexte, les acteurs des quatre grands théâtres de la capitale, qui auront obtenu un congé pour aller dans les départements, y prolongent leur séjour au delà du temps fixé par le congé ; en cas de contravention, les directeurs de spectacles seront condamnés à verser à la caisse des pauvres le montant de la recette des représentations qui auront eu lieu après l'expiration du congé.

Art. 3. — Aucune nouvelle salle de spectacle ne pourra être construite, aucun déplacement d'une troupe d'une salle dans une autre ne pourra avoir lieu dans notre bonne ville de Paris, sans une autorisation donnée par nous, sur le rapport de notre ministre de l'intérieur.

TITRE II. — *Du nombre des théâtres et des règles auxquelles ils sont assujettis.*

Art. 4. — Le *maximum* du nombre des théâtres de notre bonne ville de Paris est fixé à huit ; en conséquence, sont seuls autorisés à ouvrir, afficher et représenter, indépendamment des quatre grands théâtres mentionnés à l'article 1er du règlement de notre ministre de l'intérieur, en date du 25 avril dernier, les entrepreneurs ou administrateurs des quatre théâtres suivants :

1° Le théâtre de la Gaîté, établi en 1760, celui de l'Ambigu-Comique, établi en 1772, boulevard du Temple, lesquels joueront concurremment des pièces du même genre désignées aux paragraphes 3 et 4 de l'article 3 du règlement de notre ministre de l'intérieur ;

2° Le théâtre des Variétés, boulevard Montmartre, établi en 1777, et le théâtre du Vaudeville, établi en 1792, lesquels joueront concurremment des pièces du même genre désignées aux paragraphes 3 et 4 de l'article 3 du règlement de notre ministre de l'intérieur.

Art. 5. — Tous les théâtres non autorisés par l'article précédent seront fermés avant le 15 août ; en conséquence, on ne pourra représenter aucune pièce sur d'autres théâtres de notre bonne ville de Paris, que ceux ci-dessus désignés, sous aucun prétexte, ni y admettre le public, même gratuitement, faire aucune affiche, distribuer aucun billet imprimé ou à la main, sous les peines portées par les lois et règlements de police.

Art. 6. — Le règlement susdaté, fait par notre ministre de l'intérieur, est approuvé, pour être exécuté dans toutes les dispositions auxquelles il n'est pas dérogé par le présent décret.

Signé : NAPOLÉON.

Par le décret du 1er novembre 1807, la surintendance des quatre grands théâtres impériaux [Opéra, Théâtre-Français, théâtre Feydeau (Opéra-Comique) et théâtre de l'Impératrice (Odéon)] était confiée à M. le comte de Rémusat.

XIV

HIVER DE 1806-1807
VOYAGE DE TALMA DANS LE MIDI

Ces dispositions générales concernant les théâtres nous ont momentanément écarté de notre sujet; mais n'était-il pas nécessaire, dans cette étude théâtrale, de montrer un peu comment Napoléon entendait tout réglementer à son gré, les théâtres comme les armées?

Après les trente et une représentations données par la Comédie française à Saint-Cloud, Napoléon était parti avec l'Impératrice pour l'Allemagne. Paris retomba dans la tristesse. L'Empereur à l'armée, l'Impératrice à Mayence, la Cour dispersée de tous côtés, plus de fêtes, plus de bals, plus d'entrain nulle part. Les nouvelles de la guerre étaient bien lues publiquement encore sur le théâtre, mais elles n'excitaient plus guère que quelques applaudissements gagnés.

« La guerre, toujours la guerre. Voilà donc où nous en sommes réduits ! » disait-on de toutes parts. Et la nouvelle de la déclaration de guerre avec la Russie jeta tout le monde dans une consternation générale.

Cet hiver de 1806 à 1807 fut navrant. En vain apprenait-on la nouvelle de la victoire d'Iéna, l'entrée des Français à Berlin, bien d'autres faits d'armes encore, la capitale ne sortait pas de sa torpeur. Chacun n'avait-il pas un frère, un fils, un ami dans l'armée ? Et il était facile de deviner, malgré les bulletins qui ne contenaient que des victoires, à quels périls, à quels risques de climat, à quelles misères enfin nos soldats étaient exposés. Ni les canons des Invalides, ni les odes des poètes gagés, ni les intermèdes de circonstance représentés avec pompe à l'Opéra, n'arrivaient à exciter l'enthousiasme.

L'Empereur connut sans doute l'état des esprits, car il écrit de Berlin, à Cambacérès, le 21 novembre 1806 : « Si l'armée tâche d'honorer la nation autant qu'elle le peut, il faut avouer que les gens de lettres font tout pour la déshonorer. J'ai lu hier les mauvais vers qui ont été chantés à l'Opéra. En vérité, c'est tout à fait une dérision. Comment souffrez-vous qu'on chante des impromptus à l'Opéra ? Ce n'est bon qu'au vaudeville. Témoignez-en mon mécontentement à M. de Luçay. » M. de Luçay, chambellan, était chargé des théâtres, en l'absence de M. de Rémusat, retenu auprès de l'Impératrice Joséphine à Mayence.

Tout se ressentait donc de ce malaise général. Napoléon le comprit si bien qu'il donna l'ordre à sa femme de retourner à Paris et d'y déployer la pompe accoutumée de la Cour. « Mesdames, l'Empereur ne badine pas ; il veut qu'on s'amuse, » disait M. de Talleyrand. D'un autre côté, Napoléon, fort épris en ce moment d'une belle Polonaise, était peut-être satisfait de voir sa femme un peu loin de lui.

« Rentre à Paris pour y passer l'hiver, écrit-il à Joséphine ; va aux Tuileries ; reçois, et fais la même vie que tu as l'habitude de mener quand j'y suis ; c'est là ma volonté. »

Mais cela ne faisait guère le compte de Joséphine ; le grand Opéra et la tragédie l'ennuyaient, et l'Empereur, à vrai dire, n'aimait pas trop qu'elle fût au spectacle sans lui pour y chercher des applaudissements. « Une fois, écrit Mme de Rémusat, je proposai à l'Impératrice d'aller au spectacle pour se procurer quelques distractions. Mais elle me répondit que ce divertissement ne l'amusait point assez pour qu'elle le prît *incognito*, et qu'elle n'oserait point se montrer publiquement au théâtre. — Pourquoi, lui dis-je, Madame ? Il me semble que les applaudissements que vous recevriez satisferaient l'Empereur. — Vous le connaissez bien peu ; je suis certaine qu'il serait jaloux de cette espèce de triomphe qu'il n'aurait pas partagé. »

Elle se rendit pourtant à l'Opéra, au commencement de février, comme le prouve la lettre suivante que lui écrivait l'Empereur, quelques jours après la terrible bataille d'Eylau : « 22 février. — Je reçois ta lettre du 8, mon amie ; je vois avec plaisir que tu as été à l'Opéra et que tu as le projet de recevoir toutes les semaines. Va quelquefois au spectacle, et toujours en grande loge. Je vois aussi avec plaisir les fêtes qu'on te donne. Je me porte très bien. Le temps est toujours incertain ; il gèle et dégèle. J'ai remis mon armée en cantonnements pour la reposer. Ne sois jamais triste, aime-moi, et crois à tous mes sentiments. »

Puis, dans une autre lettre : « Mon amie, il ne faut pas aller en petite loge aux petits spectacles ; vous ne devez aller qu'aux quatre grands théâtres, et toujours en grande loge. »

Pendant ce temps, l'Empereur demeurait à l'armée, où, quand il avait terminé ses affaires, il assistait à des concerts que lui donnait le musicien Paër, qu'il avait trouvé à Berlin, qu'il attacha à sa musique et qu'il ramena à Paris.

On a pu remarquer, à deux reprises différentes, cette recommandation persistante faite par l'Empereur à sa femme de n'aller au théâtre qu'en grande loge. Nous citerons, à propos de cette particularité, le passage suivant de Mme de Rémusat : « Habitué à se passer bien des fantaisies, il se montrait sévère pour celles des autres. Pendant ce voyage (voyage de Napoléon en Italie, décembre 1807), on donnait à Paris, sur l'un des petits théâtres, un vaudeville qui avait grand succès et que tout le monde voulait voir (peut-être la reprise de *Fanchon la Vielleuse*, avec Mlle Esther Severin ?). Mme Bonaparte en eut la fantaisie comme les autres. Elle chargea M. de Rémusat de lui faire garder une petite loge, et s'étant vêtue simplement et ayant pris une voiture sans armes, elle se rendit en secret à ce théâtre avec quelques dames et les deux princes de Mecklembourg. On écrivit encore à Milan cette très petite affaire ; l'Empereur écrivit à son tour une lettre fulminante, et il reprocha à sa femme, en revenant, de ne point avoir gardé sa dignité. Je me rappelle même que, dans son mécontentement, il lui représentait que la reine de France s'était autrefois fait le plus grand tort, en ne craignant point de manquer à son rang par des légèretés de cette espèce (1). »

La Comédie française ne fut pas brillante pendant cet hiver de 1806-1807. A peine comptons-nous quatre pièces nouvelles, dont trois chutes complètes. Le seul ouvrage dans lequel Talma avait eu à créer un rôle, le *Pyrrhus* de M. Lehoc, n'avait pas réussi. Malgré les efforts constatés du tragédien, la pièce fut trouvée faible, et *Pyrrhus* ne fut jamais qu'un maigre succès d'estime.

Talma rongeait son frein. En vain l'Empereur avait-il voulu le charger de l'organisation et de la direction des troupes de comédiens destinées à parcourir les grandes villes de l'Italie pour faire connaître nos chefs-d'œuvre nationaux. Une somme de 160,000 fr. était affectée à ce service, dans lequel, il faut bien

---

(1) M. Maxime du Camp prétend même que lorsque Napoléon supprima d'un coup de plume vingt-six théâtres, il visait surtout l'Impératrice qui s'amusait beaucoup « aux bambochades ». *Paris*, t. VI.

l'avouer, entrait alors autant de politique que d'amour de la littérature dramatique. Mais il répugnait à Talma de se mêler à cette opération. Il fallait laisser là ses études, son théâtre, sa classe au Conservatoire. Il fallait enfin s'occuper de finances et d'administration, choses qui ne convenaient guère à ses idées et à son caractère.

Talma déclina donc l'offre de l'Empereur, et le pria de confier l'exécution de ce projet à Mlle Raucourt, qui en fut chargée. Elle y gagna, dit-on, d'assez fortes sommes, et Dieu sait si Talma en fut jamais jaloux ! L'inauguration de ces spectacles eut lieu à Milan, le 10 octobre 1806. La troupe de Mlle Raucourt avait donné ce soir-là *Iphigénie en Aulide* et les *Fausses Infidélités*.

L'Empereur avait mis à sa propre disposition, nous apprend Mme de Rémusat, la majeure partie des dépenses secrètes du ministère des relations extérieures, et la caisse des théâtres composée d'une somme de 1,800,000 francs, dont il n'y avait guère que 1,200,000 destinés par le budget au soutien des théâtres. « Le reste, continue cet écrivain, était employé, par lui, en gratifications à des acteurs, à des artistes, à des gens de lettres, ou même à des officiers de sa maison. » Et nous trouvons, au bas de cette même page des *Mémoires* de Mme de Rémusat, une petite note ainsi conçue : « Sa fantaisie pour certains acteurs réglait ordinairement ces gratifications. Il a payé plusieurs fois les dettes de Talma, qu'il avait connu et qu'il aimait, et lui accorda à la fois des sommes de 20, 30 ou 40,000 francs. »

Cette déclaration concorde bien du reste avec celle que nous avons déjà citée à propos de *Nicomède* : « La récompense qu'il daigna lui accorder, lorsqu'il l'eut vu dans ce rôle, prouve assez combien il fut satisfait de cet acteur justement célèbre. »

De quelle récompense l'auteur de l'*Opinion du parterre* veut-il nous parler ? C'est ce qu'il n'a garde de dire. Mais pour en causer aussi librement, la récompense en question avait-elle donc été connue de tous ?

Tout cet argent profitait-il à Talma ? Il est permis d'en douter si l'on en croit les révélations de sa femme. Nous l'avons vu, du temps de son premier mariage avec Julie, dépenser à pleines mains sans compter. Le tragédien ne semble pas, en changeant de femme, avoir changé de manière de vivre.

« Si j'avais des goûts aussi dispendieux que les tiens! lui disait-elle un jour; si je voulais des diamants, des loges à tous les théâtres! si j'avais des fantaisies!... » Elle croyait le fâcher. Mais il lui répondit avec le plus grand sang-froid : « Eh bien! nous aurions plus de dettes. »

Un autre jour, raconte Mme Talma, elle lui déclara qu'elle voulait enfin prendre les rênes de leur fortune commune ; qu'elle ne voulait plus s'en remettre à lui pour leur sort à venir : « Eh bien! dit Talma, je te livre nos affaires, si tu peux t'y reconnaître. » En effet, la chose était difficile. A la vérité, il écrivait tous les jours ses dépenses, mais en petits pieds de mouche, sur un registre in-folio, bien relié en maroquin vert ; et l'on pouvait défier le plus habile d'y rien comprendre.

Enfin, nous dit encore Mme Talma en manière de confidence, Talma, favorisé hautement par l'Empereur, ne pouvait plus se contenter d'une existence ordinaire : il lui fallait du luxe, de la gloire, des émotions ; il cherchait le bonheur, mais par des moyens qui deviennent bien souvent la source de tous les maux (1).

Mais arrêtons-nous ici sur le seuil de la vie privée ; c'est une femme qui parle, et une femme vieillie et aigrie par quelques dernières années d'une union malheureuse sur son déclin. Et nous l'avons déjà prise en flagrant délit d'inexactitude (2).

Le 10 juin 1806, ordre fut expédié de se rendre à Paris à Joanny, premier tragédien du Grand-Théâtre de Lyon, et à Thénard, premier comique du même théâtre ; car il existait encore en province des théâtres où les artistes pouvaient se former, des théâtres où l'on jouait d'une façon sérieuse et suivie. Aujourd'hui les tournées ont tué tout cela. Allez donc conseiller au Théâtre-Français d'aller recruter des artistes en province. C'est déjà bien joli quand il peut en recruter à Paris !

Joanny se rendit donc dans la capitale et débuta le 11 juillet dans le rôle de Cinna. On reprochait seulement à cet acteur, à qui il manquait deux doigts de la main gauche, résultat d'une blessure reçue

---

(1) *Études de l'art théâtral*, par Mme Ve Talma, p. 301.
(2) *Talma et la Révolution*, p. 79.

devant l'ennemi, un débit trop commun et des imitations presque continuelles de Talma. Il joua successivement Cinna, Coriolan, Rodrigue, Vendôme, Oreste et Ninias. Talma profita de ces débuts pour partir, en compagnie de Mme Talma, faire une tournée dans les départements. On ne saurait assez se faire aujourd'hui une idée de l'impression produite alors par un de ces déplacements d'artistes. De nos jours, les *tournées*, comme on dit, sont choses communes. Depuis la mise en pratique des chemins de fer, il n'est pas rare de voir un artiste en renom jouer ce soir à Paris, demain à Bruxelles, le jour suivant à Paris encore, et le lendemain à Bordeaux. Mais alors il en était tout autrement. Le déplacement d'une étoile ou d'un acteur à la mode prenait de suite des proportions extraordinaires. Dans un voyage en France en 1789-1790, dont M. Legrelle a récemment donné une traduction, l'historien russe Karamzin fut témoin d'une réception de Vestris à Lyon. On allait jusqu'à faire des ovations au célèbre danseur quand il paraissait dans la rue. Lisez, dans M. Edmond de Goncourt, la fête offerte sur mer par la ville de Marseille à la Saint-Huberty. Cette fête surpasse en éclat les fêtes données aux monarques. Joutes sur l'eau, feux d'artifice, danses au tambourin, illuminations, souper, rien n'y manque; et quand elle quitte la ville, le toit de sa voiture plie sous le poids de cent couronnes. Allons, mesdames nos étoiles, vous n'êtes décidément que de pauvres délaissées en comparaison de vos devancières.

Mme Talma avait abandonné en partie la tragédie

pour la comédie, et chaque pas qu'elle faisait dans sa nouvelle carrière était marqué par un triomphe. En la voyant jouer Silvia du *Jeu de l'Amour et du Hasard*, la gouvernante dans la pièce de ce nom, Julie dans *le Dissipateur*, Elmire dans *Tartuffe*, on reconnaissait la méthode de l'ancienne comédie, méthode qu'elle avait vu mettre en pratique par les Préville, les Brizard, les Molé, par Mmes Bellecour, Vestris et Sainval cadette, alors qu'elle avait débuté au théâtre dans un âge encore peu avancé.

Talma se mit donc en route avec une troupe dont sa femme était aussi la première actrice. En juillet ils sont à Limoges, où lui, Talma, joue Pharaon dans *Abufar*, *Bayard*, Oreste d'*Andromaque*, Achille d'*Iphigénie en Aulide;* sa femme lui donne la réplique dans Salema d'*Abufar*, dans Andromaque ; elle joue aussi la Marquise, du *Legs*. C'est ce qui explique pourquoi nous ne voyons plus figurer le nom de Talma ni au Théâtre-Français ni aux spectacles de la Cour.

Voici une curieuse lettre, écrite par le tragédien à un de ses amis pendant cette tournée dans le Midi ; elle jette un jour tout nouveau sur la façon dont se pratiquaient alors ces excursions, et sur les embarras financiers du tragédien en dépit de toutes les libéralités de l'Empereur (1) :

---

(1) Nous avons trouvé cette lettre dans la *Revue rétrospective*, de Taschereau (t. V, p. 52 et suiv.), avec une autre lettre que nous citerons plus loin.

« A Monsieur Jallu, au bureau de correspondance, maison de M. Lallemand, notaire, rue Neuve-Saint-Eustache, au coin de la rue du Petit-Carreau.

« Tarbes, ce 4 août.

« Mon ami, au moment où je me préparais à faire quelque argent à Toulouse, comme j'y arrivais le 24 juillet, je reçois une lettre de Bernard qui m'annonce que M. de Rémusat me prie de me rendre sur-le-champ à Paris pour le retour de l'Empereur. De ce que j'avais emporté d'argent de Paris, et de ce que mes représentations de Limoges m'avaient procuré, il ne me reste plus que 2,000 francs. Je lui écrivis sur-le-champ que cet ordre me mettait dans le plus grand embarras, qu'il me fallait abandonner tous les avantages qu'on me faisait à Tarbes et à Toulouse, pour aller conduire de suite ma femme à Cauterets et l'y établir, pour me rendre après sur-le-champ à Paris, ce que j'ai fait en effet.

« De plus, je lui ai dit que je n'avais point d'argent, que j'avais deux billets de 1,500 francs chacun en circulation, pour argent emprunté pour mon voyage, dont l'échéance était très prochaine, qu'il me fallait au moins 2,000 francs pour le séjour de ma femme aux eaux, 1,200 francs pour son retour (elle revenant seule) et 2,000 francs pour le mien ; qu'il ne me restait pour toutes ces dépenses que 2,000 francs et quelques cents livres et qu'ainsi, si ma présence était absolument nécessaire à Paris, il fallait qu'on me procurât le montant de toutes ces sommes ou qu'on me les laissât gagner (1).

« Après cette lettre, j'ai quitté sur-le-champ Toulouse où je ne suis resté que quelques heures, et j'ai conduit ma femme à Cauterets où je suis resté cinq jours ; je me suis beaucoup promené dans les montagnes ; l'air et l'exercice m'ont fait beaucoup de bien et il est fort malheureux pour ma santé que je ne puisse pas y retourner pour y faire un plus long séjour.

« Ma femme et moi nous avons passé presque

(1) Nous retrouverons sans cesse chez le grand artiste cette préoccupation d'argent. M. Émile de Najac a cité dans le *Figaro* du 12 mars 1887 plusieurs fragments de lettres de Talma écrites pendant ses voyages en province, de 1799 à 1804. En l'an VII, il écrivait de Rouen : « Vous me dites que les ministres de l'intérieur et de la police ont été surpris de notre départ. En vérité j'aurais craint de les étonner davantage, en allant les prier de payer mes dettes. » — L'an VIII, il écrit de Toulouse : « Un fâcheux événement me rend débiteur d'une somme de 76,000 francs. Il faut que j'en acquitte 15,000 à mon retour. Pourrais-je me flatter d'obtenir de votre extrême bienveillance une légère prolongation de congé ? » — Le 27 thermidor an IX, il est à Marseille : « Sans vous fatiguer des détails de ma situation, j'ai, mon ami, 23,000 livres exigibles à payer à Paris. J'attends donc de votre amitié des efforts pour tâcher d'obtenir de mes camarades du comité une prolongation de congé... En passant par Nîmes, j'en ai été visiter les antiquités. » Il est affligé d'avoir vu dans l'ancien temple de Diane des statues exposées aux injures de l'air et couchées dans les ronces. Il a eu un moment l'intention de signaler cet état de choses au ministère, et de lui demander la permission d'emporter à Paris un reste de petite statue de marbre. — L'année suivante, il est encore à Nîmes : « J'ai des dettes et il me faut de l'argent, je ne sors pas de là. » Enfin une année, à Bruxelles, faute d'argent il ne peut en sortir. Tous ses amis sont partis. « Voilà, mon ami, à quoi se trouve réduit le représentant des rois de ce monde ! »

toutes les soirées chez la reine de Hollande (1), qui nous a reçus avec toute l'affabilité possible; elle m'a fait promettre de ne pas partir sans aller lui faire mes adieux, et en me quittant elle m'a donné un jonc de 100 louis, en me disant qu'elle me priait de l'accepter pour me souvenir d'elle. Je l'ai priée d'écrire à l'Impératrice de faire prolonger mon congé jusqu'à la fin des eaux, afin que je puisse ramener ma femme qui serait, seule, fort embarrassée de son retour, n'ayant pas de voiture à sa disposition.

« J'ai écrit en conséquence à Bernard et j'attends une réponse à toutes ces lettres, par duplicata à Cauterets et à Toulouse, leur ayant marqué que je ne savais exactement où je me trouverais.

« Je suis parti de Cauterets le 1er août et je suis venu à Tarbes d'où je t'écris. J'ai joué avant-hier *Andromaque* et hier *Omasis*. Je ne te parlerai pas de tous mes succès, des couronnes et des vers! Je te dirai seulement que je suis fort content de mes recettes.

« Je t'envoie d'ici une rescription du receveur des contributions, qui arrivera à temps pour payer le premier billet de 1,500 francs. Je joue encore ici demain et après-demain, vendredi 7. Je pars pour Toulouse où je jouerai quelques représentations. Si par hasard j'y trouve une lettre par trop pressante de M. de Rémusat et l'argent que je lui ai demandé,

(1) La reine de Hollande s'était rendue aux eaux de Cauterets à la fin de mai 1807, après la mort de son fils, le petit Napoléon, enlevé par le croup dans la nuit du 4 au 5 mai. La pauvre mère était inconsolable, et sa mère, l'Impératrice Joséphine, lui écrivait une série de lettres fort touchantes.

alors il faudra partir. J'irai dire adieu à ma femme à Cauterets et je prendrai la route de Paris.

« Ma femme est extrêmement chagrine de notre séparation ; elle a des maux de nerfs assez violents qui lui sont causés par la force des eaux, ce qui augmente encore sa tristesse, et elle n'a consenti à rester à Cauterets, qu'à condition que j'irais lui dire adieu, avant de me rendre à Paris, si j'étais obligé de partir sans elle.

« Mlle Mars est avec elle, et cela lui rendra son séjour un peu moins désagréable.

« Je me suis arrêté à Limoges une quinzaine de jours, et j'ai joué sept représentations avec ma femme, ce qui m'a procuré le moyen de continuer ma route jusqu'à Cauterets, de laisser quelque argent à ma femme, et je suis venu ici compléter ce qu'il me fallait pour toi.

« La rescription n'est échéable que le 25, mais il te sera facile de la négocier, ou si tu as de l'argent avance-le pour moi, ce sera encore mieux. Je ne puis donc pas te dire, mon ami, ce que je vais faire positivement. C'est la lettre que je vais recevoir probablement à Toulouse, qui va décider de mon sort. Dis bien des choses aimables de ma part à Michot et à Dazincourt, Damas, etc.

« Embrasse ta femme pour moi ; se porte-t-elle bien ? Tu sais comme je t'aime.

« Talma.

« *P.-S.* Ma santé n'est pas encore bien ferme, je suis pourtant mieux ; il m'aurait fallu un séjour d'un mois aux eaux. »

— XV

SÉJOUR A FONTAINEBLEAU

Talma fit sa rentrée le 17 septembre sur le théâtre de Saint-Cloud, dans la tragédie d'*Héraclius*, et le 19 septembre, au Théâtre-Français, dans la tragédie de *Cinna*, devant le public.

Cette dernière représentation avait été annoncée avec un certain éclat pour « la rentrée de Talma ». L'Empereur et l'Impératrice y assistaient dans leur loge officielle, et, fait à noter aussi, c'est la première fois que l'Empereur paraissait au théâtre à Paris depuis son retour de l'armée, depuis Iéna, depuis Eylau.

Deux jours après, la Cour était installée au château de Fontainebleau où elle allait faire un séjour de deux mois. On se préparait à célébrer les fêtes pour le mariage de la reine de Westphalie. L'Empereur résolut d'y déployer la plus grande magnificence. Chaque jour la Cour se grossissait par l'arrivée d'un nouveau personnage. Les princes et les princesses de la famille impériale reçurent l'ordre d'y transporter une partie de leurs maisons, et d'y avoir une table particulière.

Quel auditoire que celui qui allait se préparer à écouter Talma! Parmi les femmes, c'est Madame Mère, sévère dans sa mise et dans son maintien; la belle princesse Borghèse, qui se flatte de diriger la mode; Mme Murat, éclatante de fraîcheur; la reine de Hollande, poétique et mélancolique; la reine de Naples, qui préfère Paris à son ciel bleu; l'Impératrice enfin, toujours avenante et souriante, suivie de toutes ses dames du palais. Et parmi les hommes, quelle cohue de princes, de généraux, de dignitaires de toute sorte : grand-duc de Wurtzbourg, prince primat de la Confédération du Rhin; prince Guillaume de Prusse; prince de Mecklembourg-Schwerin; prince de Mecklembourg-Strelitz; le prince de Bade, beau-frère de l'empereur de Russie, du roi de Bavière et du roi de Suède, et époux d'une Beauharnais; Jérôme, roi de Westphalie; Murat, qui n'attend plus qu'une couronne; M. de Talleyrand, à présent prince de Bénévent; le comte de Ségur, grand maître des cérémonies; le maréchal Berthier, grand veneur; le comte Tolstoï, ambassadeur de l'empereur Alexandre; M. de Metternich, ambassadeur d'Autriche; combien d'autres encore! Il faudrait un volume entier pour citer tous les noms..

Ce séjour à Fontainebleau est d'autant plus intéressant que l'Empereur ne consacra jamais deux mois de suite à la vie de cour. Le conquérant était trop pressé pour s'arrêter aussi longtemps à la même place, trop préoccupé pour ordonner deux mois consécutifs de plaisirs et de fêtes. Enfin, pour la première fois aussi, et la dernière sous ce règne, il allait y avoir dans ce palais des intérêts en jeu, des passions à mettre au jour, des intrigues à fomenter. Mme de Rémusat nous a rendu compte par le menu de ce déplacement impérial. C'est le guide le plus sûr pour cette partie de l'histoire de Napoléon.

La Comédie française reçut l'ordre de commencer ses représentations à Fontainebleau le 25 septembre par *Horace* avec Talma dans le rôle du jeune Horace, Saint-Prix, Damas, Mlle Georges dans Camille, et Mlle Duchesnois. Ces représentations avaient lieu au palais de Fontainebleau, dans la salle de spectacle construite par ordre de Louis XV. — Quand, de nos jours, on visite le palais de Fontainebleau, on vous conduit d'ordinaire dans une nouvelle salle de spectacle construite sous Napoléon III, à l'extrémité de l'aile neuve de la cour du Cheval-Blanc. Ce n'est pas là que jouait Talma. La salle où la Comédie française donnait ses représentations avait été disposée sous Louis XV dans la salle de la belle cheminée. Ce théâtre fut incendié au mois d'octobre 1856. Il était situé à la suite de la salle des gardes, dans le bâtiment qui forme une des ailes de la cour de la fontaine. On traversait donc pour s'y rendre la salle des gardes, puis un petit salon Louis XV où l'on peut voir encore quelques peintures, parmi lesquelles on remarque celles du plafond, allégorie consacrée à Louis XV protecteur des arts et des sciences.

Il va sans dire que ces préentations à la Cour, représentations qui ne s'élevèrent pas à moins de dix-neuf, ne devaient en rien déranger l'ordre des représentations ordinaires du Théâtre-Français à Paris.

Avec un maître tel que Napoléon, on peut bien penser que tout devait marcher dans le château tambour battant. C'est ainsi que les rois, reines, et autres illustres personnages logés à Fontainebleau, étaient soumis à une espèce de règlement, ni plus ni moins que de simples mortels. On savait à l'avance chez qui devaient se passer les différentes soirées de la semaine. L'Empereur recevait un soir. Il y avait spectacle deux autres soirs. Les jours de spectacle, on dînait à six heures, et l'on se rendait ensuite dans la salle du théâtre.

Malheureusement toute cette brillante assemblée était bien loin de s'amuser. L'Empereur, qui ne comprenait que l'autorité, décrétait un plaisir comme on ordonne une revue. Et comme il ne savait dans ces cas-là, ou ne voulait mettre personne à l'aise, il en résultait une gêne continuelle pour tout le monde. On s'ennuyait autour de lui, et lui ne s'amusait pas davantage. « C'est chose singulière, disait-il, j'ai rassemblé à Fontainebleau beaucoup de monde, j'ai voulu qu'on s'amusât, j'ai réglé tous les plaisirs, et les visages sont allongés. »

Napoléon voulait donc deux spectacles par semaine, et qu'ils fussent variés. Les acteurs de la Comédie française, en faisant seuls les frais, conjointement avec quelques représentations d'opéras italiens, avaient à se livrer à un travail surhumain. Mais l'Empereur n'entrait point dans ces détails. Il réclamait d'abord les meilleurs artistes, fixait lui-même le programme, ordonnait qu'on ne dérangeât rien dans le cours des représentations à Paris, et ne se souciait plus de rien autre. Ou, si, par suite d'un caprice, il demandait le matin même une autre pièce ou un autre comédien, il les lui fallait le jour même. Les artistes étaient absolument sur les dents par suite de ces dérangements continuels de spectacles, et la route de Paris à Fontainebleau était sillonnée de courriers allant chercher ou ramenant à toute bride hommes ou choses demandés (1).

(1) Parmi les pièces jouées ainsi à Fontainebleau à cette époque, nous relevons les suivantes :
Horace avec Talma dans le jeune Horace; *Tartuffe* avec Fleury dans Tartuffe, et Mlle Contat dans le rôle d'Elmire. — *Iphigénie en Aulide* par Saint-Prix, Talma, Mlle Raucourt, de retour d'Italie, Mmes Georges et Bourgoing. — *Le Philinte de Molière*, par Fleury, Damas, Michot, Baptiste aîné. — *Rhadamiste et Zénobie*, par Talma et Mlle Georges. — *L'Intrigue épistolaire*, par Dugazon et Mlle Mars. — *Œdipe* par Talma et Mlle Raucourt. — *Le Cid* par Talma et Mlle Duchesnois. — *Le Joueur* par Fleury. — *Les Vénitiens* d'Arnault remis à la scène, joués par Baptiste aîné, Talma, Damas, Mlle Duchesnois. — *Mithridate* par Saint-Prix, Lafon, Mlle Georges. — *Les Châteaux en Espagne* de Colin d'Harleville, pièce reprise pour Fleury qui jouait Dorlange. — *La Mort de Pompée* avec la même distribution qu'à Saint-Cloud l'année précédente. — *Iphigénie en Tauride*, la tragédie de Guymond de la Touche, avec Talma dans le rôle d'Oreste. — *L'Optimiste* joué par Dugazon. — *Manlius* par Talma. — *Rodogune* par Talma et Mlle Raucourt. — *Les Précepteurs*, comédie de Fabre d'Eglantine, reprise avec Baptiste aîné, Mmes Mars et Talma. Et enfin pour clore la

Encore une fois, s'amusait-on ? Mme de Rémusat, spectatrice forcée de toutes ces représentations, ne nous laisse aucun doute à cet égard. Malgré tout le talent des artistes qu'on avait devant les yeux, malgré l'incontestable supériorité de Talma, qui, comme on l'a vu plus haut, faisait partie de presque tous les spectacles, on s'y ennuyait mortellement.

La raison de cette froideur était bien naturelle. L'Empereur arrivait généralement au théâtre, préoccupé ou irrité de la lecture de quelque journal anglais, ou seulement fatigué de la chasse. Il rêvait ou s'endormait. Personne n'osant applaudir devant lui, la salle restait plongée dans un silence glacial. On peut se faire une idée de la gaieté qui régnait dans l'auditoire. De plus, les pauvres jeunes femmes de la Cour — et elles étaient nombreuses — auraient bien préféré quelque pimpante et spirituelle comédie à ces interminables tirades de tragédie. Or, l'Empereur ne voulait guère démordre de ce genre. Il lui fallait du Corneille, du Racine, voire même de l'Arnault; comme on l'a vu plus haut, rarement du Voltaire dont il ne pouvait souffrir le théâtre. Et l'on quittait le spectacle la mort dans l'âme, au lieu d'avoir pris une récréation agréable et fortifiante.

Cette impression n'échappait pas à l'Empereur qui avait l'œil partout, mais, chose extraordinaire, il ne pouvait deviner que cet ennui venait de lui, qu'il en était la seule cause. Comme il arrive toujours en

série, *Nicomède* avec la même distribution que le 31 juillet 1806 à Saint-Cloud. Cette dernière représentation à Fontainebleau eut lieu le 13 novembre 1807.

pareil cas, il s'attaquait à tout ce qui l'entourait, excepté à lui-même.

Voici le passage des *Mémoires* de Mme de Rémusat relatif à Talma : « L'Empereur aimait assez le talent de Talma. Il se persuadait qu'il l'aimait beaucoup ; je crois qu'il savait encore plus qu'il est grand acteur, qu'il ne le sentait. Il n'y avait pas en lui ce qui fait qu'on se complaît dans la représentation d'une fiction de théâtre. »

La suite du jugement sur l'Empereur au théâtre est encore plus sévère ; du reste, Mme de Rémusat ne s'est montrée tendre nulle part pour son ancien maître. Nous voudrions bien accepter ses déclarations sans contrôle, mais comment se fait-il que sur ce sujet elle soit en contradiction avec tous les autres historiens qui nous dépeignent au contraire Napoléon comme ayant toujours pris un plaisir très vif au théâtre ? « Il manquait d'instruction, » nous dit-elle. La chose n'est point prouvée si l'on considère le choix qu'il faisait dans ses lectures, et les conversations qu'il soutenait sur l'Art. Certes il pouvait avoir des points de vue absolument faux sur telle ou telle question. Un capitaine n'est pas un artiste. Mais cela veut-il dire qu'il n'entendait rien à la littérature ?

« Il trouvait notre théâtre français froid, nos acteurs trop mesurés, » lisons-nous plus loin. En quoi il faut avouer qu'il n'avait pas tort, si l'on s'en rapporte à la seule littérature ayant cours à cette époque ; et cet aveu ne vient-il pas précisément donner un démenti à ce qui précède, et prouver qu'il avait encore en cela, comme en bien d'autres choses, un jugement fort sain? Car, j'en demande pardon aux Parnassiens, mais existe-t-il quelque chose d'aussi ennuyeux et d'aussi endormant que la plupart des tragédies du commencement de ce siècle? Et c'est précisément ce qui explique l'engouement de Napoléon pour Talma, qui seul, ou presque seul, à force de talent, semblait apporter un peu de vie et de passion dans un théâtre qui n'en avait guère. Nous plaçons hors de pair, naturellement, les chefs-d'œuvre du théâtre classique dans lequel il était incomparable. Que Bonaparte se soit ennuyé à mourir en entendant une tragédie de Baour-Lormian, nous n'en disconvenons pas. Qu'il ait dormi en écoutant du Corneille, cela n'est pas. Et c'est en quoi Mme de Rémusat, dont le raisonnement est d'ordinaire si juste, doit se montrer infiniment trop partiale. Le plaisir de critiquer Napoléon jusqu'en ses moindres actes l'a entraînée trop loin.

Si la tragédie n'avait pas le don d'amuser les hôtes princiers de Fontainebleau, les morceaux italiens chantés par les premiers chanteurs de l'Italie, en costume et avec des décors appropriés au lieu où la scène se passait, ne produisaient pas un meilleur effet. On se rappelle que Napoléon avait attiré à sa cour ces artistes italiens qu'il payait largement, non par goût, car il n'aimait guère la musique, mais par vanité, prenant ainsi un malin plaisir à les enlever aux autres souverains.

Toutes ces fêtes resplendissantes, chasses, bals, spectacles, concerts, dissimulaient cependant les plus grandes inquiétudes. L'Impératrice, voyant le changement d'allures de son mari à son égard, redoutait une répudiation et se répandait en larmes ; la reine Hortense, souffrant d'une grossesse pénible, crachait le sang, et ne songeait qu'à quitter son trône pour un couvent ; les princes allemands, souffrant dans leur orgueil, ne courbaient la tête devant leur nouveau maître qu'en méditant des projets de vengeance ; les hôtes, fatigués de cette vie d'apparat et de cette contrainte perpétuelle, ne songeaient qu'à retourner chez eux ; l'Empereur enfin, désolé de ne pas avoir d'héritier, rêvait au moyen de quitter Joséphine, et les soucis des affaires espagnoles, qui devaient lui être si fatales, faisaient passer plus d'un nuage sur son front.

Les fêtes de Fontainebleau se terminèrent vers le milieu de novembre, au grand contentement de chacun, et M. de Rémusat présenta à son souverain le compte des dépenses des fêtes et des spectacles, qui s'élevait à 150,000 francs. C'est peu si l'on songe que les mêmes plaisirs du roi Louis XVI à Fontainebleau avaient coûté près de 2 millions. C'est que l'Empereur, minutieux en toute chose, se montrait scrupuleux au dernier point quand il s'agissait de l'économie de ses propres affaires. Le déplacement des artistes de la Comédie française avait coûté à la cassette de l'Empereur 24,300 francs.

Quant à Talma, il était au comble de ses vœux, car il avait vu de près l'Empereur et était parvenu à se faire payer ses dettes, ainsi que le prouve la lettre suivante qu'il adressait à son ami Jallu.

« A Monsieur Jallu, rue Neuve-Saint-Eustache, près celle du Petit-Carreau, maison du notaire.

« Ce jeudi,

« Mon ami, j'ai les meilleures nouvelles à t'apprendre pour moi. J'ai vu l'Empereur, il a renvoyé tout le monde à son déjeuner et est resté seul une heure avec moi. Il est entré dans tous les détails de ma situation, il m'a parlé de mes dettes, de ma maison de campagne ; il m'a dit que je ne gagnais pas assez à la Comédie, que ma part était trop modique. Enfin, mon ami, jamais il ne m'a reçu avec tant d'affabilité et de bonté : il m'a demandé, quand je n'aurais plus de dettes, si j'en ferais encore : il m'a promis qu'il s'occuperait de moi. Enfin, par tout ce qu'il m'a dit, je n'ai jamais tant espéré de sortir enfin d'embarras. Je t'écris tout cela à la hâte, parce que je suis sûr que cela te fera plaisir.

« Je retourne à Paris samedi et je reviens ici lundi. Tâche de venir dimanche à la maison, le matin de bonne heure, je te dirai tous les détails.

« Adieu, mon ami, je suis enchanté.

« Talma. »

C'est pendant ce séjour à Fontainebleau, le 1er novembre 1807, que M. de Rémusat avait été nommé surintendant général des théâtres impériaux. Le même jour, l'Empereur décidait la suppression de tous les billets gratis et de toutes les entrées de faveur. Chaque sociétaire a droit à deux grandes entrées et trois places dites de parents ; les auteurs à trente, vingt ou quinze places, suivant l'importance de leurs ouvrages et pour les six premières représentations seulement; chaque débutant reçoit douze places. Projet à renvoyer à l'examen des directeurs de théâtre de nos jours.

XVI

LE THÉÂTRE DE LA COUR AUX TUILERIES

Napoléon partit pour l'Italie le 16 novembre 1807, où il assista à différentes représentations de gala au théâtre de la Scala, à Milan, et au théâtre de la Fenice, à Venise. Le seul fait marquant à Paris, à la fin de cette année 1807, fut le retour de la garde impériale, le 25 novembre. On fêta comme il convenait les héros d'Iéna, d'Eylau et de Friedland. Le lendemain, 26 novembre, il y eut des spectacles gratis dans tous les théâtres. Le parterre, l'orchestre et les principaux rangs des loges et des galeries avaient été réservés à ces vieux braves. On donna des spectacles de circonstance. L'Opéra joua le *Triomphe de Trajan;* le Théâtre-Français, *Gaston et Bayard;* le Vaudeville, *Ils arrivent! les Pages* et *la Colonne de Rosbach;* les Variétés, *les Bateliers du Niémen;* la Gaîté, le *Retour de la Grande Armée.*

Ne quittons pas cette année 1807 sans résumer en quelques lignes les principaux changements survenus à la Comédie : Monvel, le plus digne soutien de la tragédie française, s'est retiré de la scène, laissant toute la place à Talma. Florence, ce vieux serviteur, a suivi, ou plutôt devancé de quelques jours son chef de file dans la retraite. Larochelle est mort après vingt-cinq ans de service, à l'âge de cinquante-sept ans. Mlle Desrosiers, une jeune actrice pleine d'avenir, succombe à l'âge de trente-deux ans. Les nouveaux venus sont Mainvielle, Joanny, ex-premier tragique du Grand-Théâtre de Lyon, et Thénard, enlevé aussi de cette ville par ordre impérial.

Napoléon, revenant d'Italie, s'installa aux Tuileries le 1er janvier 1808. Cet hiver se passa brillamment ; l'Empereur se montra à toutes les fêtes. Les bals masqués, nouveau genre d'amusement pour la Cour, firent absolument fureur. Tous les journaux, pour reposer des articles politiques, sont remplis des mots et des actions journalières de l'Empereur. On raconte par exemple sa visite au peintre David à qui il ôte, en sortant, son chapeau pour le saluer, « montrant ainsi les sentiments de bienveillance qu'il accordait à tous les artistes ».

« Ceci me rappelle, écrit à ce sujet Mme de Rémusat, qu'il reprocha une fois à M. de Luçay, l'un de ses préfets du palais, et alors chargé de la surintendance de l'Opéra, de recevoir avec quelque hauteur les acteurs, lorsqu'ils avaient affaire à lui. « Savez-
« vous bien, lui disait-il, qu'un talent, dans quelque
« genre qu'il soit, est une vraie puissance, et que,

« moi-même, je ne reçois point Talma sans ôter « mon chapeau ? » Il y avait bien un peu d'exagération dans ce qu'il disait là ; mais il est certain qu'il se montrait accueillant pour les artistes distingués, et qu'il les encourageait de ses largesses et de ses paroles, pourvu toutefois qu'ils se montrassent soumis à dévouer leur art à ses plaisirs, à ses louanges et à ses projets. »

La nouvelle salle de théâtre du palais des Tuileries venait d'être terminée. L'Empereur résolut d'y donner, les jours de cercle, des spectacles tantôt italiens, tantôt français. La cour y vint en grand gala, et comme on distribuait les billets des galeries supérieures aux personnes de la ville, les Parisiens y accouraient en foule, plus encore pour jouir du coup d'œil de la Cour que du spectacle.

La première représentation de la Comédie française sur le théâtre de la Cour aux Tuileries, eut lieu le 16 janvier. On joua *Cinna* avec Talma, Saint-Prix, Damas et Mlle Georges. On devait aussi jouer *Brueis et Palaprat*. Mais après la tragédie, l'Empereur fut obligé de sortir de la salle dont la température était glaciale, à cause sans doute du temps, et de la restauration récente dont cette salle venait d'être l'objet. On ne joua point la comédie (1).

---

(1) Ici se place une anecdote rapportée par Audibert dans ses *Entretiens avec Talma*. Nous la donnons pour ce qu'elle vaut. Napoléon venait de faire exécuter des travaux fort curieux au théâtre des Tuileries, afin qu'on pût y représenter des ballets et des grands opéras. Un jour, il prend Talma par le bras en lui disant : « Je vais vous montrer tout cela. » Et

Ces représentations sur le théâtre des Tuileries continuèrent les 23 janvier, 6, 13, 20 février, 5 et 12 mars. Talma y parut dans toutes, tour à tour Titus de *Brutus*, Polyeucte, le comte d'Essex, Ladislas de *Venceslas*, Achille dans *Iphigénie en Aulide*, ou Œdipe dans la pièce de ce nom.

L'une de ces représentations fut marquée par un incident qui vaut la peine d'être raconté. Un soir, on attendait comme d'habitude l'Empereur et l'Impératrice pour commencer le spectacle. Princes, ambassadeurs, courtisans, tout le monde était à son poste, et les deux souverains ne paraissaient toujours pas. Tout à coup l'on vint dire de commencer sans eux ; l'Empereur était légèrement incommodé. Mais M. de Talleyrand et M. de Rémusat ne s'en tinrent pas à cette déclaration banale. Or, quelle ne fut pas leur surprise, en allant aux informations, d'apprendre que depuis huit heures, Napoléon s'était mis au lit avec sa femme, faussant ainsi compagnie à tous ses invités, et donnant l'ordre de ne pas venir le troubler jusqu'au lendemain matin. Que s'était-il donc passé dans le ménage impérial ?

---

voilà l'Empereur guidant le tragédien à travers les corridors, le faisant descendre par de petites échelles sous le plancher même du théâtre. Puis, tout à coup, frappant sur l'épaule de Talma : « Savez-vous que les Anglais payeraient bien cher votre place, s'ils pouvaient y glisser un de leurs agents ! L'occasion serait belle. — Ah ! Sire, s'écria Talma épouvanté, vous me faites frémir ! — Rassurez-vous, Talma, reprit l'Empereur, l'histoire se respecte trop pour me laisser périr dans une trappe comme un héros d'opéra. » Acceptons cette anecdote sans la contrôler, ce qui d'ailleurs ne nous paraît pas très commode.

Napoléon, on s'en souvient, cherchait à ce moment tous les prétextes possibles pour amener Joséphine à cette idée de séparation et de divorce. Mais comme au fond il aimait profondément Joséphine, la seule femme qu'il ait jamais aimée peut-être, il lui en coûtait gros d'arriver au but souhaité. Ce soir-là donc, Joséphine avait fait sa toilette pour se rendre au théâtre dans le palais, lorsqu'on vint lui annoncer que l'Empereur était légèrement souffrant. N'écoutant que son cœur, elle se rendit chez son mari; mais celui-ci, obsédé sans cesse par son idée de répudiation, n'avait pu, en l'apercevant, contenir ses larmes, et sans aucun égard pour la toilette de sa femme, l'avait attirée sur son lit, en répétant sans cesse : « Ma pauvre Joséphine, je ne pourrai point te quitter ! » On sait le reste. Les deux époux se mirent au lit le plus bourgeoisement du monde, et voilà pourquoi l'Empereur et l'Impératrice manquèrent ce soir-là le spectacle aux Tuileries.

Le 23 mars, la Cour quitta les Tuileries pour Saint-Cloud ; mais ce séjour ne devait pas être de longue durée. Le 31, Talma joua à Saint-Cloud *Électre*, la tragédie de Crébillon, rôle d'Oreste. Mme Raucourt lui donnait la réplique dans Électre. Deux jours plus tard, le 2 avril, sous prétexte d'aller visiter les départements du Midi, Napoléon partait pour Bordeaux et Bayonne, et l'Impératrice ne tardait pas à le rejoindre. La véritable cause de ce voyage était la préparation de la campagne d'Espagne. Cette absence des souverains devait se prolonger quatre mois et demi.

Ce fut au commencement de cette année 1808 que Talma voulut s'essayer dans la comédie. Déjà, le 20 septembre 1806, le tragédien Lafon avait fait une tentative semblable en abordant le rôle de Clitandre des *Femmes savantes* et celui de Détieulette de la *Gageure imprévue*. On sait qu'à cette époque, les deux genres étaient bien distincts et qu'il y avait grande hardiesse de la part d'un acteur tragique à se lancer dans le domaine de la comédie. Les essais de Lafon empêchaient-ils Talma de reposer en paix? Je ne sais. Pourtant, le 20 janvier 1808, on annonça que Talma jouerait le premier rôle dans *Plaute ou la Comédie latine*, de Lemercier. C'est ce qu'on annonçait ainsi dans le style boursouflé de l'époque : « Il ne se borne point à faire parler Melpomène ; Thalie reçoit aussi quelquefois son hommage, et n'en est pas moins orgueilleuse que sa sœur. »

Thalie « reçut en effet son hommage », mais la pièce n'eut guère de succès. On vanta l'imagination et le style de l'auteur, mais on lui reprocha trop de liberté dans les idées et pas assez de mesure. Malgré cela, la tentative de Talma avait pleinement réussi. « Talma chargé du rôle de Plaute, lisons-nous dans l'*Opinion du parterre*, s'y montra un grand comédien, qui saisit et caractérise fortement tous les personnages qu'il représente : il n'y a rien au-dessus de la chaleur, de la verve comique, dont il anima le rôle ; et ceux qui ont assisté aux représentations de cette comédie, où M. Lemercier nous ramenait à l'enfance de l'art, n'oublieront pas l'expression vigoureuse et l'étonnante pantomime de Talma dans la scène du dénouement, où Plaute retrouve la cassette qui contient son or et ses manuscrits. Les autres rôles de cette pièce étaient fort bien joués, et l'on ne s'en étonnera point, puisqu'ils avaient été confiés à Grandménil, Michot, Baptiste aîné, Armand et Mlle Mars ; mais on ne risque rien d'assurer cependant que Talma seul la préserva d'une chute subite, et lui procura les représentations qu'elle obtint. »

Bientôt il ne fut bruit dans tout Paris que d'un grand scandale. Cette aventure ne se rapporte guère à l'histoire que nous écrivons. Cependant elle intéresse trop le Théâtre-Français pour que nous la passions sous silence. Le 30 avril 1808, la Comédie française avait donné l'*Artaxerce* de Delrieu, pièce pour laquelle l'Empereur accorda plus tard à l'auteur une pension de 2,000 francs. L'ouvrage avait eu un grand succès, et Mlle Georges avait obtenu tous les suffrages dans le rôle de Mandane. Or, après la quatrième représentation d'*Artaxerce*, Mlle Georges s'éclipsa, mais avec tant de secret dans ses préparatifs, que pendant plusieurs jours son absence fut une véritable énigme ; ce qui fournit l'occasion aux chansonniers du Vaudeville de chanter :

> Du Soleil la fille aînée
> A la Lune a fait un trou.

Ce fut le 11 mai, jour de la cinquième représentation, que Mlle Georges fit réellement défaut. Le 13 mai, on la condamna à une amende de 3,000 francs. Le 30, sa part fut mise en séquestre ;

le 17 juin la transfuge fut rayée du tableau des sociétaires, en perdant tout droit à la pension.

Qu'est devenue Mlle Georges? Vers le commencement du mois suivant, on apprend que la célèbre tragédienne est bien tranquillement, hors d'atteinte de ses créanciers, dans la capitale de l'Autriche, où, suivant un usage établi, elle donne des lectures publiques de nos chefs-d'œuvre. Puis, de Vienne Mlle Georges se rend à Saint-Pétersbourg, où l'attire l'appât des roubles. Mais il est plaisant de lire l'indignation qu'a fait naître cette conduite dans les journaux et revues du moment : « J'ai feuilleté tous les ouvrages qui contiennent l'histoire du Théâtre-Français ; j'avoue que je n'y ai point trouvé d'exemple semblable à celui de Mlle Georges, » écrit l'auteur de l'*Opinion du parterre*. Hélas! depuis ce temps nous en avons vu bien d'autres. Mlle Georges aurait-elle été chef d'école sans le savoir, et Rachel, Arnould Plessis et Sarah Bernhardt, seulement ses faibles imitatrices?

Charles Maurice prête un tour plus chevaleresque à cette escapade : « Le soir de la nuit où Duport, le danseur, s'habilla en femme pour se sauver de l'Opéra, en compagnie d'une tragédienne, j'étais à côté de lui à l'orchestre du Théâtre-Italien... Quelques instants plus tard, il courait les champs, comme une jeune fille enlevée, et allait droit devant lui jusqu'à Saint-Pétersbourg, à trois chevaux (10 mai 1808). »
Eugène de Mirecourt, qu'il ne faut pas prendre comme une source, allègue un tout autre motif. Mlle Georges aurait tout simplement prêté l'oreille

10.

aux offres du comte Tolstoï, ambassadeur de Russie, qui voulait la faire jouer à Saint-Pétersbourg devant le Tsar, et où Vedel et Mainvielle, deux artistes parisiens, devaient aller bientôt la rejoindre.

Quant à Geoffroy, son défenseur favori, voici en quels termes il annonce l'éclipse de son étoile dans le *Journal de l'Empire* : « Je vantais dernièrement la prospérité du Théâtre-Français, écrit le roi du feuilleton ; il me faut aujourd'hui déplorer son malheur. *Artaxerce* était annoncé pour mercredi ; toutes les loges étaient louées ; le caissier ouvrait déjà son coffre et attendait sa proie ; les sociétaires s'amusaient à évaluer à peu près la recette ; on avait avancé le dîner chez tous les habitués et amateurs de spectacle, lorsqu'un coup de tonnerre vient écraser la Comédie ; le comité retentit de ces terribles paroles : *Mlle Georges n'y est pas ! on ne sait où est Mlle Georges !*

« Aussitôt, cette foudroyante nouvelle est affichée ; mais à quatre heures et demie on songe à dîner, et non pas à lire des affiches. Quelques passants qui s'embarrassent fort peu de la comédie et de la tragédie, qui ne connaissent ni *Artaxerce*, ni Mlle Georges, et qui même ont déjà dîné, lisent froidement le foudroyant avis tracé sur la fatale bande de papier ; très peu touchés de l'absence de Mlle Georges, ils s'en vont en disant : *bon voyage !* Les malheureux ne se doutent pas du trouble qu'un pareil événement va répandre dans la capitale ! »

L'Empereur et l'Impératrice rentrèrent à Saint-Cloud le 14 août, et, dès le 18, il y eut spectacle au palais. Napoléon veut connaître *Artaxerce*, Mlle Bourgoing a remplacé dans cette pièce la fugitive. Décidément l'Empereur ne comprend plus une Cour sans théâtre ; c'est une habitude qu'il a fait passer dans les mœurs de son entourage, et ce fait est si vrai que cette idée d'avoir toujours des comédiens au service des princes et des princesses le poursuit sans cesse, et qu'il écrit cette année-là à M. de Talleyrand, à qui il adressait Ferdinand VII, roi d'Espagne, suivi de son frère Don Carlos et de son oncle Antonio : « Je désire que les princes soient reçus sans éclat extérieur, mais honnêtement et avec intérêt ; et que vous fassiez tout ce qui vous sera possible pour les amuser. *Si vous avez à Valençay un théâtre, et que vous fassiez venir quelques comédiens, il n'y aurait pas de mal.* »

Talma joua encore à Saint-Cloud dans le *Philoctète* de La Harpe, dans l'*Oreste* de Voltaire, dans l'*Électre* de Crébillon (1). Nous arrivons au voyage si intéressant de la Comédie française à Erfurt.

---

(1) Les représentations à Saint-Cloud eurent lieu les 25 août, 1er, 8 et 15 septembre. Le spectacle se terminait généralement par une petite comédie en un acte.

XVII

LA COMÉDIE FRANÇAISE A ERFURT

Napoléon méditait alors avec l'Empereur Alexandre, qui avait deux jeunes sœurs à marier, quelque projet matrimonial; à cet effet il avait donné à ce souverain rendez-vous à Erfurt, ville du royaume de Saxe. On peut croire que l'Impératrice Joséphine n'avait pas été du voyage.

Dans cette ville d'Erfurt, en même temps que les souverains de France et de Russie, se trouvaient le grand-duc Constantin, le roi de Saxe, le duc de Weimar, le prince Guillaume de Prusse, le roi de Bavière, le roi de Wurtemberg, le roi et la reine de Westphalie, le prince primat chancelier de la Confédération du Rhin, les ducs de Saxe-Cobourg-Gotha, d'Oldenbourg, de Mecklembourg-Strelitz, etc.

Talma, nous dit M. Tissot, ayant exprimé à Napoléon le plus vif désir de faire ce voyage et de jouer à Erfurt ses rôles favoris, l'Empereur y consentit avec plaisir, en lui disant : « Vous aurez là un beau parterre de rois ! » Mais Talma avait-il donc besoin de demander comme une grâce qu'on l'emmenât à Erfurt, lui et ses camarades? Le souverain n'avait-il pas coutume de jeter en toute occasion, et par tous les moyens possibles, de la poudre aux yeux de ses adversaires politiques? Était-ce Talma qui avait fait déjà aller la Comédie française à Mayence? Était-ce lui qui avait demandé à jouer à Fontainebleau? Est-ce lui enfin qui demandera plus tard à aller à Dresde?

« Napoléon voulut, dit M. Thiers, que les lettres françaises contribuassent à la splendeur de cette réunion, et prescrivit à l'administration des théâtres d'envoyer à Erfurt les premiers acteurs français, et, le premier de tous, Talma, pour y représenter *Cinna*, *Andromaque*, *Mahomet*, *Œdipe*. Il donna l'exclusion à la comédie, bien qu'il fît des œuvres immortelles de Molière le cas qu'elles méritent ; mais, disait-il, on ne les comprend pas en Allemagne. Il faut montrer aux Allemands la beauté, la grandeur de notre scène tragique ; ils sont plus capables de les saisir que de pénétrer la profondeur de Molière (1). »

En conséquence la Comédie française reçut l'ordre de se rendre en partie à Erfurt, pour y jouer pendant le séjour de l'Empereur. Quatorze

---

(1) Ce passage de M. Thiers a été rapporté par Sainte-Beuve, *Causeries du Lundi*, p. 151, t. 1er.

artistes quittèrent Paris dans la matinée du 19 septembre 1808. C'étaient :

MM. Saint-Prix, Talma, Damas, Lafon, Desprez, Lacave, Varennes ;

Mmes Raucourt, Talma, Duchesnois, Bourgoing, Gros, Patrat, Rose Dupuis.

La petite troupe était placée sous la direction de Dazincourt, nommé directeur du Théâtre Impérial ; un secrétaire-souffleur et un garçon de théâtre complétaient le personnel de l'expédition. Napoléon enlevait ainsi à Paris tous les premiers sujets de tragédie, sans exception. Et cependant les représentations devaient continuer au Théâtre-Français comme de coutume (1).

---

(1) Il existe à la bibliothèque de l'Opéra (n° 4665) une liste des têtes couronnées, princes et autres personnes qui se trouvaient au congrès d'Erfurt. Nous nous sommes amusé, par curiosité, à copier la partie de la liste relative aux comédiens. Nous la reproduisons ci-dessous :
État des comédiens français de S. M. l'Empereur et Roi et des personnes qui les ont accompagnés à Erfurt :
MM. Dazincourt, directeur des spectacles de Sa Majesté,
    Saint-Prix,
    Talma,
    Lafond (sic) et sa femme,
    Damas et sa femme,
    Desprez,
    Lacave,
    Varennes,
Mlle Raucourt et sa femme de chambre,
Mme Talma et sa femme de chambre,
Mlle Bourgoin (sic), sa sœur et sa femme de chambre,
Mlle Duchesnois et sa sœur,
Mlle Gros et Mme sa mère,
Mlle Patrat et sa femme de chambre,

Malheureusement la mort planait déjà sur la tête de Dazincourt, lorsque l'Empereur le nomma directeur des théâtres de la Cour. Il avait paru pour la dernière fois en public, le 31 juillet, dans le rôle de Figaro, du *Barbier*. Une fièvre intermittente ne le quittait plus. Néanmoins il partit pour Erfurt, commandant à sa maladie, pour ne pas contrarier le maître tout-puissant. Mais comme on peut se l'imaginer, la salle de spectacle était dans le plus grand désordre, et peu digne de recevoir tant de personnages illustres. En soixante-douze heures, par les soins de Dazincourt, elle fut réparée de manière à flatter le premier coup d'œil; et, pendant ces soixante-douze heures, lisons-nous dans les *Mémoires* de Dazincourt, à peine se donna-t-il le temps de prendre quelques légers repas.

Mme Talma qui faisait partie du voyage, comme on l'a vu plus haut, nous a laissé quelques souvenirs de cette salle de théâtre : « Une grange fut arrangée en salle de spectacle; il y avait deux fauteuils en avant : l'un pour Napoléon, l'autre pour Alexandre; des chaises garnies pour les rois; des banquettes pour les grands-ducs et princes souverains. »

Mlle Rose Dupuis et Mme sa mère.
MM. Maignieu, secrétaire *souffler* (sic) de la Comédie *français* (sic).
   Colson, chef des gardes.
   Mongellas, premier garçon de théâtre.
   Frechor, machiniste.
Ce liste (sic) se trouve au bureau de police. Sur la même liste, Gœthe est désigné comme suit : M. de Gœthe, conseiller intime.

La salle de spectacle d'Erfurt, selon l'*Opinion du parterre*, était petite et malpropre; elle n'avait qu'une seule entrée. Dazincourt, comme on l'a vu, l'avait fait repeindre et décorer à neuf. Il fit également ouvrir deux nouvelles entrées. Par ce moyen l'ancienne fut réservée aux souverains dont la loge était au fond de la salle. Mais ils ne l'occupèrent qu'une seule fois, le jour de l'ouverture; à la deuxième représentation et aux suivantes, les deux empereurs se placèrent au milieu de l'orchestre, ce qui concorde bien avec la déclaration de Mme Talma.

« A la première représentation, nous dit M. de Bausset dans ses *Mémoires*, l'Empereur ayant remarqué qu'Alexandre était obligé de se pencher sur le devant de sa loge pour mieux voir sur la scène, avait fait le lendemain construire à l'orchestre une estrade pour lui et Alexandre. Leurs loges furent réservées aux princesses. Je note ce fait, ajoute M. de Bausset, pour montrer que les deux empereurs étaient le centre de tous les regards et que pas un de leurs gestes ne pouvait nous échapper (1). »

Les représentations commencèrent, le 28 septembre, par *Cinna*. L'empereur Alexandre, le roi de Bavière et le duc de Weimar étaient présents.

Le 29 septembre, *Andromaque*. Tout le monde admire surtout le talent de Talma et on loue beaucoup tous les acteurs.

Le 30, *Britannicus*. L'auteur de *Werther*, le célèbre

---

(1) Constant, dans ses *Mémoires*, a rapporté le même fait, t. IV, p. 75.

Gœthe, était arrivé le matin de Weimar pour assister à cette représentation, dont il fut très satisfait.

Le 1ᵉʳ octobre, *Zaïre*.

Le 2 octobre, *Mithridate*.

Le 3 octobre, *Œdipe*. Cette représentation fut marquée par un incident bien connu, car on l'a rapporté partout. Nous avons dit que Napoléon et Alexandre étaient assis au milieu de l'orchestre, sur deux fauteuils, à côté l'un de l'autre. Or, dans la première scène d'*Œdipe*, lorsque Philoctète dit à Dimas son confident :

L'amitié d'un grand homme est un bienfait des dieux,

l'Empereur de Russie, qui était assis sur le fauteuil à la droite de Napoléon, se tourna vers le conquérant et lui serra la main avec toute la grâce possible, ayant l'air de lui dire : « Je compte sur la vôtre. » Napoléon s'inclina légèrement, comme pour décliner un compliment si embarrassant.

« J'étais empressé de connaître ce qui réellement avait été dit, écrit M. de Bausset déjà cité. Je me rendis au coucher de l'Empereur, et m'approchant de M. de Talleyrand, je lui demandai s'il avait remarqué ce qui s'était passé pendant la première scène d'*Œdipe*. Je l'ai si bien remarqué, me répondit-il, que je viens ici pour demander à l'Empereur de bien vouloir m'apprendre comment et en quels termes l'application de ce vers a été faite par l'empereur Alexandre.

— En se retirant, il me confirma sur le sens que j'avais cru donner au geste d'Alexandre. »

Les représentations continuent.

Le 4 octobre, *Iphigénie en Aulide.*

Le 5 octobre, *Phèdre.*

Le 6 octobre, Napoléon et Alexandre se rendirent à une partie de chasse que le grand-duc de Weimar leur avait préparée dans la forêt d'Ettersbourg. L'Empereur partit d'Erfurt à midi avec l'Empereur de Russie, dans le même carrosse. Ils arrivèrent à une heure dans la forêt et trouvèrent pour les recevoir un pavillon de chasse décoré avec beaucoup de soin. Après la chasse, les deux Empereurs se rendirent au palais de Weimar, où ils dînèrent. Après le dîner, il y eut spectacle et bal, spectacle au théâtre de la ville, où les comédiens français étaient venus d'Erfurt, et bal au palais ducal. Le lendemain, les souverains devaient aller visiter le champ de bataille d'Iéna, voisin de Weimar, avant de retourner à Erfurt.

L'étrange choix fait par Napoléon de la pièce qui devait être représentée à Weimar, *la Mort de César*, causa à tout le monde un vif sentiment de surprise et d'embarras ; presque chaque vers de cette tragédie devenait une allusion aux circonstances présentes. Napoléon paraissait s'amuser beaucoup de cette bizarrerie, se plaisant à se comparer à César au milieu des conjurés, et considérant attentivement les traits, et jusqu'aux moindres mouvements de ces maîtres du monde asservis à son pouvoir. Étaient présents : Alexandre, Napoléon, duc et duchesse de Weimar, reine de Westphalie, roi de Bavière, roi de Wurtemberg, roi de Saxe, grand-duc Constantin, prince Primat, prince Guillaume de Prusse, duc d'Oldenbourg, prince de Mecklembourg, prince héréditaire de Weimar, prince de Neufchâtel, prince de Talleyrand, etc., etc.

Jamais représentation ne produisit un effet plus extraordinaire. La contrainte qu'éprouvaient les spectateurs était telle qu'aucun d'eux, dans la crainte de paraître penser à une application, n'osait jeter les yeux sur son voisin.

Ajoutons que le rôle de Brutus, interprété par Talma, rôle qu'il n'avait jamais cessé d'étudier depuis seize ans, était un de ceux où il semblait s'élever au-dessus de lui-même; connaissance profonde de l'antiquité, bonté de cœur, stoïcisme inflexible, simplicité inconnue jusqu'alors, même dans les passages les plus tragiques, tout cela était rendu avec un art si merveilleux, une vérité si frappante, que les spectateurs en étaient à la fois terrifiés et charmés.

Les représentations à Erfurt se terminèrent comme suit :

7 octobre, LES HORACES.
8 — RODOGUNE.
9 — MAHOMET.
10 — RHADAMISTE.
11 — LE CID,
12 — MANLIUS.
13 — BAJAZET, pour la clôture.

Talma devint en Allemagne, comme à Saint-Cloud, comme à Paris, l'objet de la bienveillance la plus recherchée de la part de l'Empereur. Il était admis à toute heure auprès de lui, soit pour des choses relatives aux pièces qu'on allait représenter, soit simplément pour causer, et tous les rois et princes n'en revenaient pas de voir ainsi le César qui commandait l'Europe accueillir aussi familièrement un acteur, qu'il tutoyait même dans ses jours de bonne humeur, si l'on en croit la légende (1).

Le Czar, de son côté, n'était pas insensible aux beaux yeux de ces dames de la Comédie française. Écoutons Constant sur ce point : « Mlle B..... (Bourgoing), jeune alors, et extrêmement jolie, eut tout d'abord plus de succès (que Mme Talma). Il faut dire aussi que pour y parvenir elle s'y prit autrement que Mme Talma. Dès qu'elle parut au théâtre d'Erfurt, elle excita l'admiration, et devint l'objet des hommages de tous les illustres spectateurs. Cette préférence marquée fit naître des jalousies dont elle était contente, et qu'elle entretenait de son mieux, par toutes sortes de moyens. Lorsqu'elle ne jouait pas, elle venait se placer dans la salle, magnifiquement parée ; alors tous les regards se portaient sur elle, et se détournaient de la scène, ce qui déplaisait fort aux acteurs. L'Empereur s'aperçut un jour de ces distractions fréquentes, et y mit fin en faisant défendre à Mlle B..... de paraître au théâtre ailleurs que sur la scène.

« Cette mesure prise par Sa Majesté, fort sagement à mon avis, dut la mettre fort mal dans les papiers de Mlle B..... Un autre incident vint ajouter

---

(1) Mme Talma, qui devait savoir comment l'Empereur parlait à son mari, n'hésite pas à le faire tutoyer : « Il dit un jour : « Talma ! je vais te faire jouer devant un parterre de « rois ! » (*Études sur l'art théâtral*, p. 315.)

au déplaisir de l'actrice. Les deux souverains allaient ensemble presque tous les soirs au spectacle. L'Empereur Alexandre trouvait Mlle B... charmante, et ne s'en cachait pas. Celle-ci le savait, et tout ce qu'elle jugeait capable d'exciter le goût du monarque, elle le mettait en usage. Un jour, enfin, le Czar amoureux fit part à l'Empereur de ses dispositions à l'égard de Mlle B..... — Je ne vous conseille pas de lui faire des avances, lui dit l'Empereur Napoléon. — Vous croyez qu'elle refuserait ? — Oh ! non ; mais c'est demain jour de poste, et dans cinq jours tout Paris saurait comment des pieds à la tête est faite Votre Majesté ; et puis votre santé m'intéresse..... Ainsi je souhaite que vous puissiez résister à la tentation. Ces mots refroidirent singulièrement l'ardeur de l'autocrate, qui remercia l'Empereur de son bon avertissement, et lui dit : — Mais, à la manière dont parle Votre Majesté, je serais tenté de croire que vous gardez à cette charmante actrice quelque rancune personnelle. — Non, en vérité, répliqua l'Empereur, je n'en sais que ce l'on en dit. Cette conversation eut lieu dans la chambre à coucher, pendant la toilette.

« L'Empereur Alexandre quitta Sa Majesté, parfaitement convaincu, et Mlle B..... en fut pour ses œillades et ses espérances. »

Enfin le grand-duc Constantin faisait tous les jours avec le prince Murat et d'autres personnages distingués des parties de plaisir où rien n'était épargné, et dont quelques-unes de ces dames faisaient les honneurs.

Aussi, que de fourrures et de diamants! Les deux Empereurs n'ignoraient pas ce qui se passait, et s'en amusaient beaucoup.

Le spectacle devait toujours commencer à sept heures, mais les souverains, qui y venaient toujours ensemble, n'arrivaient jamais avant sept heures et demie. A leur entrée, tout le parterre de rois se levait, et la pièce commençait aussitôt.

C'est encore à Erfurt que Napoléon eut quelques entretiens avec Gœthe. Le sujet de la conversation était la tragédie antique et la fatalité.

« Et que nous veut-on avec la fatalité, s'écria tout à coup Napoléon. La fatalité, c'est la politique. »

L'entrevue dura du 27 septembre au 14 octobre. Napoléon et Alexandre s'en allèrent enchantés l'un de l'autre. Alexandre ne disait-il pas de son côté : « Ce n'est pas seulement le plus grand homme, c'est aussi le meilleur et le plus aimable. »

Les comédiens étaient de retour à Paris le 1ᵉʳ novembre. Chacun d'eux rapportait des souvenirs de son séjour en Allemagne. Tout souverain un peu marquant avait tenu à honneur de laisser quelque présent aux artistes qu'il avait applaudis. L'Empereur de Russie, particulièrement, leur témoigna sa satisfaction en leur faisant de magnifiques cadeaux. Napoléon ne voulut pas être devancé en générosité. Il fit donner 10,000 francs à Talma, des gratifications à tous les autres. Mlle Rose Dupuis, une débutante, qui n'avait jamais joué qu'une fois, reçut 3,000 francs. Encore n'obtint-elle de jouer Palmyre de *Mahomet* que sur l'ordre de M. de Rémusat, Mlle Bourgoing étant chef d'emploi et s'y opposant. Ce voyage avait occasionné une dépense de 71,284 fr. 12 sols. Les subventions particulières étaient toujours prises sur la cassette de l'Empereur.

Voici, du reste, le détail des dépenses occasionnées par le voyage, le séjour et le retour de la tragédie, notamment d'après le bordereau dressé par le grand maréchal du palais et sous les yeux de l'Empereur, le 27 octobre 1808 (1).

Ont reçu :

	Aller.	Séjour.	Retour.
Mmes RAUCOURT....	1,500 fr.	500 fr.	1,000 fr.
TALMA........	1,500	500	1,000
DUCHESNOIS...	1,500	500	1,000
BOURGOING ...	1,200	500	800
ROSE DUPUIS.	1,200	500	800
GROS.........	1,200	500	800
PATRAT......	1,200	500	800
MM. SAINT-PRIX...	1,500	500	1,000
TALMA........	1,500	500	1,000
LAFON.......	1,500	500	1,000
DAMAS.......	1,500	500	1,000
DESPREZ......	1,200	500	800
LACAVE......	1,200	500	800
VARENNES....	1,000	500	800
	18,700 fr.	7,000 fr.	12,600 fr.

L'année 1808 se termina sans incident notable à la Comédie. L'Empereur n'avait pas attendu le re-

(1) *Caisse des théâtres.* Manuscrit de la Bibliothèque Nationale.

tour de Talma et de ses camarades pour se faire donner le spectacle à Saint-Cloud. Rentré le 18 octobre dans la nuit, il avait fait demander M. de Rémusat à onze heures du matin, en lui prescrivant un spectacle pour le lendemain. Et voilà comment on avait joué, le 20 octobre, à Saint-Cloud, *Tartuffe* et les *Héritiers* avec Fleury et Mlle Mars, qui n'avaient pas été du voyage. Le 29 octobre, Napoléon repartait pour l'Espagne.

XVIII

REPRISES DE MACBETH, D'HAMLET ET D'OTHELLO

Les rôles nouveaux n'abondaient toujours pas. Aussi Talma songea-t-il à remettre *Macbeth* à la scène. La reprise de cette pièce eut lieu le 7 janvier 1809. Les journaux de l'époque ne nous en ont pas laissé un compte rendu brillant. La faute en est, nous dit le *Mémorial dramatique*, à la tragédie de Ducis, dont le sujet imité de Shakespeare parut trop sombre pour la scène française. Les spectateurs furent nombreux ; le nom de Talma suffisait pour emplir la salle. Mais on rit aux passages les plus noirs, et la représentation se termina au bruit des sifflets.

Et cependant si le public riait quand il fallait pleurer, il n'y venait pas moins en foule. A la seconde représentation, le 14 janvier, l'affluence des spectateurs fut si considérable que les musiciens en furent réduits à évacuer l'orchestre.

« Talma excelle à peindre le délire et les remords de Macbeth, écrit Geoffroy (1). Mlle Raucourt fait frémir dans le rôle de Frédégonde : sa pantomime est terrible et d'une affreuse vérité. En rendant justice à ces deux artistes, souhaitons que leur talent s'exerce sur de plus nobles objets, dans de meilleurs ouvrages. Mais, ajoute-t-il plus loin, *Macbeth* est une très mauvaise pièce, que l'on ne donne qu'une fois ou deux par an pour jouir des talents de deux grands artistes dans ce genre extraordinaire. »

Talma n'était pas homme à se décourager pour si peu. Il aimait à la passion ce répertoire anglais, et ne se formalisait pas si ses tentatives n'étaient pas comprises du public. Il y trouvait ensuite personnellement de grands succès, et revenait à la charge avec insistance.

Le 18 janvier, la Comédie française donnait une représentation de retraite au bénéfice de Naudet. Oubliant tous ses vieux ressentiments envers son camarade — nous avons raconté à son heure le duel survenu entre Talma et Naudet (2) — Talma profita de cette circonstance pour reparaître dans le rôle d'*Hamlet*. Il y fut, à son habitude, profond, sombre et terrible, comme il était d'ailleurs dans *Macbeth*. Mais c'était encore la pièce, et non l'acteur, qui ne plaisait pas au public.

Geoffroy, cette fois, est moins sévère. « Le spectateur qui passe d'une tragédie de Racine à une tra-

---

(1) *Journal de l'Empire*, 9 janvier 1809.
(2) *Talma et la Révolution*, page 41.

gédie de Shakespeare, écrit-il (1), ressemble au voyageur qui sort d'un vallon délicieux, ou d'une prairie émaillée de fleurs, pour s'enfoncer dans une sombre forêt ou dans des montagnes affreuses bordées de rochers et de précipices... La première représentation de *Macbeth* avait excité des éclats de rire et des huées : cette irrévérence pour les farces noires et lugubres a étrangement scandalisé tous les amateurs de la littérature du Nord ; ils ont frémi des conséquences d'un pareil échec. » Mais le célèbre critique regrette bientôt ce qu'il vient de dire. Il s'en veut d'avoir pu un seul instant admirer « cette nature agreste et sauvage, cette sombre mélancolie du Nord ». Toutes réflexions faites, « *Hamlet* ne vaut guère mieux que *Macbeth*, continue-t-il ; on y a couru avec fureur, et la moitié de ceux qui voulaient le voir n'a pu trouver place au théâtre. A quoi faut-il attribuer ce triomphe de mauvais goût ? » Geoffroy n'y va pas de main morte, on le voit. « Naudet, acteur médiocre, n'inspira jamais un intérêt bien vif, dit-il encore. Quand on a donné *Hamlet* à son bénéfice, on s'attendait bien que ce serait *Hamlet* qui enrichirait Naudet, et non pas Naudet qui ferait valoir *Hamlet*. » Ce dernier trait pour un vieux serviteur qui prenait sa retraite est de méchanceté toute pure. Mais ce sont là les façons ordinaires de Geoffroy.

Les remarques qui suivent sont plus de notre goût : « J'aime mieux Shakespeare tout nu, que Shakespeare habillé et garrotté par Ducis ; le cheval fou-

(1) *Journal de l'Empire*, 21 janvier 1809.

gueux qui s'élance dans la campagne et fait flotter sa crinière a plus de noblesse et de grâce que le cheval qui obéit aux rênes. Il n'est point de traité entre la politesse et la barbarie : otez au sauvage ses formes, vous lui otez ses avantages. Il faut laisser à Shakespeare son allure fière et libre. M. Ducis, dans ses maigres croquis, l'a plutôt étranglé que perfectionné. Le poète anglais est un Huron dramatique qui perd sa vigueur et sa souplesse s'il est emprisonné dans des vêtements français; en essayant de le mettre à la mode, M. Ducis n'a ni l'art et les grâces de la politesse, ni l'énergie et la liberté de la barbarie. »

L'article se termine par quelques appréciations sur le jeu de Talma : « Le jeu de Talma a été sans doute un des principaux objets de la curiosité, et l'une des premières causes de ce grand concours, auquel il serait difficile d'assigner d'autres motifs : c'est un malheur pour l'art dramatique que les acteurs fassent les pièces. Mlle Volnais a montré beaucoup de talent dans la scène où Hamlet lui fait confidence de ses desseins. En général, un des défauts essentiels de la pièce, c'est qu'elle n'a qu'un rôle. » Que dirait Geoffroy aujourd'hui?

Poussant encore plus loin ses tentatives dans le répertoire de Shakespeare, son répertoire favori, Talma persuada à ses camarades de remettre à la scène *Othello*. Mlle Contat aînée avait résolu de se retirer du théâtre après trente et un ans de services. On chercha donc le moyen de donner à cette représentation de retraite un éclat inaccoutumé. Talma s'offrit dans *Othello*. Nous allons essayer de donner le compte rendu le plus fidèle possible de cette représentation, qui fit vraiment époque dans les annales du théâtre.

Mlle Contat était universellement aimée. Rarement la scène française n'avait été rehaussée par un talent plus rare que le sien. Beaumarchais, appréciateur habile de cette comédienne de race, avait senti tout le parti qu'il pouvait en tirer en lui confiant le rôle de Suzanne dans le *Mariage de Figaro*. Ce rôle seul eut suffit pour faire la réputation d'une actrice. Plus tard, passée avec l'âge de l'emploi de jeunes premières à celui de grandes coquettes, pour arriver même aux rôles de caractères, elle avait su marquer partout l'empreinte ineffaçable de son talent. Bref, Mlle Contat n'avait jamais cessé d'être l'idole du public; cette artiste était, pour les véritables amateurs de théâtre, la perfection la plus achevée. Aussi l'on se fait difficilement l'idée du nombre de regrets soulevés par cette décision de retraite, décision sage peut-être, mais prise alors que le talent de l'actrice était encore dans toute sa force.

L'Empereur et l'Impératrice firent savoir qu'ils assisteraient à cette représentation. Le prix des places fut augmenté. On mit les loges, l'orchestre et le balcon à 24 francs la place, chiffre considérable pour l'époque. La première galerie était à 18 francs, les troisièmes loges à 12 francs, le parterre et la deuxième galerie à 9 francs, les loges du cintre à 8 francs.

Voici le programme du spectacle :

1° La reprise d'*Othello* par Talma (Othello) et Mme Talma (Desdémone).

2° *Les Deux Pages*, comédie en deux actes, en prose.

C'est en effet par l'hôtesse des *Deux Pages*, par le rôle de Mme Philips, que Mlle Contat termina sa carrière dramatique, et cette hôtesse est une coquette.

« On ne peut douter de l'empressement du public pour voir le coucher de cet astre dont le lever fut si brillant, écrit le *Journal de l'Empire*, et qui même à son déclin conserve l'éclat de son aurore. »

Les autres rôles étaient tenus par Fleury en Frédéric II, Michot dans l'hôte des Quatre Nations, Mlle Mars sous les traits d'Auguste, Mlle Raucourt dans la veuve du major. Et les autres artistes s'appellent Baptiste cadet, Lacave, Dublin, Thénard, Varennes; Mlles Bourgoing, Volnais et Thénard. Enfin, par une aimable attention pour la bénéficiaire, et en signe d'adieux, toute la Comédie a tenu à figurer dans la dernière scène, les hommes sous le costume d'officiers généraux, et les femmes sous le costume de dames de la cour, entourant ainsi Mlle Contat d'une guirlande de talents aimés du public.

3° Le spectacle se terminait par un ballet exécuté par les premiers sujets de la danse de l'Académie impériale de musique, tels que Vestris, Beaulieu, Branchu, Mmes Gardel, etc., etc.

L'affluence fut énorme, et la recette atteignit 24,000 francs. Seulement le succès répondit-il à l'attente ? « Il y a une fatalité attachée à ces représentations solennelles, dit Geoffroy ; c'est le mauvais choix des pièces. On cherche le nouveau, l'extraordinaire, et l'on ne rencontre pas le bon : on s'occupe uniquement des moyens d'attirer les curieux ; et dès qu'une fois ils ont mordu à l'appât, on s'inquiète peu qu'ils soient contents. Avant même qu'elle commence, la représentation a produit son effet, et le titulaire est en possession de son bénéfice. » Nous ne dirions pas autrement de nos jours. Nous ne voulons pas faire ici de personnalité, ni citer telle ou telle représentation à bénéfice. Mais quel est celui de nos lecteurs qui la plupart du temps n'est pas sorti désappointé d'une de ces représentations, après avoir payé sa place fort cher ? Heureux encore le spectateur qui a pu entendre les artistes annoncés sur l'affiche, artistes qui souvent ne viennent pas, ou se font excuser « pour cause d'indisposition », après avoir prêté leurs noms.

La tragédie d'*Othello* était en effet une curiosité. Demandée plusieurs fois par le parterre, qui ne pouvait oublier l'impression que Talma y avait faite autrefois, attendue avec impatience depuis dix ans, cette pièce passait pour extraordinaire. L'attente fut déçue. Comme à *Macbeth*, on se mit à rire, et la pièce se traîna avec peine jusqu'au dénouement. Comment se rendre compte d'un revers aussi marqué ? Talma paraissait-il au-dessous de lui-même ? Au dire des contemporains, jamais il ne déploya plus abondamment ces puissants moyens qui l'ont placé au premier rang des acteurs tragiques, jamais il ne prononça mieux tous les traits d'un caractère, jamais il ne fut plus énergique ni plus entraînant.

La véritable cause de l'insuccès de cet ouvrage était, il faut bien l'avouer, dans la défaveur où le genre anglais était tombé en France, depuis que les chefs-d'œuvre de Corneille, de Racine et de Voltaire reparaissaient plus souvent sur la scène ; Talma avec tout son talent n'y pouvait rien. Ce fut dans cette soirée que Mme Talma, qui avait renoncé à la tragédie depuis plusieurs années, reparut dans le rôle de Desdémone, à côté de son mari. Les contemporains s'accordent à dire qu'elle y fut très remarquable, malgré la monotonie de son débit, défaut qui lui fut toujours reproché.

Talma ne fit qu'une seule création en 1809. Celle d'Hector, dans la tragédie de ce nom de Luce de Lancival. Il avait pour partenaires Damas (Patrocle), Lafon (Paris), Saint-Prix (Polydamas), Mlle Duchesnois (Andromaque). Cette représentation eut lieu le 1er février. L'Empereur, qui était revenu d'Espagne le 23 janvier, tint à honneur d'y assister (1).

« Talma déploie un rare talent dans le rôle d'Hector, écrit Geoffroy ; il exprime avec une vigueur et une énergie extraordinaires tous les sentiments généreux d'un guerrier. » La pièce fut prodigieusement applaudie.

---

(1) M. Laugier, dans son livre : *Documents historiques sur la Comédie française*, ne relève pas la présence de l'Empereur à cette représentation d'*Hector*. Mais elle nous semble suffisamment attestée par l'*Opinion du parterre* et le *Mémorial dramatique*.

Luce de Lancival était un professeur de belles-lettres, alors âgé de 43 ans. Il avait déjà donné différentes tragédies, mais son talent de poète dramatique éclata surtout dans *Hector*, où il se montra nourri des beautés d'Homère. Le rôle d'Hector était tracé avec vigueur; le rôle d'Andromaque intéressa après Racine. L'Empereur accorda à Luce de Lancival une pension de 6,000 francs. Hélas! le pauvre auteur ne devait pas en profiter longtemps; il mourut l'année suivante, le 17 août 1810.

Cette année 1809 ne vit pas encore souvent l'Empereur au théâtre; la Comédie française donna bien quelques représentations à la Cour, aux Tuileries, les 19 janvier, 23 février et 2 mars (cette dernière avec Talma dans *Rome sauvée*); une représentation à la Malmaison, le 19 mars, et ce fut tout. L'Empereur partit pour la guerre d'Autriche; l'Impératrice se rendit à Strasbourg, puis à Plombières. Paris fut privé de fêtes et de réjouissances.

Pendant ce temps, des vides se formaient dans les rangs. Dazincourt mourait le 28 mars, et le 24 avril Dugazon jouait pour la dernière fois. Le 30 du même mois, Mlle Bourgoing, qui avait obtenu du préfet du palais, M. le comte de Rémusat, un congé de six mois, quittait la rue Richelieu pour Saint-Pétersbourg. Le 1er mai, enfin, Mlle Fleury prenait sa retraite, et Talma jouait à cette occasion le rôle du comte de Warwick dans la pièce de ce nom.

D'un avis unanime, il y remporta un succès incontesté. « Talma joue le rôle de Warwick avec beaucoup de simplicité, de naturel et de vérité, » dit Geoffroy. Les vieux amateurs qui avaient vu Lekain convinrent qu'il ne le faisait pas regretter, et les représentations se seraient prolongées longtemps encore sans le départ de Mlle Raucourt pour l'Italie.

XIX

TALMA A LYON
DEUX LETTRES DE Mme DE STAËL

Talma ne tarda pas à prendre à son tour son essor. Nous dirons, quand il le faudra, combien les artistes de la Comédie française abusaient alors de ces congés. Pour celui-ci, nous n'en aurions guère parlé, sans deux lettres de Mme de Staël, qui se rattachent à ce voyage à Lyon.

Mme de Staël était alors exilée en Suisse, à Coppet. Ayant appris que Talma donnait au Grand-Théâtre de Lyon des représentations qui attiraient un nombre considérable de spectateurs, elle obtint par la sollicitation de la reine Hortense l'autorisation de quitter sa retraite et de se rendre à Lyon. Vers le même temps, Benjamin Constant, qui, pour se venger de Mme de Staël, venait d'épouser Charlotte de Hardenberg, Benjamin Constant, disons-nous, était arrivé en Suisse avec sa nouvelle épouse, à Secheron, près Coppet ; Mme de Staël le revoit à l'auberge où il l'a fait demander. Elle reprend sur lui son ascendant, et comme elle part pour Lyon, Benjamin Constant la suit avec sa femme, et passe son temps près d'elle, négligeant un peu Mme Constant (1).

Mme de Staël mettait en ce moment la dernière main à son ouvrage de *l'Allemagne*, puisque le manuscrit fut donné à l'impression en 1810. On sait comment cette édition, saisie et détruite par la police impériale, ne fut pas alors répandue dans le public, ce qui renvoya l'apparition du livre en 1813 à Londres, et en 1814 à Paris.

Or, dans son livre si remarquable, mais si antifrançais, de *l'Allemagne*, Mme de Staël y accorde une place considérable au théâtre, à la littérature dramatique et à tout ce qui s'y rapporte. Elle passe en revue la poésie allemande, les drames de Lessing, les tragédies de Schiller, le *Faust* de Gœthe ; elle analyse les théâtres allemand et danois ; elle consacre un chapitre spécial à la comédie, à la déclamation, etc., etc. On comprend de quel intérêt devaient être pour elle les représentations de Talma à Lyon, représentations dont elle était privée par suite de son exil. Aussi nul doute pour nous que ce soient ces représentations mêmes à Lyon qui aient dicté à Mme de Staël les pages qu'elle a consacrées à Talma dans un livre qui, en somme, ne devait traiter que de l'Allemagne. Nous reviendrons du reste sur ces pages éloquentes le jour où nous aurons à étudier la *méthode* de Talma.

(1) Sainte-Beuve, *Causeries du Lundi*, t. XI, p. 439.

Mme de Staël arrive donc à Lyon, mais elle y est aussitôt surveillée, comme nous allons le voir par les pièces suivantes, conservées aux Archives nationales (F. 7. 6331).

Lettre de Maillocheau sur l'arrivée de Mme de Staël à Lyon.

« Lyon, 8 juin 1809.

« Monseigneur, Mme de Staël est arrivée hier soir à Lyon, avec son fils Auguste, quelques aides de camp et toute sa maison. Elle n'a qu'un passeport suisse, qui non seulement n'a pas été retenu à la frontière, mais n'a même été examiné ni visé par aucune autorité française. Il paraît qu'elle est venue ici pour assister aux représentations de Talma ; elle parle de se rendre ensuite à Besançon ; mais comme, on ne demande presque nulle part l'exhibition des passeports aux personnes qui voyagent en voitures bourgeoises, elle peut, si bon lui semble, se rendre à Paris ou dans toute autre partie de l'Empire. Je prie Votre Excellence de vouloir bien me donner de suite des ordres à l'égard de cette dame. Si je ne reçois point d'instruction particulière, je ne puis que la laisser aller où elle jugera convenable. Je n'ai pu encore réunir les passeports des messieurs qui l'accompagnent. J'aurai l'honneur d'en adresser demain la liste à Votre Excellence. Je crois avoir aperçu parmi eux M. Benjamin Constant.

« Daignez, Monseigneur, agréer, etc.,

« MAILLOCHEAU,

« *Commissaire général de police à Lyon.* »

Instructions données à Maillocheau :

« Paris, 14 juin 1809.

« Son Excellence le Sénateur Ministre, en me renvoyant, Monsieur, la lettre que vous lui avez écrite le 8 de ce mois, m'invite à vous informer que Mme de Staël ne peut venir à Paris et doit se tenir toujours au moins à cinquante lieues de distance de la capitale. Quant au voyage qu'elle se propose de faire à Besançon, elle est libre d'aller dans cette ville, d'après l'autorisation qui lui a été accordée à cet effet, le 26 novembre dernier.

« Je vous serai obligé de me faire connaître les personnes qui l'accompagnent et de me faire part de vos observations sur ce qui pourrait avoir rapport à cette dame pendant son séjour à Lyon. A son départ, vous voudrez bien m'informer de la destination qu'elle suivra.

« Recevez, etc.,

« Le Conseiller d'État. »

Réponse de Maillocheau.

« Lyon, 19 juin 1809.

« Monsieur le Conseiller d'État, le séjour de Mme de Staël n'a jusqu'ici donné lieu à aucune observation qui méritât de vous être communiquée. Lors de son départ, j'aurai soin de me conformer aux instructions que vous avez bien voulu me donner, par votre lettre du 14. Il paraît qu'elle se propose de retourner à Coppet, dès que les représentations de Talma seront terminées, c'est-à-dire la semaine prochaine. Elle désire beaucoup emmener cet artiste pour lui faire donner quelques représentations sur le théâtre de Genève, et surtout sur celui de Coppet. Talma m'ayant parlé de ce projet, je l'en ai détourné; mais je ne sais pas encore ce qu'il fera. Mme Récamier est arrivée hier au soir; elle vient ici pour Mme de Staël, qu'elle doit suivre à Coppet (1).

« Veuillez agréer, Monsieur, etc... »

En attendant, Mme de Staël ne manque pas une représentation au Grand-Théâtre de Lyon. Dans la journée elle se retrouvait avec Mme Récamier, avec Benjamin Constant, et ces esprits si éminemment littéraires échangeaient entre eux leurs vues sur les pièces qu'ils venaient de voir représenter; ils en discutaient l'interprétation, passant au crible le talent de Talma. C'est pourquoi deux lettres de Mme de Staël, écrites au tragédien dans de pareilles circonstances, ne nous ont pas paru bonnes à passer sous silence. Nous les reproduisons ici sans en supprimer un seul mot. Mme Mylord, actrice de Lyon assez distinguée, avait, la veille, couronné son illustre camarade en pleine scène, en présence d'une assemblée enthousiaste. Mme de Staël écrit le lendemain au héros dramatique :

(1) Ces trois pièces ont été reproduites par M. Henri Welschinger dans son livre *la Censure sous le premier Empire*.

« Lyon, 4 juillet 1809.

« Ne craignez pas que je sois comme Mme Mylord, que je mette la couronne sur votre tête au moment le plus pathétique; mais comme je ne puis vous comparer qu'à vous-même, il faut que je vous dise, Talma, qu'hier vous avez surpassé la perfection, l'imagination même. Il y a dans cette pièce, toute défectueuse qu'elle est, un débris de tragédie plus forte que la nôtre, et votre talent m'est apparu, dans le rôle d'*Hamlet*, comme le génie de Shakespeare, mais sans ses inégalités, sans ses gestes familiers devenus tout à coup ce qu'il y a de plus noble sur la terre. Cette profondeur de nature, ces questions sur notre destinée à tous, en présence de cette foule qui mourra, et qui semblait vous écouter comme l'oracle du sort; cette apparition du spectre plus terrible dans vos regards que sous la forme la plus redoutable; cette profonde mélancolie, cette voix, ces regards qui décident des sentiments, un caractère au-dessus de toutes les proportions humaines, c'est admirable, trois fois admirable; et mon amitié pour vous n'entre pour rien dans cette émotion, la plus profonde que les arts m'aient fait ressentir depuis que je vis. Je vous aime dans la chambre, dans les rôles où vous êtes encore votre pareil; mais dans ce rôle d'Hamlet, vous m'inspirez un tel enthousiasme, que ce n'était plus vous, que ce n'était plus moi : c'était une poésie de regards, d'accents, de gestes, à laquelle aucun écrivain ne s'est encore élevé. Adieu, pardonnez-moi de vous écrire, quand je vous attends ce matin à une heure, et ce soir à huit; mais si les convenances sociales ne devaient pas tout arrêter, je ne sais, hier, si je ne me serais pas fait fière d'aller moi-même vous donner cette couronne due à un tel talent, plus qu'à tout autre; car ce n'est pas un acteur que vous êtes : c'est un homme qui élève la nature humaine, en nous en donnant une idée nouvelle. Adieu, à une heure. Ne me répondez pas, mais aimez-moi pour mon admiration. »

Voici la seconde lettre.

« 8 juillet 1809.

« Vous êtes parti hier, mon cher Oreste, et vous avez vu combien cette séparation m'a fait de peine. Ce sentiment ne me quittera pas de longtemps; car l'admiration que vous m'inspirez ne peut s'effacer. Vous êtes, dans votre carrière, unique au monde, et nul, avant vous, n'avait atteint ce degré de perfection où l'art se combine avec l'inspiration, la réflexion avec l'involontaire, le génie avec la raison. Vous m'avez fait un mal, celui de me faire sentir plus amèrement mon exil et la puissance de l'Empereur, qui, indépendamment de cette petite Europe, est maître du domaine de l'imagination. A peine étiez-vous parti, que le sénateur Rœderer est entré chez moi, venant d'Espagne pour aller à Strasbourg. Nous avons causé trois heures, et nous avons souvent mêlé votre nom à tous les intérêts de ce monde. Il était dimanche à *Hamlet*, et vous l'avez ravi. Nous avons disputé sur le mérite de la pièce en elle-même;

il m'a paru très orthodoxe, et il prétend que Napoléon l'est aussi. Je lui ai développé mon idée sur votre jeu, et sur cette réunion étonnante de la régularité française et de l'énergie étrangère; il a prétendu qu'il y avait des pièces classiques françaises où vous n'excelliez pas encore; et quand j'ai demandé lesquelles, il n'a pu m'en nommer. Mais il faut qu'à Paris vous jouiez Tancrède et Orosmane à ravir; vous le pouvez, si vous le voulez; il faut prendre ces deux rôles dans le naturel. Ils en sont tous les deux susceptibles, et comme on est accoutumé à une sorte d'étiquette dans la manière de les jouer, la vérité profonde en fera de nouveaux rôles; mais je ne devrais pas m'aviser de vous dire ce que vous savez mille fois mieux que moi. Il est vrai, pourtant, que je mets à votre réputation un intérêt personnel. Il faut que vous écriviez; il faut que vous soyez aussi maître de la pensée que du sentiment; vous le pouvez, si vous le voulez. J'ai vu Mme Talma après votre dernière visite. Sa grâce pour moi m'a profondément touchée; dites-le-lui, je vous prie. C'est une personne digne de vous, et je crois beaucoup louer en disant cela. Quand vous reverrai-je tous les deux? Ah! cette question me serre le cœur, et je ne peux me la faire sans une émotion douloureuse. *God bless you, and me also.* Je vais écrire sur l'art dramatique, et la moitié de mes idées me viendront de vous. Adrien de Montmorency, qui est le souverain juge de tout ce qui tient au bon goût et à la noblesse des manières, dit que Mme Talma et vous, vous êtes parfaits aussi, dans ce genre. Toute ma société vous est attachée à tous les deux. On raconte mes hymnes sur votre talent par la ville, et Camille Jordan m'en a raconté à moi-même que j'ai trouvés pindariques ; mais je ne suis pas Corinne pour rien, et il me faut pardonner l'expression que j'éprouve. Le directeur du spectacle est venu me voir, après votre départ, pour me parler de vous. Je lui ai su gré de si bien s'adresser. Sa conversation était comique, mais je n'étais pas en train de rire, et j'ai laissé passer tout ce qu'il a bien voulu me dire pour me donner bonne opinion de lui. Ainsi chacun s'agite pour réussir ; il n'y a que le génie qui triomphe presque à son insu. Ainsi vous êtes. Adieu, écrivez-moi quelques lignes sur votre santé, vos succès et la probabilité de vous revoir. Mon adresse est à *Coppet* (Suisse). Adieu, adieu ; mille tendres compliments à Mme Talma.

« P.-S. — Je pars dans une heure ; les *Templiers* sont traduits en espagnol et se jouent à Madrid. »

Talma ne fit sa réapparition à la Comédie française que le 29 août, dans le rôle de Manlius. Bien que cette représentation n'ait pas été annoncée à grand fracas, bien que sur l'affiche on ne distinguât pas le nom de Talma de celui des autres acteurs, cette rentrée fut signalée par un immense concours de spectateurs.

« Il serait difficile de peindre les transports excités par la présence de Talma, lisons-nous dans le *Journal de l'Empire;* un enthousiasme plus modéré serait peut-être encore plus honorable pour l'acteur.

Quoi qu'il en soit, les spectateurs de Paris n'ont point voulu céder aux habitants des provinces en électricité, en sensibilité pour le talent. Si Talma eût encore augmenté cette inflammation des esprits en jouant un rôle de fureur, peut-être serait-il arrivé aux Parisiens, dans cette représentation, ce qui arriva jadis aux habitants d'Abdère, à la représentation d'*Andromède*, tragédie d'Euripide, dans laquelle un acteur fameux jouait le principal rôle : on était au plus fort de l'été ; soit excès de chaleur dans l'atmosphère, soit excès de tragique dans l'acteur, les spectateurs devinrent fous ; la fièvre chaude les prit avec transport au cerveau, et ils couraient les rues, hurlant le monologue de Persée avec des convulsions effroyables ; ils ne furent guéris que par le froid de l'hiver.

« Pour obvier à cet accident, Talma a joué un rôle sage, mûr et profond. Manlius est peut-être celui qui fait le plus d'honneur à son talent, quoiqu'il semble exiger moins d'efforts ; peut-être est-il encore plus difficile de peindre les tourments qui déchirent une âme forte et courageuse, que d'imiter les excès de la passion et de la douleur portée jusqu'au délire. On assure que le génie de Talma, enflammé par les témoignages de l'admiration publique, s'est élevé à une grande hauteur, et qu'il n'a jamais mis plus d'expression dans le rôle de Manlius. »

Quelques jours après, Talma faisait sa seconde rentrée dans *Iphigénie en Tauride*. Le rôle d'Oreste dans cette tragédie fut toujours un de ses plus brillants. Le public se porta encore en foule pour l'y applaudir. Le nom seul de Talma, sur l'affiche, suffira désormais pour assurer le maximum de la recette. Talma est devenu l'artiste irréprochable : sa figure, son jeu muet, son accent, tout empoigne et tout fait frémir.

XX

MALADIE DE TALMA

Une maladie longue et cruelle vint alors éloigner le grand tragédien de la scène pendant près de cinq mois et jeter le plus grand désarroi dans le répertoire du Théâtre-Français. Bien peu même ne s'en fallut que cette maladie n'eût une issue fatale. Or, si l'on veut se rendre compte à quel point Talma était aimé, il faut lire à cette occasion les journaux de l'époque. Aucun ne veut admettre un seul instant cette pensée que leur acteur chéri pût être perdu à jamais. Il n'en fut rien heureusement pour l'art.

Talma était atteint depuis 1804 d'une effrayante maladie de nerfs. C'est ce qui expliquait en partie son imagination mélancolique et son irritabilité extrême en certains cas. Bref, les effets de cette maladie étaient tels que les deux médecins, fort habiles, qui le soignaient, les docteurs Corvisart et Alibert, en observaient la nature et les progrès comme une sorte de phénomène extraordinaire.

Entrait-il en scène? Les émotions qui s'emparaient de lui devenaient si violentes que, pour ne pas être entraîné par elles, il avait besoin de rappeler à lui sa raison, de s'examiner lui-même, et de se convaincre qu'il n'y avait rien de réel dans tout ce qui se passait autour de lui. Ce fut cette maladie qui reprit le dessus vers la fin de 1809, et le mit à deux doigts de la tombe.

Sa mélancolie, d'ailleurs, était bien inhérente à sa nature, comme le prouve l'anecdote suivante, rapportée par sa femme.

« Lorsque je vais au spectacle, lui disait-il, et que je vois tous ces êtres rassemblés, parés et joyeux, je fais toujours cette réflexion : Dans peu d'années ils seront tous dans le cercueil, et cela pour l'éternité !
— Le croirais-tu, disait-il encore, quand je considère une femme, ses formes gracieuses, ses traits charmants, je cherche à voir ce que serait le squelette de cette jolie créature ; je le découvre sous la chair ; mes yeux et mon esprit ont pris cette habitude, et, malgré mes efforts, je la vois toujours ainsi. »

D'autres fois, c'étaient des terreurs dont il ne pouvait se défendre ; tantôt il se croyait près de devenir aveugle ; tantôt il craignait de tomber mort dans la rue ; souvent il pensait être paralysé. Un jour en jouant *Cinna*, racontait-il à Audibert, il entrevit autour de lui des abîmes sans fond. « Pour vous faire frémir, je commence par frémir moi-même, » avait-il coutume de dire. Ou bien encore : « J'aurais besoin de compassion, je rencontre des applaudissements. » Une telle surexcitation ne devait être, on le comprendra sans peine, qu'au détriment de sa santé. Une fois, il lit dans un journal l'affreux récit d'un crime. Il croit avoir devant les yeux la tête coupée de la victime. Il fuit, il marche à l'aventure, entre dans une église, en ressort, va sans savoir où, et se rappelle enfin qu'il doit jouer *Hamlet*. « Ce soir-là, quand je levai le poignard sur ma mère, je me fis peur à moi-même, disait-il. » C'est du reste à cette maladie que Népomucène Lemercier fait allusion dans son *Épître à Talma* (1).

> Ne te plains point, Talma, des langueurs que te coûte
> L'amour de ta carrière et l'effort de ta route.
> Et si de ton cerveau les nerfs si déliés
> Se fatiguent de chocs par trop multipliés... »

Quoi qu'en dise Népomucène Lemercier, je ne doute point que le tragédien n'eût préféré mieux se porter. A entendre le poète, les nerfs mêmes de l'acteur deviennent les instruments de sa gloire ! La suite de l'épître est aussi burlesque :

> Ces fiers ressentiments, ces transports que tu feins,
> Produisirent, Talma, les maux dont tu te plains.

Nous voici dans un cercle vicieux : ou *les instruments de sa gloire*, pour parler comme le poète, lui

---

(1) *Épître à Talma*. Paris, in-8°, 1807 ; chez Léopold Collin, rue Git-le-Cœur.

sont utiles, ou ils lui sont nuisibles. Enfin l'auteur veut donner un conseil salutaire à l'artiste :

De tes travaux, Talma, ne te rends pas victime.

Je ne sais si l'harmonie pouvait être sauvegardée en présence d'un tel nombre de T... Mais passons :

Pour nous charmer longtemps, il te faut longtemps vivre.

C'est une vérité de M. de La Palisse. C'était évidemment aussi l'avis du tragédien.

En attendant, Lafon, resté seul chargé du premier emploi tragique en l'absence de Talma, succomba à son tour à la fatigue et s'alita. De telle sorte que le Théâtre-Français se trouva tout à coup dans la situation la plus déplorable. Déjà privé par la mort ou par la retraite de plusieurs de ses sujets les plus distingués, la maladie lui enlevait les autres. Geoffroy lui-même, le redoutable critique et l'ennemi de Talma, désarme à son tour dans son feuilleton du *Journal de l'Empire* (1) : « Hélas ! peu s'en est fallu que Talma ne soit allé rejoindre les ombres de Baron et de Lekain, et leur raconter les révolutions de notre théâtre. C'en était fait sans doute de la tragédie, qui aurait eu bien de la peine à se tenir sur son cothurne. » Il ne faut pas en vouloir à Geoffroy, mais on ne parlait pas autrement en 1809.

« Cet artiste, continue-t-il, créateur d'une manière nouvelle, doué des moyens les plus vigoureux, en

---

(1) *Journal de l'Empire*, 28 octobre 1809.

possession d'une faveur qui tient de l'enthousiasme, eût certainement laissé un vide immense, impossible à remplir, dans un temps où les moindres pertes sont irréparables. Mais nous en avons été quittes pour la peur. Talma n'est pas perdu, il ne faut plus que l'attendre : et l'on peut à présent raisonner avec tranquillité sur les causes d'un danger qui n'existe plus. »

En effet, on ne peut se dissimuler que le nouveau degré de terreur imprimé à l'action tragique par Talma, les prodigieux efforts que ce genre exige, et cette imitation des plus violentes crises de la nature n'avaient pas peu contribué à ébranler dans le comédien tous les ressorts de l'âme et du corps.

Baron, qui s'est acquis une réputation si brillante, et dont le nom est resté synonyme de grand acteur, Baron cherchait à plaire, à toucher, plutôt qu'à effrayer et à faire frémir. « Nous avons vu Baron, dit Voltaire, il était noble et décent, mais c'était tout. » Remarquons que Voltaire avait toujours connu Baron fort âgé.

Avec cette noblesse et cette décence, Baron charma constamment des spectateurs délicats, uniquement sensibles aux charmes de la poésie et de l'éloquence, et qui se contentaient de l'expression juste et naturelle des sentiments et des passions. Le public n'était point encore blasé, et n'avait pas besoin de ces secousses violentes. Ajoutons en faveur de cette noblesse, de cette décence, de ce goût, qui caractérisaient le jeu de Baron, qu'ils procurèrent à l'acteur une très longue jouissance de ses forces ; ses organes n'étant pas fatigués par des efforts extraordinaires, il conserva jusque dans un âge très avancé la faculté de jouer dans la tragédie, même les jeunes rôles ; par un rare bonheur il sut concilier sa gloire avec sa santé. Combien d'artistes ont abrégé leurs jours pour devenir immortels !

On se lasse de tout ; l'habitude émousse et détruit le sentiment. Le fléau des arts, c'est le besoin de la nouveauté ; c'est cette nécessité de changer de manière et de forme, d'enchérir sur les beautés anciennes, de chercher de nouveaux moyens de plaire, de mettre à la mode de nouveaux genres. Après Baron, Beaubourg, Dufresne, Grandval, les seuls dont on se souvienne, s'éloignèrent plus ou moins de leur modèle, sans avoir aucune physionomie particulière et sans faire époque.

Lekain, l'acteur de Voltaire, donna une plus grande intensité à l'expression tragique, créa un pathétique plus déchirant ; mais après avoir fatigué ses poumons à force de hurler, il fut obligé d'abandonner cette manière outrée autant par régime que par goût. Il concentra ses moyens, et se fit un genre plus estimé des connaisseurs, plus favorable à sa poitrine et plus conforme à la nature ; ce qui n'empêcha pas qu'il fut enlevé par une maladie inflammatoire à l'âge de quarante-neuf ans.

Après Lekain, Talma, qui n'avait pu le voir, n'a pu l'imiter ; il s'est ouvert une nouvelle route ; et pour réveiller les spectateurs habitués au jeu de Lekain, il a dû donner à l'acteur tragique une énergie encore plus grande, une explosion plus terrible.

Nous avons déjà expliqué comment son séjour en Angleterre avait contribué à le pousser vers cette manière sombre et noire, vers ce pathétique effrayant.

Enfin, il faut bien reconnaître que deux causes avaient influé particulièrement sur l'art dramatique au commencement du XIXe siècle, et ce sont les critiques mêmes du temps qui en conviennent. Ces deux causes sont les troubles politiques que l'on venait de traverser, et la réaction qui s'est ensuite opérée dans le goût national. La première de ces causes produisit la tragédie à grands effets, à passions terribles ; la seconde, la comédie fade et à l'eau de rose.

Talma fut l'acteur de la Révolution et de l'Empire, et nous développerons notre pensée. Une représentation théâtrale dépendant avant tout de la *situation morale des spectateurs*, nos affections personnelles entrant pour beaucoup dans le jugement que nous portons sur les objets qui nous sont présentés, il est clair que les sensations qu'on veut nous faire éprouver sont celles que nous éprouverions dans de pareilles circonstances.

L'état habituel où se trouve le spectateur influe donc sur les dispositions qu'il apporte au théâtre, et comme il exige toujours plus qu'il n'a chez lui, il en résulte que, si dans sa vie privée il est habitué aux commotions fortes, il faudra que le drame l'agite plus fortement encore pour l'intéresser.

Telle est l'explication du théâtre engendré par la Révolution. Tel est le secret de la manière et du jeu effrayant de Talma. Talma se fût contenté de jouer la tragédie comme on jouait sous Louis XV, Talma se fût contenté de *plaire*, que son nom si connu serait à peine parvenu jusqu'à nous. Soit préméditation, soit instinct, Talma joua toujours pour *ses contemporains*. Il n'y a pas d'autre moyen de jouer la tragédie.

Cette longue maladie de Talma avait éloigné du même coup Mme Talma. Elle reparut la première sur la scène du Théâtre-Français dans les premiers jours de janvier 1810. Son mari était déjà hors de danger. De graves événements s'étaient passés à la Cour pendant cette absence. Napoléon, ne pouvant avoir d'héritier, avait résolu de se séparer de Joséphine. On donnait bien encore de temps à autre le spectacle aux Tuileries, comme le 25 janvier, les 1er, 8, 15 février; l'Empereur se dérangeait même quelquefois pour aller jusqu'au théâtre de la rue Richelieu; mais la douce Joséphine ne prenait plus part à ces distractions; elle avait quitté, et bien définitivement, le palais.

C'est dans une de ces représentations à la Cour mentionnées plus haut, le 1er février, que Talma joua pour la première fois depuis sa terrible maladie. On put constater qu'il n'avait rien perdu de son beau talent dans le rôle de Sévère de *Polyeucte*. Le 28 mars suivant, Talma faisait sa rentrée au Théâtre-Français dans *Manlius*. « On pouvait craindre, lisons-nous dans l'*Opinion du parterre*, qu'une maladie aussi longue que celle de Talma n'eût altéré ses moyens physiques, il les a tous retrouvés en remontant sur ce théâtre si souvent témoin de ses succès et de l'enthousiasme du public. L'accueil qu'il a reçu le jour de sa rentrée et à toutes les représentations subséquentes a dû lui prouver combien il était cher au public, et quelle était à juste titre l'influence d'un talent aussi rare que le sien sur la prospérité de son théâtre. »

Cette année 1810 avait vu naître de petites discussions intestines au sein de l'aréopage dramatique. Il en était résulté des tiraillements, et le tragédien n'avait pas paru sur la scène du Théâtre-Français aussi souvent que le public l'eût désiré. Ainsi une seule tragédie nouvelle, et dans laquelle il ne jouait pas, put être représentée pendant l'année. Il se borna donc à reprendre successivement la majeure partie des rôles qui composaient son répertoire, et chacune de ces représentations fut signalée par une affluence prodigieuse de spectateurs. Dans l'ancien répertoire il sera Sévère, Manlius, Nicomède, les deux Oreste, Cinna, Rhadamiste, Ladislas, Œdipe; dans le nouveau : Hector, Egisthe d'*Agamemnon,* Marigny des *Templiers.*

Nous allons voir à présent de quelle façon Talma fut mêlé aux fêtes données à l'occasion du second mariage de l'Empereur.

XXI

MARIAGE DE L'EMPEREUR
REPRÉSENTATIONS A COMPIÈGNE

Napoléon voulait éblouir sa jeune épouse par une magnificence inusitée. Il avait fait réparer et meubler somptueusement le château de Compiègne, destiné à la recevoir. Le jardin avait été replanté et orné de statues. Des eaux avaient été amenées de l'Oise au moyen d'une machine. Marie-Louise arriva à Compiègne le 27 mars. Son époux impatient, laissant de côté toutes les règles du cérémonial, avait été au-devant d'elle sous une pluie battante, et c'est sous le porche de la petite église de Courcelles, où il avait été forcé de s'abriter, que le conquérant avait attendu, à la façon d'un étudiant, la fille des Césars. La générale Durand et le fidèle Constant se sont chargés de nous dire dans leurs *Mémoires* de quelle façon cet amoureux avait fait, le soir même, un accroc au programme, suivant en cela l'exemple d'Henri IV.

Les fêtes commencèrent donc sans discontinuer. Le 31 mars la Cour quitte le château de Compiègne pour celui de Saint-Cloud. Le 1ᵉʳ avril, célébration du mariage civil dans la fameuse galerie d'Apollon décorée des fresques de Mignard.

La cérémonie terminée, on se retira dans les appartements. Le soir, après dîner, le cortège se réunit de nouveau, et l'on se rendit au spectacle en traversant l'Orangerie brillamment illuminée pour la circonstance. La pièce choisie était *Iphigénie en Aulide* (la tragédie, et non pas l'opéra, comme le dit M. Imbert de Saint-Amand dans les *Beaux Jours de l'Impératrice Marie-Louise*); les acteurs désignés étaient Saint-Prix, Talma, Desprez, Lacave, Mᵐᵉˢ Raucourt, Duchesnois, Volnais et Thénard. Le *Legs*, joué par Fleury, Armand, Thénard, Mᵐᵉˢ Talma, Volnais et Devienne, complétait le spectacle. Mais le choix d'*Iphigénie* dans une telle circonstance ne paraissait pas très heureux. Iphigénie ne rappelait-elle pas l'idée d'un sacrifice, et la jeune Marie-Louise, aux yeux de l'aristocratie européenne, n'était-elle pas aussi un peu sacrifiée? Pendant ce temps, l'illumination du parc, disposée avec un art infini, rendait le jeu des eaux plus brillant encore. L'aspect de la grande cascade était d'un effet magique; la foule était immense, et la gaieté régnait partout. Enfin le temps favorisait la fête à Saint-Cloud, tandis qu'il pleuvait à torrents à Paris. Le Théâtre-Français avait donné une représentation à l'occasion de cette solennité. Qui pouvait alors prévoir la campagne de Russie, celle de France et même Waterloo?

Le choix des pièces sur le théâtre de la Cour devenait chose délicate, depuis le divorce de l'Empereur. Il fallait éviter à tout prix des allusions blessantes pour le souverain ou pour la jeune impératrice. Déjà l'année précédente, alors que Napoléon cherchait à préparer Joséphine à l'idée d'un divorce, une aventure déplaisante avait jeté un froid dans toute l'auguste société.

C'était en 1809. Le prince de Neufchâtel avait invité l'Empereur et l'Impératrice à une chasse, au château de Grosbois. La chasse était suivie de la comédie. Le prince avait fait venir la troupe des Variétés pour jouer *Cadet-Roussel maître de déclamation*. Cette pièce était le triomphe de Brunet. Mais quelle ne fut pas la stupéfaction générale lorsque l'on entendit Brunet-Cadet-Roussel se plaindre de n'avoir pas d'héritier ! « Il est douloureux pour un homme tel que moi, disait-il, de n'avoir personne à qui transmettre l'héritage de sa gloire. Décidément je vais divorcer pour épouser une jeune femme avec laquelle j'aurai des enfants. » On devine la colère de Napoléon, la tristesse de Joséphine et l'embarras des assistants. « Depuis quand joue-t-on cette pièce ? demanda l'Empereur au prince décontenancé. — Depuis un an, Sire. — Et elle a eu du succès ? — Un immense succès. — C'est fâcheux ; si j'en avais eu connaissance, je l'aurais interdite. »

Un autre jour, mais après le mariage avec l'Impératrice Marie-Louise, cette fois, M. de Rémusat laissa représenter à la Cour *Britannicus* sans y prendre garde. C'était quelques jours après le mariage, le 9 avril 1810. Talma-Néron était en scène.

Mais voici qu'au moment où il songe aux paroles qu'il lui faut prononcer, Talma se trouble visiblement (acte II, scène II) :

NÉRON.

Non que pour Octavie un reste de tendresse
M'attache à son hymen et plaigne sa jeunesse ;
Mes yeux, depuis longtemps fatigués de ses soins,
Rarement de ses pleurs daignent être témoins.
Trop heureux, si bientôt la faveur d'un divorce
Me soulageait d'un joug qu'on m'imposa par force !
Le Ciel même en secret semble la condamner ;
Ses vœux, depuis quatre ans, ont beau l'importuner.
Les dieux ne montrent point que sa vertu les touche,
D'aucun gage, Narcisse, ils n'honorent sa couche ;
L'Empire vainement demande un héritier.

NARCISSE.

Que tardez-vous, Seigneur, à la répudier ?

Et personne n'avait pensé à cela, ni l'Empereur, ni M. de Rémusat, ni Talma. Napoléon fit semblant de dormir, l'assistance ne savait plus quelle contenance garder, et Mme de Rémusat écrivait à son mari : « Je ne m'étonne pas que l'on ait dormi ou feint de dormir à *Britannicus*. La belle idée qui t'avait passé par la tête et la belle raison pour un homme d'esprit de dire : on me l'avait demandé. »

Napoléon décida d'aller passer sa lune de miel au château de Compiègne. Et cette expression bourgeoise n'est certes pas déplacée ici, si l'on se rappelle que Napoléon était alors au comble du bonheur grâce à ce mariage, trait d'union entre le passé et le présent ; la paix semblait acquise à l'Europe entière. Il savourait son triomphe sans mélange et se laissait séduire par la jeunesse et la modestie de la nouvelle Impératrice, lui qui, dans un mouvement d'expansion, disait alors à un de ses familiers qui n'était pas marié : « Mon cher, épousez une Allemande. Ce sont les meilleures femmes du monde : douces, bonnes, naïves et fraîches comme des roses. »

La Cour se transporta de Saint-Cloud à Compiègne, le 5 avril. La Comédie française y fut tout aussitôt mandée. Voici le programme des spectacles qui y furent donnés en présence de l'Empereur :

6 avril. — *Le Cid*, par Baptiste aîné, Talma, Desprez, Saint-Prix, Michelot, Lacave ; Mmes Volnais, Patrat.

7 avril. — *Phèdre*, par Saint-Prix, Damas, Desprez ; Mmes Duchesnois, Thénard, Fontanier, Volnais, Patrat.

8 avril. — *Andromaque*, par Talma, Damas, Lacave, Michelot ; Mmes Duchesnois, Volnais, Fontanier, Patrat.

9 avril. — *Britannicus*, par Talma, Michelot, Saint-Prix, Desprez ; Mmes Raucourt, Volnais, Patrat.

Nous avons raconté plus haut l'incident survenu à cette représentation. La tragédie reprit le chemin de Paris, et fut remplacée quelques jours plus tard par la comédie. Ce genre convenait d'ailleurs mieux à la jeune Impératrice, qui, quoique parlant couramment le français, ne s'amusait toujours pas aux tirades d'Oreste ou de Néron. Les spectacles à Compiègne continuent comme suit :

23 avril. — Le *Misanthrope*, par Fleury (*Alceste*), Desprez (*Oronte*), Lacave (*Philinte*), Armand (*Acaste*), Michelot (*Clitandre*), Devigny (*l'exempt*), Michot (*Dubois*), Thénard (*Basque*), M{::}lle{::} Leverd (*Célimène*), M{::}lle{::} Mars (*Éliante*), M{::}lle{::} Pélicier (*Arsinoé*).

24 avril. — *Tartuffe*, par Fleury (*Tartuffe*), Grandménil (*Orgon*), Desprez (*Cléanthe*), Saint-Fal (*Valère*), Armand (*Damis*), Thénard (*Loyal*), Damas (*l'exempt*), M{::}lle{::} Leverd (*Elmire*), Pélicier (*Mme Pernelle*), Mars (*Marianne*), Devienne (*Dorine*).

25 avril. — La *Gageure imprévue*, par Baptiste aîné, Thénard, Fleury, Dublin, Devigny; Mmes Talma, Volnais, Devienne, Pelicier.

La *Jeunesse de Henri V*, par Damas, Fleury, Michot, Thénard, Armand; Mmes Volnais et Mars.

26 avril. — Le *Secret du ménage*, par Armand, Mmes Mars et Mézeray.

Les *Projets de mariage*, par Damas, Armand, Michot, Thénard, M{::}lle{::} Mars.

Le 27 avril, l'Empereur et l'Impératrice quittaient Compiègne pour aller faire une tournée triomphale dans les départements du Nord.

Marie-Louise ne fit sa première apparition au Théâtre-Français que le 20 juin 1810. L'Empereur l'accompagnait. On jouait ce soir-là *Cinna*, avec Talma, et les *Fausses Infidélités*. Deux jours plus tard, première représentation à la Cour des *États de Blois*, tragédie nouvelle de Raynouard, l'auteur des

Templiers. Cette pièce, ayant donné lieu à un incident politique, demande la peine qu'on s'y arrête.

Les *États de Blois* n'étaient pas une œuvre précisément nouvelle. Une lecture intime en avait été faite plus de trois ans auparavant chez Mme Pastoret, le 27 décembre 1806, ainsi que nous l'apprend Mme de Rémusat, dans une lettre en date du jour suivant. Il est certain que la scène du cinquième acte, où Crillon, refusant d'assassiner le duc de Guise, n'admet pas qu'un crime puisse se justifier par la raison d'État, ne devait pas plaire à l'Empereur. Le cadavre du duc d'Enghien n'était pas encore suffisamment refroidi.

Ayant donc appris que la tragédie des *États de Blois*, reçue depuis longtemps au Théâtre-Français, avait été mise à l'étude et qu'on se préparait à la jouer, l'Empereur envoya l'ordre à ses comédiens d'en donner la représentation non à Paris, mais à Saint-Cloud, ne voulant pas s'en rapporter au manuscrit, mais à l'effet produit. Cette représentation eut lieu le 22 juin. Voici la distribution de la pièce :

CATHERINE DE MÉDICIS..	Mlle	RAUCOURT.
LE ROI DE NAVARRE.....	MM.	LAFON.
LE DUC DE GUISE.......	—	TALMA.
LE DUC DE MAYENNE....	—	DAMAS.
BUSSY LE CLERC........	—	SAINT-PRIX.
CRILLON...............	—	BAPTISTE AINÉ.

Certains vers intéressent l'Empereur visiblement :

Confiez à Crillon une noble vengeance ;
C'est en guerrier français que je venge mon roi,
Si ma vie est à lui, mon honneur est à moi.

13.

Et encore :

> Que font ces députés? Tous trahissent la France,
> Ceux-ci par leurs discours, ceux-là par leur silence;
> Et moins dignes de haine encor que de mépris
> Ils proscrivent souvent de peur d'être proscrits.
> Tel parle liberté, nous insulte et nous brave,
> Qui n'est dans son parti que le premier esclave.
> Souvent par un terrible et rapide retour,
> Le héros de la veille est le tyran du jour.

S'il faut en croire Audibert, une fois le rideau baissé, Napoléon se leva brusquement, sortit de sa loge, et, s'arrêtant quelques minutes dans le salon qui la précédait, dit d'une voix haute et ferme :

« Cette tragédie ne sera point jouée, elle ne le sera jamais. Je ne suis pas assez simple, assez dupe pour permettre qu'Henri IV, un Bourbon, un chef de dynastie, préconise pendant cinq actes la paix devant moi, moi Napoléon, dont la guerre est l'élément. »

On donna pour prétexte à cette interdiction que le duc de Guise était un parent de l'Impératrice, un prince de la maison d'Autriche, et la pièce ne fut point jouée.

Empressons-nous de dire que cette pièce, représentée plus tard sous la Restauration, n'obtint aucun succès. Froide à ce point que Talma lui-même ne put la réchauffer, sans intérêt malgré celui du sujet, sèchement écrite, parce qu'il y avait absence de passion, elle se traîna jusqu'à la fin devant un public qui la condamna par son silence.

XXII

RETRAITE DE MADAME TALMA
SECOND SÉJOUR A FONTAINEBLEAU

Ce fut au mois de juin 1810 que Mme Talma qui avait repris récemment avec tant de succès la *Mère confidente*, de Marivaux, et qui venait de jouer, pour la première fois depuis le départ de Mlle Contat l'aînée, le rôle de Mme de Sévigné dans la pièce de ce nom, résolut enfin de se retirer.

L'*Opinion du parterre* s'exprime à cette occasion dans les termes suivants : « Vers le mois de juin, des contrariétés sur lesquelles je ne m'expliquerai pas davantage, puisque la vérité n'attire que des désagréments, déterminaient Mme Talma, qui sans doute était lasse de les supporter, à demander sa retraite. Elle lui fut accordée, parce que vingt-cinq ans de services ne permettaient pas de la lui refuser; mais on peut croire que l'autorité partagea les regrets que cette résolution devait inspirer au public. Le théâtre perd une excellente artiste, modèle de décence et de sensibilité, qui se distingua constamment par une intelligence supérieure, et dont la place est marquée parmi les premiers artistes de son temps. »

Mme Talma demeura sociétaire jusqu'au 1er avril de l'année suivante, mais ne reparut plus sur la scène de ses succès. Quelles étaient donc ces contrariétés sur lesquelles l'auteur cité plus haut ne veut pas insister?

Elles furent de différents genres, croyons-nous. Il y eut d'abord la disgrâce dans laquelle Mme Talma était tombée auprès de l'Empereur. Il y eut ensuite les critiques de Geoffroy; enfin des tribulations domestiques, sur lesquelles nous glisserons légèrement, et une affection de larynx.

La disgrâce de Mme Talma est racontée presque partout de la même façon : abusant de sa voix touchante, cette actrice avait fini par la rendre lamentable, à tel point qu'à Erfurt, pendant le Congrès des souverains, à l'issue d'une représentation tragique, l'Empereur aurait dit à Talma : « Je suis content de vous, mais votre femme me déplaît; dites-lui de ne plus reparaître dans la tragédie. »

Et de fait, Mme Talma ne reparut jamais dans la tragédie à la Cour.

« Napoléon ne pouvait pas souffrir Mme Talma nous dit Constant, quoique pourtant elle fît preuve d'un talent remarquable. On connaissait cette aversion dont je n'ai jamais pu découvrir le motif; aussi ne voulut-on pas d'abord la porter sur la liste des acteurs qui allaient à Erfurt ; mais M. Talma fit tant d'instances, qu'enfin on y consentit. Il arriva ce que tout le monde avait prévu, excepté peut-être M. Talma et sa femme : c'est que l'Empereur, l'ayant vu jouer une fois, se plaignit beaucoup de ce qu'on l'avait laissée venir, et la fit rayer de la liste. »

C'est le même fait que rapporte encore la générale Durand dans ses *Mémoires*, en dénaturant passablement les lieux et les dates par exemple, puisqu'elle recule cet événement de cinq ans en le faisant arriver à Dresde où n'alla jamais Mme Talma.

Le coup venant d'en haut était terrible, et chacun savait qu'il n'y avait jamais à revenir sur les décisions de l'Empereur. Mais Mme Talma reprenant la succession de Mlle Contat pouvait encore faire les délices des habitués de la Comédie française dans tout le haut répertoire comique. Mme Talma, au dire de tous, était parfaite dans Elmire de *Tartuffe*, dans la comtesse Almaviva du *Mariage de Figaro*.

En vain Fabien Pillet dans la *Revue des Comédiens*, ouvrage publié en 1808, déplore-t-il le parti pris par Mme Talma de renoncer à la tragédie. Le sort en est jeté ; la décision est irrévocable. Et voici que, deux ans après, Mme Talma renonce aussi à la comédie.

On a dit que le terrible Geoffroy avait été pour beaucoup dans cette dernière détermination. Et en effet, toutes les fois que Mme Talma jouait un rôle nouveau, le critique implacable ne manquait jamais de la désoler de ses sarcasmes en faisant ressortir le talent de Mlle Volnais qu'on avait crue appelée à faire renaître les beaux jours de la Comédie française et qui s'arrêta en chemin.

Mais les critiques du seul Geoffroy auraient-elles suffi à décider Mme Talma à renoncer à la scène alors que la presse était unanime à exprimer les mêmes regrets ? Deux ans plus tard, en 1812, M. Sauvo, rédacteur en chef du *Moniteur*, qui était alors généralement regardé comme le critique le plus éclairé et le plus impartial, faisait encore l'éloge de Mme Talma.

Eh ! bien, n'en déplaise à l'opinion admise jusqu'à ce jour, Mme Talma quitta le théâtre, non à cause de la défaveur dans laquelle elle était tombée auprès de l'Empereur, et qui aurait pu s'oublier avec le temps ; non à cause des feuilletons de Geoffroy, accident auquel sont exposés tous les artistes ; mais à cause de faits d'un ordre infiniment plus intime, et qu'effleure à peine Mme Talma dans le livre qu'elle nous a laissé.

« Talma, écrit-elle quelque part, devint tout à coup un homme à bonnes fortunes. Poursuivi, provoqué par des femmes de la plus haute société, il conçut le projet d'obtenir encore ce genre de célébrité, si nuisible au bonheur domestique. Sa femme, qui tolérait facilement son goût exagéré pour la dépense, fut moins indulgente lorsqu'elle vit joindre l'infidélité au désordre de ses affaires. »

Nous aurons l'occasion de parler de quelques lettres écrites par Talma, et datées de Dresde en 1813. Qu'il vous suffise de savoir que ces lettres, très passionnées dans le fond et dans la forme, n'étaient pas adressées à sa femme. N'allons pas chercher plus loin cette cause de renonciation subite du théâtre. Mme Talma avait alors trente-neuf ans, et vingt-cinq années de théâtre.

Trente-neuf ans, ce n'est pas un âge excessif pour une comédienne. Mais Talma vous eût répondu qu'ils vivaient ensemble de la vie commune depuis quinze ans, et c'était peut-être beaucoup pour un époux en butte à des séductions si nombreuses.

La représentation au bénéfice de Mme Talma ne fut cependant donnée que cinq ans après sa retraite, le 20 juillet 1816. Elle se composait de la tragédie d'*Œdipe*, et d'une comédie en trois actes et en prose intitulée : *Laquelle des trois ?* dont la bénéficiaire était l'auteur. C'est à cette occasion qu'elle écrivait à Desprez : « On doit jouer samedi au Théâtre-Français la pièce en trois actes dont je me suis rendue coupable ; c'est aussi l'époque de ma représentation de retraite (1). »

Douée d'un esprit fort distingué, Mme Talma s'adonna au dessin, à la peinture, à la littérature. Elle composa un traité de déclamation « Études sur l'art théâtral », ouvrage dont nous avons fréquemment cité des passages ; quelques comédies, des mélanges, un roman ; mais elle ne consentit à faire imprimer que celui de ses travaux qui avait un but utile. Il est seulement regrettable que les *particularités* sur la vie de Talma soient aussi peu nombreuses. Nous

(1) *Catalogue Soleinne*. Autographes, n° 258.

avons reproduit dans le courant de ce livre toutes celles qui en valaient la peine.

Enfin n'oublions pas de dire que Talma fut toujours un des admirateurs passionnés du talent de sa femme. Un jour, M. Boucharlat, qui continua avec succès le cours de La Harpe, se trouvait chez Talma, tandis que celui-ci faisait répéter le rôle de Monime à une jeune personne. Après lui avoir fait recommencer deux ou trois fois une même tirade, le grand tragédien dit avec une émotion qu'il ne put cacher : « Pardon ! j'ai tort de vous chagriner sur votre manière de dire ; car en vérité cela n'est pas trop mal. Au reste je ne vois qu'une seule femme qui ait joué ce rôle difficile d'une manière admirable : c'est ma femme. Mais aussi quel beau talent ! »

C'est encore Talma qui, un jour que sa femme venait de jouer *Zaïre*, se précipitait dans sa loge, les yeux humides de pleurs, en lui disant: « Tu as été admirable : vois comme je suis ému ! »

Estimée de tous les hommes d'élite, entourée de nombreux amis, jouissant d'une certaine aisance, Mme Talma vécut longtemps à l'extrémité du faubourg Saint-Germain, dans un petit hôtel entouré de vastes jardins. Devenue libre par le décès de Talma, elle épousa en troisièmes noces M. le comte de Chalot, ancien officier supérieur. Elle lui survécut encore quelques années, et mourut à Paris le 10 avril 1860, âgée d'environ quatre-vingt-neuf ans. Elle fut inhumée au cimetière Montparnasse, où l'on peut lire encore, au-dessous de son buste extrêmement ressemblant, les vers suivants composés par M. de Pongerville, de l'Académie française :

> Esprit ingénieux et fin,
> Il brillait dès l'aurore et n'eut point de déclin.
> Dans plus d'un art, heureux modèle,
> Déployant à son gré quelque talent nouveau,
> Elle tint, tour à tour, la lyre et le pinceau.
> Du feu des arts conservant l'étincelle,
> Son hiver ressemble au printemps.
> Son prestige enchaîne le Temps.
> A ses succès lui-même ouvre la route,
> Et près d'elle attentif, il s'arrête et l'écoute.

Finissons-en avec l'année 1810. Les représentations des comédiens ordinaires de l'Empereur continuent à Saint-Cloud, aux Tuileries, à Trianon même, mais sans aucun fait marquant. L'ordre est donné de jouer les pièces qui ont eu des prix décennaux. Mlle Volnais remplace dans l'*Agamemnon*, de Lemercier, Mme Talma à jamais perdue pour le public. Luce de Lucival, l'auteur d'*Hector*, meurt au mois d'août, à l'âge de quarante-quatre ans, et les *Templiers* sont remis à la scène.

L'Impératrice Marie-Louise était devenue enceinte. L'Empereur, dans toute sa joie, décida que la Cour passerait le mois d'octobre à Fontainebleau. Ce voyage avait surtout pour but la santé de l'Impératrice à qui les médecins recommandaient le grand air. C'était de plus la saison des chasses à courre à travers l'immense forêt.

La Comédie française fut aussitôt mandée, et les représentations à la Cour recommencèrent de plus belle. Nous nous contenterons de les énumérer ici, sans nous y arrêter davantage :

REPRÉSENTATIONS A FONTAINEBLEAU

(28 septembre. — 14 novembre 1810.)

28 septembre. — La *Mort de Pompée*, par Talma (César) et Mlle Duchesnois (Cornélie).

Minuit, par Lacave, Mmes Pélicier, Volnais, Mézeray, Devienne.

3 octobre. — L'*École des Bourgeois*, par Fleury (marquis de Moncade). — Les *Étourdis*.

6 octobre. — Le *Tartuffe de mœurs*, et l'*Épreuve nouvelle*.

10 octobre. — *Œdipe*, par Talma (Œdipe) et Mlle Raucourt (Jocaste). — Le *Parleur contrarié*.

13 octobre. — Le *Mariage de Figaro*, par Fleury (le Comte), Thénard (Figaro), Mlle Leverd (la Comtesse) Mlle Mars (Suzanne).

15 octobre. — *Esther*, par Talma, Lafon, Saint-Prix, Mmes Duchesnois et Bourgoing.

7 octobre. — L'*Amant bourru*, et les *Folies amoureuses*.

20 octobre. — *Polyeucte*, par Talma (Sévère) et Mlle Duchesnois (Pauline). — Les *Rivaux d'eux-mêmes*.

21 octobre. — Les *Trois Sultanes*. Cette représen-

tation est accompagnée de chants et de danses par les premiers sujets de l'Opéra.

24 octobre. — Les *Fausses Confidences*. — Le *Retour imprévu*.

27 octobre. — *Horace*, par Saint-Prix, Talma, Mlle Duchesnois. — *Crispin rival de son maître*.

31 octobre. — Le *Distrait*. — Les *Plaideurs*.

2 novembre. — *Rodogune*, par Talma (Antiochus), et Mlle Raucourt (Cléopâtre). — *Monsieur de Crac*.

On avait choisi les *Templiers*. Mais Mlle Duchesnois étant malade, tout le personnel de la tragédie se transporta à Fontainebleau pour offrir à Sa Majesté le choix de la pièce qu'elle désirait. L'Empereur désigna *Rodogune*.

17 novembre. — Le *Philinte de Molière*. — L'*Esprit de contradiction*.

10 novembre. — Les *Templiers*, Talma, Saint-Prix, Lafon, Baptiste aîné, Damas, Mlle Duchesnois. — Le *Babillard*.

14 novembre. — La *Fausse Agnès*. — Le *Conteur*.

XXIII

FÊTES A TRIANON
LA COMÉDIE FRANÇAISE A AMSTERDAM

Le 19 novembre 1810, le nom des acteurs apparaît pour la première fois sur l'affiche. Jusqu'à ce jour l'affiche avait toujours été muette sur ce chapitre. Les théâtres trouvaient en effet leur intérêt à agir ainsi.

L'information théâtrale n'existant pas encore par voie de la presse, le public pouvait toujours espérer voir jouer les meilleurs comédiens, tandis que les jours où l'affiche aurait dû faire connaître les noms des doubles, la recette eût été moins bonne. Telle est la raison donnée par M. Arthur Pougin dans son *Dictionnaire du théâtre* de cette discrétion sur l'affiche, et l'on en trouve la preuve dans une délibération des comédiens en date du 9 décembre 1789, par laquelle ils suppliaient le maire de Paris de ne pas les obliger à mettre les noms des acteurs sur l'affiche, ce qu'ils considéraient comme très nuisible à leurs intérêts.

Le lendemain de cette mesure Talma et Mlle Raucourt reparaissent dans *Œdipe*. Quelques jours plus tard, l'Empereur et l'Impératrice étant arrivés au Théâtre-Français au moment où la première scène du premier acte de *Venceslas* finissait, le public avait fait recommencer la pièce. La réputation de Talma se soutient d'une manière égale. Les peintres, les sculpteurs, les graveurs s'emparent de sa figure et reproduisent ses traits. Le catalogue du Salon de 1810 est rempli de numéros consacrés à Talma, à sa femme, et aux artistes du Théâtre-Français.

Au point de vue des créations nouvelles, il faut bien l'avouer, cette période de 1810 à 1815 est d'une monotonie désespérante. Après les luttes des grands jours, et avant les révélations sublimes des dernières années, il y a comme un temps d'arrêt, non dans le développement du talent de l'acteur, mais dans ses travaux. Peu ou pas de rôles à établir. C'est toujours la même série : Oreste, Manlius, etc., qui recommence. Ce sont ses rôles de prédilection. Il les creuse, il les fouille, et, par un phénomène assez fréquent, plus il fait de progrès dans son art, plus il s'aperçoit qu'il ne sait rien encore et qu'il a tout à apprendre. Conséquence inévitable de l'étude. Les horizons s'ouvrent toujours plus vastes. L'ignorant seul croit savoir et demeure satisfait.

Le mariage de l'Empereur avait donné un nouvel éclat aux représentations à la Cour. De 1810 à 1811, l'Empereur ne dépensa pas moins de 100,000 francs en spectacles; mais on doit remarquer que la tragédie fait place peu à peu à la comédie. Cela tient surtout au goût de la nouvelle Impératrice qui préférait ce genre à l'autre. Les *Fausses Infidélités*, les *Trois Sultanes*, *Shakespeare amoureux*, le *Jeu de l'Amour et du Hasard*, le *Sourd*, l'*Avocat Pathelin*, l'*Abbé de l'Epée* se succèdent sur le théâtre des Tuileries.

Le 9 mars, Baour-Lormian donne au Théâtre-Français sa tragédie de *Mahomet II;* Mahomet, on l'a deviné, c'est Talma. « Le caractère de Mahomet II, lisons-nous dans l'*Opinion du parterre*, tel du moins que M. Baour-Lormian l'a dessiné dans sa tragédie, a été fort bien saisi par Talma. » Pourquoi l'auteur retira-t-il sa pièce après la septième représentation? Voilà ce que nous n'avons jamais pu savoir, et qui nous intéresse fort peu d'ailleurs.

Le 20 mars, après la représentation du Théâtre-Français, Mlles Mars et Thénard viennent chanter trois couplets de circonstance pour fêter l'heureuse naissance du roi de Rome.

Ce ne sont bientôt plus que fêtes éclatantes pour célébrer l'heureux héritier du trône et les relevailles de la jeune Impératrice. Spectacles à Saint-Cloud, bals à la Cour, réjouissances publiques, représentations gratis. Le 25 août, l'Empereur décide de célébrer la fête de l'Impératrice d'une façon inaccoutumée aux deux Trianons. Toutes les lignes d'architecture sont ornées de lampions aux différentes couleurs; dans la galerie du Grand-Trianon six cents femmes en magnifiques toilettes et toutes couvertes de pierreries attendent l'Impératrice. L'Impératrice paraît, et adresse de gracieuses paroles à plusieurs d'entre elles. Puis l'on se rend en file à la salle de spectacle du Petit-Trianon.

La scène de l'Orangerie sur laquelle depuis 1776 on avait donné la comédie au Petit-Trianon, et qui n'était qu'un bâti de planches, de toile et de carton, sans machines ni dessous, avait disparu depuis longtemps sur les ordres de Marie-Antoinette, qui avait fait relever les plans de la petite salle de Choisy. La nouvelle salle qui coûta 141,200 livres, 4 sous 8 deniers, meubles et tentures exceptés, s'était élevée rapidement en 1778. C'est dans cette salle que la reine avait joué le rôle de Rosine, le 19 août 1785, dans le *Barbier de Séville,* tandis que le comte d'Artois lui donnait la réplique dans le rôle de Figaro.

Destiné à être caché par la montagne d'une part, et de l'autre par les charmilles du jardin français, le petit théâtre de Trianon n'offre du dehors que des murailles sans caractère. Voyez-vous au bout d'une allée d'arbres cette porte encadrée de deux colonnes ioniques portant un fronton triangulaire sur lequel on voit un enfant couronné de laurier et tenant une lyre? Pénétrons dans l'édifice en compagnie de Napoléon et de l'Impératrice. Voici d'abord un vestibule en hémicycle qui donne accès dans deux salons. A droite, la salle de spectacle et un escalier conduisant à l'étage supérieur. Dans la salle, deux rangs de loges et un parterre ; au premier étage, une balustrade limitant le balcon dont la courbure ne fut brisée que sous Louis-Philippe. Le rebord du second balcon est plein ; des feuilles d'acanthe le décorent. Cette deuxième galerie est portée sur des volutes chargées d'une dépouille de lion ; c'est la devise de Louis XVI. La voussure est percée de douze œils-de-bœuf entre lesquels des enfants tiennent des guirlandes de fleurs et de fruits. A chaque angle du second étage on remarque une loge grillée. La salle est tendue de moire bleue. Les appuis du balcon et les sièges de velours sont de même couleur. Dans la partie centrale, au-dessous de la scène, deux Muses couchées tiennent le chiffre de la reine (1). Quant au rideau d'avant-scène fait en gros bleu de Tours, orné de dorures et de clinquant, qui servait sous la reine, il a été vendu 330 livres sous le n° 15,679 pendant la Révolution (2) et se trouve remplacé par un autre.

Pour éclairer la salle, à droite et à gauche de l'avant-scène, à l'endroit où se trouvent d'ordinaire les loges dites baignoires d'avant-scène, se trouvent deux groupes en plâtre, de deux femmes chacun, remarquablement gracieux, portant d'un geste élégant un grand cornet garni de soleils, de roses, de lis, étagés en girandoles, où brillent quatre-vingt-onze flammes de bougies (3). L'orchestre est éclairé lui-même par seize chandeliers. Des réverbères disposés sur la scène éclairent les décors, et on met

(1) *Le Petit-Trianon*, par M. Gustave Desjardins. Versailles, 1885.
(2) *Archives de Seine-et-Oise*, série Q.
(3) On retrouve le motif semblable dans les orgues de l'église Saint-Sulpice à Paris.

dans les corridors vingt et une lanternes en verre. Et par-dessus tout cela Apollon dans les nuages, accompagné de Grâces et de Muses autour desquelles voltigent des Amours tenant des fleurs et des flambeaux, plafond dû au pinceau du peintre Lagrenée, en 1779.

C'est dans cette véritable bonbonnière que le 25 août 1811 les artistes de la Comédie française donnèrent les *Projets de mariage ;* une pièce de circonstance d'Alissan de Chazet, la *Grande Famille* ou la *France en miniature,* terminait la soirée. A la fin de la pièce, les artistes de l'Opéra exécutèrent un ballet. Puis, le spectacle terminé, Leurs Majestés commencèrent leur promenade dans le parc du Petit-Trianon. L'Empereur, le chapeau à la main, donnait le bras à l'Impératrice, et était suivi de toute la Cour. C'est ainsi qu'on se rendit à l'île d'Amour, tandis que des musiciens cachés dans des barques exécutaient sur le lac des airs mélodieux. Un tableau flamand en action termina la fête dans le parc, qui fut encore suivie d'un souper.

Fort peu de temps après toutes ces fêtes, Talma venait d'obtenir un congé qu'il voulait consacrer à la capitale de la Hollande, où il était demandé depuis longtemps, lorsque l'Empereur résolut d'aller visiter les nouveaux départements réunis à la France. Talma reçut l'ordre de se transporter à Amsterdam avec quelques-uns de ses camarades. La coïncidence était au moins singulière. Le tragédien prenait bien toujours le chemin de la Hollande, mais cette fois aux frais de l'État. Parmi les artistes désignés pour accompagner Talma, se trouvaient : Mlle Duchesnois, Damas, et Mlle Bourgoing. Le maréchal Duroc leur fit savoir en outre qu'ils devaient se trouver à Bruxelles pour le passage de l'Impératrice (1).

Marie-Louise quitta Compiègne le 22 septembre et alla s'installer au château de Laeken, à côté de Bruxelles. Ainsi que l'ont fait remarquer bien des historiens, de la fin de 1811 à la fin de 1812, il y a un abîme dont la profondeur échappe à toute évaluation! C'est presque à la dernière marche triomphale que nous allons assister. Au fond, les Belges étaient froids et hostiles envers Napoléon, tandis que l'accueil qu'ils préparaient à Marie-Louise — tradition vivante d'autres temps — était une sorte de protestation, faite par esprit d'opposition. En Hollande, au contraire, l'Empereur ne reçut que des marques sincères de sympathie. — A Bruxelles, Marie-Louise se montra au théâtre où elle fut vivement applaudie.

Le 30 septembre, elle alla rejoindre Napoléon à Anvers. Le 9 octobre eut lieu l'entrée solennelle dans la capitale de la Hollande. Nulle part on ne put voir un enthousiasme semblable. La ville avait fait de grandes dépenses pour recevoir le souverain, et, parmi les gens de tous métiers, c'était à qui s'offrirait pour travailler gratuitement aux préparatifs. Les tranquilles habitants d'Amsterdam sortirent de leur flegme habituel pour acclamer le conquérant du

---

(1) Talma joua à Bruxelles, le 25 septembre 1811. (*Histoire du Théâtre-Français en Belgique*, par M. Fréd. Faber, t. II, p. 263.)

monde. L'Impératrice entra dans la ville dans une voiture dorée à huit glaces. Une garde d'honneur, composée des jeunes gens des premières familles de la Hollande, était venue au-devant de la souveraine. L'Empereur parut ensuite, à cheval, entouré d'un brillant état-major.

Il arriva au palais, presque porté.

C'est au milieu de ce délire universel que les artistes de la Comédie française donnèrent leurs représentations. Mais si, en débutant à Amsterdam, Talma et Damas ne devaient pas craindre la concurrence des acteurs hollandais, trop éloignés du véritable genre de la tragédie, il n'en était pas de même pour Mlle Duchesnois, qui avait une rivale redoutable dans Mme Wattier-Ziegenis, une actrice hollandaise fort justement célèbre, à qui Napoléon accorda 2,000 francs de pension après l'avoir vue jouer dans *Phèdre*.

Le succès de nos tragédiens fut néanmoins très vif. Talma dans les rôles de Bayard, d'Hamlet et d'Orosmane fut admirable. L'Empereur assista plusieurs fois au spectacle, et, indépendamment des autorités, toutes les notabilités de la ville recevaient à tour de rôle des places réservées offertes par Leurs Majestés. Le reste de la salle était livré au public et gratis. L'Empereur insista pour que tout le monde fût admis indistinctement. « Je veux, disait-il, que le peuple prenne part aux réjouissances. C'est pour lui qu'elles sont faites, et non pas pour des gens qui n'ont que l'embarras du choix dans leurs plaisirs. » Ces paroles se redisaient de bouche en bouche, et les acclamations les recevaient au passage (1).

L'Empereur à Amsterdam montait de grand matin à cheval, parcourant la ville et le port. Dans la journée il passait des revues ou visitait les environs. Le soir, il allait au théâtre, ou recevait au palais où les soirées et les bals se succédaient sans interruption ; puis, rentrant dans ses appartements, il passait dans son cabinet où il se mettait à travailler avec ses ministres pour expédier les affaires courantes et pour asseoir les bases de l'organisation de la Hollande. Le nombre des décrets signés à Amsterdam est prodigieux.

On a prêté à Napoléon une intrigue amoureuse, se rattachant à son séjour à Amsterdam, avec une des plus jolies actrices de la troupe. Constant a réfuté ce fait dans ses *Mémoires*. Mlle Bourgoing — puisqu'il la faut appeler par son nom, — pour être du voyage de Hollande, aurait succombé, paraît-il, à la tentation de faire quelques révélations indiscrètes, se flattant même tout haut d'attirer l'Empereur au théâtre où elle jouerait. Ces petites fanfaronnades, qui n'étaient pas précisément des fanfaronnades de vertu, allèrent jusqu'aux oreilles de l'Empereur qui ne voulut point paraître au théâtre. Il aurait alors chargé Talma d'engager la jolie actrice à se taire, et de lui annoncer qu'à la plus petite indiscrétion, elle serait, sous bonne escorte, reconduite en France.

Cela s'accorde peu, fait remarquer Constant, avec

---

(1) *Napoléon en Belgique et en Hollande*, par Charlotte de Sor, t. II, p. 121. Paris, 1839.

ce que l'Empereur avait dit un jour à Alexandre au sujet de cette actrice, lors de son séjour à Erfurt. Ces paroles prouvaient bien que le souverain n'avait alors aucune idée sur elle. Il y a quelque chose qui le prouve mieux encore, ajoute en terminant Constant : c'est la grande discrétion qu'il a toujours eue sur le chapitre des amours.

En revenant en France, Talma ne put résister aux sollicitations pressantes des amateurs de Bruxelles. Entre plusieurs rôles qu'il joua dans cette ville, on cite celui du Grand Maître des *Templiers*, rôle qu'il jouait pour la première fois (il avait créé celui de Marigny) et dans lequel il remporta un véritable triomphe (1).

L'artiste contractait avec les Bruxellois une dette de reconnaissance. Nous le verrons bientôt revenir à Bruxelles presque chaque année, devenir aussi célèbre en Belgique qu'en France, toucher une rente du roi des Pays-Bas, projeter même de se retirer dans cette ville pour y finir ses jours. Bien plus : nous assisterons, après sa mort, à des apothéoses sur les théâtres de Bruxelles et de Gand. Ce voyage par ordre impérial dans les départements du Nord n'était qu'un acheminement pour Talma vers ces succès immenses que lui réservait l'avenir dans ces contrées.

Il fit sa rentrée aux Français, dans *Œdipe*, le 4 décembre. L'Empereur et l'Impératrice assistaient à la

---

(1) On trouve des détails sur les représentations de Talma à Bruxelles en novembre 1811 dans Faber, t. II, p. 264, 265 ; à Anvers, p. 318.

représentation. Quelques jours plus tard, le 19 décembre, dans *Hector*, il émouvait le souverain jusqu'aux larmes. C'était, on s'en souvient, l'année de la naissance du Roi de Rome. Lorsque Talma prononça ce vers :

D'un Hector au berceau, Dieux, protégez l'enfance !

Napoléon se sentit tressaillir; le public qui avait saisi l'allusion porta ses regards sur le souverain, et, s'apercevant de cette émotion, se mit à applaudir à tout rompre. Et voilà comment on vit cet homme de bronze pleurer un jour en entendant la voix vibrante de Talma. Le père avait pour un moment su remplacer le conquérant.

XXIV

SÉRIE DE RÉCEPTIONS AUX TUILERIES
DÉSARROI DE LA COMÉDIE FRANÇAISE

Dès le mois de septembre 1811, et par conséquent avant le voyage en Hollande, la campagne de Russie était chose décidée dans l'esprit de Napoléon. Il fallait néanmoins masquer les préparatifs d'une si colossale entreprise, et pour cela il fut décidé que l'hiver de 1811-1812 ne serait qu'une succession de plaisirs. « C'était au milieu des fêtes et des divertissements de toute espèce, nous dit Mme Durand, première dame de l'Impératrice, que Napoléon méditait la conquête de la Russie... Pas un jour ne se passait qu'il n'y eût à la Cour spectacle, concert ou bal masqué. »

Les représentations théâtrales à la salle de spectacle des Tuileries présentaient un aspect féerique. L'Empereur et l'Impératrice occupaient une grande loge en face de la scène. A leurs côtés et derrière eux se tenaient les princes et les princesses de la famille impériale ; à droite la loge des ambassadeurs étrangers, à gauche celle des ministres français.

Une grande galerie était réservée aux dames de la Cour, qui avaient toutes des toilettes éblouissantes, et dont les diamants rayonnaient sous les flammes des lustres. Le parterre était occupé par une foule de grands personnages, tous en habit de Cour, l'épée au côté, la poitrine chamarrée de cordons et de croix. Pendant les entr'actes, les valets de pied à la livrée de l'Empereur offraient des glaces et des rafraîchissements de toutes sortes. Le luxe des lumières était indescriptible. On eût dit une apothéose (1).

« Jamais les Tuileries, écrit le comte Miot de Mélito, n'avaient vu déployer plus de pompe et plus de magnificence. Jamais un plus grand nombre de princes, d'ambassadeurs, d'étrangers de premier rang, de princes de l'Église, de ministres, de magistrats, de généraux, brillants d'or, de pourpre et de pierreries, chamarrés d'ordres et de cordons de toutes couleurs, n'avaient offert plus d'hommages obséquieux, ni mendié jamais à Versailles avec plus d'empressement la faveur d'un mot ou d'un regard. »

La Comédie française joua tour à tour aux Tuileries, à l'Élysée et à Saint-Cloud. Nous relevons dans les programmes de ces soirées de gala : la

---

(1) *Les Beaux Jours de l'Impératrice Marie-Louise*, par M. Imbert de Saint-Amand, p. 370.

Gageure imprévue, *Hector* avec Talma, la *Revanche*, les *Étourdis*, la *Jeunesse de Henri V*, le *Sourd*, le *Distrait*, le *Conteur*, la *Fausse Agnès*, *Andromaque*, avec Talma, le *Joueur*, l'*Amant bourru*, les *Femmes savantes*. La tragédie est détrônée.

Maintenant si nous quittons un instant la Cour pour revenir tout simplement rue Richelieu, nous allons trouver le Théâtre-Français dans un bien déplorable état. L'utilité du fameux décret de Moscou se fait plus que jamais sentir. Et, puisque aujourd'hui encore cette thèse est chère aux critiques, nous allons examiner quelles étaient les causes de cette décrépitude. Quel volume il y aurait à faire sous ce titre : *Grandeurs et décadences de la Comédie française !* Il est juste de dire qu'à cinquante ans ou à cent ans de distance on a toujours rabâché la même chose. Il est un fait : c'est que les impressions que l'on perçoit dans un âge tendre étant beaucoup plus vives que celles que l'on éprouve dans un âge plus avancé, l'on se trouve enclin, malgré soi, à trouver les acteurs que l'on a vu jouer dans sa jeunesse bien préférables à ceux que l'on est à même de voir jouer plus tard. Et, s'il est permis de prendre une comparaison dans les choses courantes, je sais fort bien que, pour ma part, lorsque je commençai à fréquenter le Théâtre-Français il y a quelque vingt ans, j'entendais dire autour de moi : « Ah ! si vous aviez vu Firmin, Samson, Provost, Mlle Augustine Brohan dans ces rôles ! » Or, comme je n'ai jamais vu jouer les artistes que l'on me citait là, cela m'était bien égal, et je trouvais Régnier, Bressant, Delaunay, Mme Arnould-Plessis, que j'avais devant moi, admirables. Aujourd'hui que ces comédiens émérites sont morts ou ont quitté la scène, je dirai au collégien que je mènerai pour la première fois au Théâtre-Français :

— Ah ! mon jeune ami, si vous aviez vu Régnier, Bressant, Delaunay, etc. Ainsi va la tradition. Aucune troupe pour ce jeune homme ne vaudra cependant la troupe actuelle de la Comédie française, par cette seule raison qu'il n'en a jamais vu aucune avant celle-là.

Il y a bien, je le sais, à reprendre encore dans un tel raisonnement. Talma était Talma ; Rachel était Rachel. Or, nous n'avons plus ni Talma ni Rachel. Mais ce sont là des exceptions, et je prétends que le fond de cette explication est juste. Si vous voulez vous en convaincre, consultez les ouvrages que l'on a écrits sur le théâtre à toutes les époques. Ce sont partout mêmes plaintes, mêmes lamentations. Le théâtre se meurt, le théâtre est mort. Et petit bon homme vit encore.

Voyez ce que disait le mardi 5 août 1710 un auteur qui devait bien connaître le théâtre, puisque lui-même était comédien ordinaire du Roi. Lisez ce passage de Dancourt, tiré de sa pièce : *la Comédie des Comédiens* (acte I, scène V) :

M. GRICHARDIN.

« ... Vous voudriez une Comédie française ; fi ! fi ! fi !

LUCILE.

« Pourquoi donc ? Et à quel propos vous récriez-vous contre la Comédie française, monsieur ?

M. GRICHARDIN.

« Je me récrie, je me récrie, parce que je n'aime point ces messieurs-là.

ANGÉLIQUE.

« Hé, que vous ont-ils fait, mon père ?

M. GRICHARDIN.

« Ce qu'ils m'ont fait ? Ce qu'ils font à tout le monde : ils veulent être seuls à divertir le public et il semble qu'ils prennent à tâche de l'ennuyer.

MARTON.

« Oh ! pour cela oui, cela est bien ridicule.

ANGÉLIQUE.

« Ils ont un privilège qu'ils soutiennent.

M. GRICHARDIN.

« Ils ont un privilège de ne rien faire qui vaille, parce qu'ils sont seuls ; *de mal jouer les anciennes pièces et de n'en point donner de nouvelles qui ne soient mauvaises.* Voilà un privilège bien soutenu ! »

On ne disait pas autre chose cent ans plus tard, en 1812. Je ne vous parle pas de ce que l'on dit de nos jours et que vous savez comme moi.

L'*Opinion du parterre* fait à ce sujet quelques réflexions qui ne sont pas mauvaises, et qui sont encore fort bien de mise aujourd'hui : « Les journalistes, lisons-nous, ne cessent, il est vrai, de répéter qu'il faut fouiller avec zèle dans l'ancien répertoire ; mais aussitôt que l'on en a tiré un ouvrage, et qu'il reparaît sur la scène, il semble qu'ils se soient donné le mot pour atténuer l'effet de la reprise... Comment voulez-vous que ce bon Parisien qui attend vos décisions pour penser et agir, suive les représentations d'une pièce qui, selon le vrai sens de votre phrase, se joue dans la solitude? Vous savez bien que, semblables aux moutons de Panurge, les habitants de cette grande ville ne vont que là où tout le monde va, et qu'il est du bon ton de s'ennuyer, pourvu que l'on s'ennuie en grande compagnie. »

La décadence de la Comédie française, en 1812, tenait principalement à trois causes :

1° Les vides récents faits dans la troupe ;
2° L'abus des congés ;
3° L'absence totale de pièces nouvelles.

Mlle Contat s'est retirée le 6 mars 1809. Nous avons parlé de cette représentation de retraite. Dazincourt meurt le 28 du même mois. Le 24 avril, Dugazon joue pour la dernière fois. Il meurt le 11 octobre, après trente-neuf années de sociétariat. Le 1er mai, Mlle Fleury se retire. Le 25 mars 1811, Caumont, un vieux serviteur, succombe à son tour, à l'âge de soixante-deux ans. Le 1ᵉʳ avril, Grandménil et Mᵐᵉ Talma quittent la scène. Le 24 juin, Monvel prend sa retraite après trente années de services; on joue *Esther* avec Talma et les *Deux Gendres* avec Fleury; la recette s'élève à 10,000 francs. Le 23 février 1812, Monvel meurt à soixante-sept ans; une députation de douze membres de l'Institut assiste à son enterrement.

Comme on le voit, voici bien des vides en trois ou quatre années. Par qui sont-ils comblés? Par Cartigny, Baudrier, Firmin, Michelot, Desmousseaux, par Mˡˡᵉ Dupont, qui ne réussit pas, par Mˡˡᵉ Demerson, des jeunes gens inexpérimentés, ou qui n'ont pas encore l'oreille du public, et dont quelques-uns seulement sortiront plus tard de la bonne moyenne, comme Firmin, par exemple.

Arrivons à la question des congés.

Les congés ne devant être réglementés que plus tard, par le décret de Moscou, les sociétaires influents en prenaient beaucoup à leur aise. En outre, les spectacles à la Cour désorganisaient passablement les représentations du Théâtre-Français; lorsqu'une partie de la troupe — la meilleure souvent — s'en allait à Fontainebleau, à Compiègne, à Saint-Cloud, la salle de la rue Richelieu n'en restait pas moins ouverte au public; et il fallait, tant bien que mal, composer un spectacle avec les éléments que l'on avait de reste. Si l'on ajoute à cela que l'Empereur demandait souvent la veille ou le matin la pièce qu'il voulait pour le soir, avec la distribution de son goût, on peut se faire une idée des difficultés incessantes que l'on rencontrait pour la composition immédiate des représentations régulières. Et le Théâtre-Français n'en jouait pas moins tous les jours.

La recette s'en ressentait naturellement, et la recette journalière de la Comédie étant employée à payer les parts et les divisions de parts aux comédiens, il en résultait de maigres traitements. Telle est la principale cause de ces congés. Mlle Raucourt, Mlle Duchesnois, Talma et Lafon devinrent, chacun de leur côté, de véritables artistes en *représentation*. Les communications n'étant pas si faciles que de nos jours et beaucoup plus coûteuses, ils ne voyageaient pas en troupe, comme on fait aujourd'hui, mais ils s'entendaient avec tel ou tel directeur de province, arrêtaient le répertoire à l'avance, et fixaient la date de leurs représentations. Le directeur faisait apprendre les rôles par sa troupe locale, et l'on attendait le sociétaire du Théâtre-Français. Celui-ci apparaissait alors quelquefois seul, le plus souvent avec un ou deux camarades. C'est ainsi que Talma voyageait souvent avec sa femme, qui lui donnait la réplique, et avec un autre artiste, tel que Damas. Il y avait alors une série de représentations dans la même ville, comme à Lyon, à Bordeaux, à Nantes, etc. Et l'artiste touchait une somme fixée par représentation, ou même, le plus souvent, partageait la recette avec le directeur. On comprendra sans peine que des congés, dans de semblables conditions, ne déplaisaient pas aux artistes de la Comédie française, si l'on songe, comme nous l'avons déjà dit du reste, que l'arrivée d'un sociétaire de la Comédie française dans une ville de province était un événement d'un immense intérêt; que les provinciaux ne pouvaient, pour la plupart, jamais venir à Paris, qu'ils ne connaissaient tous ces artistes que de réputation; qu'ils n'étaient pas gâtés par les tournées, et qu'enfin ils étaient bien aises de juger *de visu* le talent de Mlle Duchesnois et de Talma, dont il était sans cesse question dans leurs gazettes. Ces représentations attiraient donc, en général, une affluence énorme de spectateurs, et l'heureux tragédien reprenait la route de Paris les poches bien garnies.

Puis, rentré au bercail, le voyageur racontait au foyer de la Comédie, en présence de ses camarades, qui faisaient cercle autour de lui, ses succès, ses triomphes, l'accueil enthousiaste qu'il avait reçu dans telle ou telle ville, et, ce qui n'était pas un point à dédaigner, il étalait complaisamment les chiffres de ses gains. Les congés devinrent alors une véritable épidémie. Chacun voulut partir à la conquête de la toison d'or. Mlle Bourgoing avait fait mieux; elle avait obtenu un congé d'un an pour se rendre à Saint-Pétersbourg.

Bref, au mois d'août 1812, la Comédie française était tellement dégarnie, que l'on ne put jouer *Adélaïde Duguesclin* qu'avec les pensionnaires seuls. Le public, de son côté, se fait de plus en plus rare. Et cela se comprend sans peine. Aucun nom ne l'attire plus. Du 24 avril au 13 octobre de cette année, on ne trouve le moyen que de monter, en dehors du répertoire courant, une pièce en un acte et en prose! Et le Théâtre-Français comptait alors vingt-sept sociétaires et dix-sept pensionnaires, en tout quarante-quatre acteurs.

En présence d'un tel état de choses, on comprendra que l'utilité du décret de Moscou se faisait passablement sentir.

XXV

LE DÉCRET DE MOSCOU

Que n'a-t-on pas dit ou écrit sur ce fameux décret de Moscou, dont tout le monde parle et que bien peu de gens connaissent? Le décret de Moscou! Napoléon, au Kremlin, fixant les règlements de la Comédie francaise! Quel homme! Quelle prodigieuse organisation! Que de conceptions à la fois dans ce vaste cerveau!

Permettez-nous, sur ce sujet, de nous extasier un peu moins. Comme nous allons le voir par le récit des événements historiques que nous allons rapporter ici succinctement, ce n'était pas du tout par l'effet du hasard que Napoléon datait de Moscou le fameux décret concernant la Comédie française. Napoléon avait bel et bien un but en agissant ainsi; le bruit courait par toute l'Europe que l'Empereur, enfermé dans Moscou, était en proie aux plus vives angoisses et courait les plus grands périls. N'était-ce pas la meilleure façon de répondre aux attaques de ses ennemis et de rassurer son peuple? L'Empereur? pouvait-on répondre désormais : mais il est si tranquille au Kremlin, qu'il passe son temps à rédiger des décrets concernant la Comédie française. Serait-ce à la veille d'un désastre, serait-ce au milieu de soucis sans nombre que Napoléon oserait s'occuper de pareilles bagatelles? Il est bien rassuré sur le sort de sa campagne; vous n'avez pas de peine à le voir.

Telle a été la cause, la seule, qui fit signer à Napoléon ce décret à Moscou et non autre part. Au point de vue politique, le calcul était adroit, et Napoléon, qui se préoccupait avant tout de l'effet à produire, savait parfaitement ce qu'il faisait en agissant ainsi.

L'Empereur était entré à Moscou le 15 septembre pendant la nuit. La ville était déserte, les habitants avaient fui ou se cachaient. Les quelques lumières que l'on pouvait entrevoir aux vitres des fenêtres s'éteignaient bien vite sur le passage des Français. A six heures du matin, Napoléon entrait dans l'antique palais des czars. Bientôt le feu éclate dans la ville. On croit d'abord à un accident passager; mais l'incendie prend soudain de telles proportions qu'il n'en faut plus douter : ce sont les Russes qui attisent eux-mêmes le foyer de l'incendie et jettent des matières inflammables dans les quartiers encore intacts. L'Empereur redescend du Kremlin par le grand escalier du nord, fameux par le massacre des Strelitz. Déjà les portes extérieures sont à demi consumées; les chevaux se cabrent et s'emportent. L'issue est impossible. César s'enfuit par une poterne qui donne sur la Moskowa. Quand il a le temps de se reconnaître, il s'aperçoit que sa redingote grise est brûlée et que ses cheveux sont roussis !

L'incendie dure quatre jours; le Kremlin ayant été préservé, Napoléon donne l'ordre d'y rentrer. Il s'imagine que sa présence dans la ville des czars, même brûlée, décidera l'empereur Alexandre à demander la paix. Il s'installe, et attend.

L'estafette de Paris met dix-huit jours à venir, et l'on ne reste pas vingt-quatre heures au Kremlin sans recevoir des nouvelles de France. Napoléon correspond avec toutes les cours de l'Europe.

« Il y eut quelques concerts chez l'Empereur pendant son séjour à Moscou, nous dit Constant. Napoléon y était fort triste. La musique des salons ne faisait plus d'impression sur cette âme malade. » En effet, parmi les étrangers restés à Moscou, le préfet du palais avait découvert un ténor de talent, appelé Tarquinio, et lui avait fait chanter des mélodies italiennes devant l'Empereur. On voit par le rapport de Constant le peu d'effet qu'elles produisaient. Il, s'agissait bien alors de mélodies italiennes !

Les soldats cependant étaient plus gais. Gorgés d'un riche butin, ayant à foison le vin trouvé dans les caves des maisons brûlées, ou les fourrures laissées dans les demeures épargnées par le feu, ils menaient joyeuse vie sans se soucier du lendemain. Depuis la paix de Tilsitt, il existait à Moscou une troupe de comédiens français sous la direction d'une actrice nommée Mme Bursay. L'incendie la ruina. M. de Bausset en parla à l'Empereur, qui donna l'ordre que l'on s'occupât d'eux. Les acteurs étaient MM. Adnet, Peron, Lequaint, Bellecour, Gasset, Lefebvre ; les actrices, Mmes André, Périgny, Lequaint, Fusil, L'Admiral et Adnet.

Le baron de Bausset fit arranger en salle de spectacle une salle de l'hôtel Posniakoff, que les flammes avaient respecté. On joua d'abord *le Jeu de l'amour et du hasard* et *l'Amant auteur et valet*.

« Il n'y avait point de cabale, écrit le baron de Bausset, ni dans la salle, qui était remplie de militaires, ni sur le théâtre, où il n'existait aucune rivalité d'amour-propre. Le parterre était rempli par les soldats, et les deux rangs de loges occupés par les officiers de toutes armes. L'orchestre était excellent. C'étaient les musiciens de la garde. Il fut donné onze représentations ; Napoléon n'y assista point (1). »

Avant d'aller plus loin, disons en quelques mots ce que devinrent ces malheureux comédiens dans la retraite de Russie. Ils suivirent l'armée, lorsque l'armée quitta Moscou, et eurent énormément à souffrir. Mme Bursay, leur directrice, femme distinguée et poète à ses heures, montra une grande énergie et un grand courage. Elle avait comme compagne Mme Fusil, et traversa avec elle la Bérésina dans une calèche qui leur fut prêtée. L'Empereur

---

(1) *Mémoires de M. de Bausset*, t. II, ch. VIII. — *Mémoires de Constant*, t. V, ch. VI, p. 103.

daigna même leur adresser la parole quand la voiture passa devant lui (1).

Que faisait l'Empereur au Kremlin ? Les journées étaient longues. La réponse d'Alexandre ne venant pas, Napoléon lisait l'*Histoire de Charles XII* de Voltaire. Des heures se passaient sans qu'une seule des personnes présentes prît l'initiative de la conversation. L'Empereur, qui était ordinairement très expéditif dans ses repas, les prolongeait d'une manière étonnante. Quelquefois dans l'après-midi il se jetait sur un canapé, un roman à la main, qu'il lisait ou qu'il ne lisait pas, et paraissait absorbé dans de profondes rêveries. On lui envoyait de Paris des vers qu'il parcourait à haute voix, exprimant son opinion d'une manière brève et tranchante. A Paris, pendant ce temps, régnait une tristesse générale. Les bulletins de la grande armée, si mensongers sur tant de points, étaient attendus avec une vive impatience ; quelle mère, quelle femme ayant un fils ou un mari à l'armée pouvait, sans battement de cœur, rompre la bande du *Moniteur!*

C'est dans de telles conditions que fut rédigé et signé le fameux décret de Moscou. « Je vis l'Empereur consacrer trois soirées à faire le règlement de la Comédie française de Paris, dit Constant. On conçoit difficilement cette attention à de pareilles misères administratives, quand l'avenir était si chargé. » — « Ce ne fut qu'une petite fourberie de sa politique, écrit de Bourrienne, pour donner le

---

(1) *L'Incendie de Moscou*, par Mme Fusil, Londres, 1817.

change aux habitants de Paris sur le véritable état de sa situation. »

En quoi consistait ce décret?

« Le Théâtre-Français est placé sous la surveillance et la direction du surintendant des spectacles impériaux. Un commissaire impérial, nommé par l'Empereur, est chargé de transmettre aux comédiens les ordres du surintendant. Il est chargé de l'administration de la comptabilité.

« Les comédiens sont réunis en société; le produit des recettes, tous frais prélevés, est divisé en vingt-quatre parts, dont une part est mise en réserve pour les besoins imprévus et une demi-part pour augmenter le fonds des pensions.

« Tout sociétaire reçu contracte l'engagement de jouer pendant vingt ans, et, après vingt ans de services non interrompus, il pourra prendre sa retraite, à moins que le surintendant ne juge à propos de le retenir.

« Le sociétaire qui se retirera après vingt ans aura droit à une pension viagère de 2,000 francs sur les fonds affectés au Théâtre-Français, et à une pension de pareille somme sur le fonds de la société. »

Suivent une foule de détails relatifs à tous les cas de retraite anticipée qui peuvent se produire, et les pensions à fixer dans les différents cas.

« Les acteurs aux appointements ou pensionnaires ont droit également à une retraite après vingt ans ou plus de services, ou dix ans en cas d'accident ; cette pension, qui peut varier, ne peut néanmoins excéder la moitié du traitement dont l'acteur ou l'actrice aura joui les trois dernières années de son service. »

Passons à la partie administrative.

« Un comité composé de six hommes, membres de la société, présidé par le commissaire impérial, et ayant un secrétaire pour tenir registre des délibérations, est chargé de la régie et de l'administration de la société.

« Le surintendant nommera chaque année les membres de ce comité. Ils seront indéfiniment rééligibles. L'assemblée générale de tous les sociétaires est convoquée par le comité une fois par an, et toutes les fois qu'il le jugera nécessaire. En ce qui concerne la distribution des emplois, le surintendant en déterminera la distribution exacte. Il fera dresser un état général de toutes les pièces, soit sues, soit à remettre, avec les noms des acteurs et actrices sociétaires qui doivent jouer en premier, en double et en troisième les rôles de chacune de ces pièces, selon leur emploi et leur ancienneté, afin qu'il n'y ait plus aucune contestation à cet égard.

« Nul acteur ou actrice ne pourra tenir en premier deux emplois différents sans une autorisation spéciale du surintendant, qui ne l'accordera que rarement.

« Le répertoire sera formé dans le comité, auquel seront adjointes, pour cet objet seulement, deux femmes sociétaires.

« Les comédiens seront tenus de mettre tous les mois un grand ouvrage ou du moins deux petits ouvrages nouveaux ou remis. Dans le nombre de ces pièces seront des pièces d'auteurs vivants.

« Le répertoire se fera pour quinze jours. Il en sera envoyé copie au préfet de police. Le samedi d'après, se fera celui de la semaine suivante, et ainsi successivement. Quand le répertoire aura été réglé, chacun sera tenu de jouer le rôle pour lequel il aura été inscrit, à moins de causes légitimes approuvées par le comité, etc. Si un acteur, ayant fait changer la représentation pour cause de maladie, est aperçu dans une promenade, un spectacle, ou s'il sort de chez lui, il sera mis à une amende de 300 francs.

« Le surintendant peut seul donner des ordres de débuts sur le Théâtre-Français. Les débuts ne peuvent avoir lieu du 1er novembre au 15 avril. Les débutants auront trois pièces à choisir. Mais nul sociétaire ne pourra se soustraire à l'obligation de venir répéter au moins une fois entièrement avec le débutant.

« La lecture des pièces nouvelles aura lieu devant un comité composé de neuf personnes choisies parmi les plus anciens sociétaires. L'admission a lieu à la pluralité des voix. »

Nous passons sous silence une foule de détails fastidieux, ainsi que le chapitre relatif à la police et aux amendes. Disons seulement que les congés sont délivrés par le surintendant, qui n'en peut pas accorder plus de deux à la fois, ni pour plus de deux mois; ils ne peuvent avoir lieu que depuis le 1er mai jusqu'au 1er novembre.

Les comédiens français sont tenus de jouer tous

les jours. Trente années de service donnent droit à une représentation de retraite. Cette représentation ne peut avoir lieu que sur le Théâtre-Français.

Tout sujet retiré du Théâtre-Français ne pourra reparaître sur aucun théâtre, soit de Paris, soit des départements, sans la permission du surintendant.

Enfin les règlements concernant le Conservatoire ne sont pas oubliés. Le Théâtre-Français aura au Conservatoire dix-huit élèves, neuf de chaque sexe. Ils seront désignés par le Ministre de l'Intérieur. Ils seront âgés au moins de quinze ans.

Ils auront deux répétiteurs d'un genre différent qui les feront travailler chaque jour dans l'intervalle des classes; ils auront un professeur de grammaire, d'histoire et de mythologie appliquées à l'art dramatique. C'est cette classe d'histoire supprimée pendant longtemps qui a été rétablie il y a quelques années, et confiée à notre éminent et si sympathique confrère Henri de Lapommeraye.

Les élèves seront examinés tous les ans; ceux qui ne donneront pas d'espérances seront remplacés. Ceux d'entre eux qui ne seraient pas encore capables de débuter sur la scène du Théâtre-Français pourront, avec la permission du surintendant, s'engager pour quelque temps au théâtre de l'Odéon ou dans les troupes des départements.

La dépense pour chacun des élèves est fixée à 1,100 francs. Le traitement de chacun des répétiteurs, à 2,000 francs. Le traitement du professeur à 3,000 francs.

Telles sont, en résumé, les principales dispositions

de ce décret que Napoléon prenait un puéril plaisir à dater de Moscou. Le soir même, dans le salon qu'il occupait au Kremlin, au-dessous du logement de la Czarine, il en parlait avec complaisance, cherchant ainsi une distraction contre les angoisses de son âme. Puis il se promena à grands pas dans le salon, parlant avec abondance, d'art, de littérature, de Corneille et de Talma.

XXVI

SCÈNE DE PUGILAT ENTRE GEOFFROY ET TALMA

Laissons Napoléon au fond de la Russie, et revenons rue Richelieu. Les critiques avaient été très vives contre la Comédie française en l'année 1812. Il est vrai que l'abus des congés accordés aux artistes contribuait passablement à faire crier le public et la presse. Il était temps que le fameux décret vînt mettre un terme à ces excursions dramatiques — et encore pas autant que l'aurait désiré le législateur; nous aurons l'occasion de revenir plus tard sur ce sujet.

Or donc, on avait vu du même coup le Théâtre-Français privé de Fleury, Saint-Prix, Talma, Baptiste aîné; de Mmes Raucourt, Devienne, Mars et Duchesnois. C'était à qui irait donner le plus de représentations en province pendant l'été de 1812. Ce fut alors un *tolle* général dans l'opinion publique contre la conduite des comédiens. On leur reprocha de ne rien faire de nouveau, de jouer toujours la même chose, de laisser dans l'ombre un répertoire si varié et si riche. Le *Journal de l'Empire*, la *Gazette de France*, le *Journal de Paris*, dévoilent le secret de la comédie sous toutes ses faces, et réclament des réformes. Le public se passionne à son tour, et suit avec intérêt les lettres critiques de M. Damaze de Raimond insérées dans le *Journal de l'Empire*.

Nous entendons dire constamment que de nos jours on s'occupe trop des acteurs. Lisez et relisez les journaux de 1812, c'est bien une autre histoire. Jamais on n'a tant épilogué sur le compte des comédiens. Talma lui-même ne se tire pas indemne de cet examen, et passe comme les autres au creuset de la censure. De plus, on reproche à la compagnie sa trop grande parcimonie (1). Les décorations antiques sont lamentables, les figurants sont habillés d'une façon mesquine, l'orchestre délabré ne rend que des sons piteux. Le besoin d'une réforme se fait sentir en tout et pour tout.

Le fameux abbé Geoffroy, dont nous avons si souvent parlé, et qui rédigeait le feuilleton des spectacles dans le *Journal de l'Empire*, ne reste pas en arrière, comme on peut croire, dans ce concert de critiques. C'est ce *Journal de l'Empire* qui devint plus tard *Journal des Débats* (il avait déjà porté ce titre), qu'on appela plaisamment pendant un certain temps le

(1) *Opinion du parterre*, 10e année, p. 48.

Journal des Rabats, à cause du nombre d'abbés qui comptaient parmi ses rédacteurs, tels que l'abbé Geoffroy, l'abbé Feletz, l'abbé Grozier et quelques autres encore. Geoffroy était sévère, et principalement à l'égard de Talma, dont il ne pouvait souffrir la manière trop peu classique à son avis. Nous savons en outre, par quelques-uns de ses contemporains, qu'il ne dédaignait pas qu'on lui rendît visite et que l'on allât lui réclamer son indulgence. Il ne la faisait pas acheter; mais il recevait volontiers les petits cadeaux que l'on faisait à sa femme. Il fallait donc faire le voyage de la rue Matignon, où il demeurait; là, on se trouvait en présence du terrible Geoffroy et de son épouse, grosse femme assez commune qui rappelait assez l'acteur Corsse dans le rôle de Mme Angot (1). Talma n'était pas homme à faire de pareilles démarches.

Un premier choc — purement épistolaire celui-là — avait déjà eu lieu en novembre entre Geoffroy et Talma, comme le prouve la lettre suivante du tragédien, lettre insérée dans le *Journal de l'Empire*. Le 16 novembre, Talma faisait sa rentrée au Théâtre-Français par le rôle d'Oreste dans *Iphigénie en Tauride*. Le même jour, il écrivait à l'implacable critique :

« Monsieur, on a répandu dans le monde que, trop sensible à de petites tracasseries et à des critiques, peut-être un peu sévères, je voulais quitter le Théâtre-Français. Je n'examinerai pas ici le motif d'un pa-

---

(1) *Mémoires de Mlle Flore*, t. II, p. 290.

reil bruit; mais il est de mon devoir de protester au public, qui s'est toujours montré si indulgent pour moi, et à qui je dois mes faibles talents, qu'il est dans mes principes et dans mon cœur de les lui consacrer tant qu'ils auront le bonheur de lui plaire, et que jamais des chagrins particuliers ne me rendront ingrat envers lui.

« Ceux qui ont publié que je voyageais depuis six mois se sont trompés; mon absence n'a été que de quatre mois, et j'en ai employé deux à donner à ma santé des soins indispensables. Je les remercie cependant de m'avoir fourni cette occasion de témoigner au public ma reconnaissance pour ses bontés, et ma gratitude aux gens de lettres et aux artistes, dont les conseils m'ont dirigé dans ma carrière théâtrale.

« Je suis, etc.,

« TALMA. »

Ceci n'est que le prélude du drame qui se prépare ; car le compte rendu de cette rentrée de Talma n'a rien qui puisse blesser l'amour-propre du comédien : « La rentrée de Talma a été très brillante, lisons-nous; des barricades, une double garde, suffisaient à peine pour réprimer la foule qui se précipitait à toutes les portes, tant était vive la curiosité de revoir cet acteur après une longue absence ! Cet Oreste d'*Iphigénie en Tauride* est son rôle brillant, son rôle favori; il ne pouvait mieux choisir pour un jour d'appareil. Son jeu muet est excellent, son visage tragique, et si quelquefois l'énergie de son débit passe les bornes, c'est la faute de l'auteur, et non pas de l'acteur. Un auteur sans frein jette l'acteur hors de mesure. Damas a joué le rôle de Pylade avec beaucoup de chaleur et de sensibilité, et Mlle Duchesnois a secondé de tous ses moyens Talma et Damas. Tous les trois, vivement demandés, ont paru après la représentation. »

Jusque-là, rien à dire ; les critiques vives contre Talma commencent à se faire jour dans le numéro du 21 novembre ; répondant à une lettre qui faisait l'éloge de Talma, le vieux Geoffroy s'exprime ainsi :

« Je laisse l'auteur s'enfoncer dans des calculs pour prouver que Talma rapporte lui seul plus d'argent à la Comédie que tous les comédiens ensemble, et qu'on lui doit de gros dommages et intérêts, même quand il touche sa part entière pendant plusieurs mois sans faire aucun service : ces calculs badins appartiennent à la farce plus qu'aux mathématiques. Moi qui préfère les faits à de pareils calculs, je me borne à dire que dernièrement Fleury et Mlle Mars dans le *Misanthrope* et la *Jeunesse de Henri V* ont fait une plus brillante recette que Talma dans sa rentrée, malgré les barricades et la double garde.

« En essayant de justifier les longues et continuelles opérations de finance que fait Talma dans les provinces, le critique, devenu flatteur, n'a fait qu'appeler l'attention sur cet étrange abus. Mon avis est que les congés devraient être, pour le bien de l'art, ce qu'ils étaient autrefois, fort rares et bornés à un temps fort court ; on en accordait difficilement même à Lekain ; et s'il revenait à son poste un jour au delà du terme prescrit, on le mettait en prison ; et cependant Lekain est le plus grand acteur tragique qui ait jamais paru sur la scène. C'est avec cette sévérité qu'on a des Lekain ; mais, par de funestes complaisances, on réussirait à gâter et à perdre même un Lekain, si on avait le bonheur d'en avoir un.

« Les grands acteurs s'enrichissent quelquefois, et toujours se corrompent par un trop long séjour dans la province : trop sûr de l'admiration des provinciaux et des loyaux services de ses prôneurs, le prince tragique de Paris se néglige, s'abandonne à ses mauvaises habitudes, devient outré et ridicule. Les deux plus grands ennemis des arts, l'orgueil et le luxe, l'assiègent à la fois. Les couronnes mendiées qui pleuvent sur sa tête, les hyperboles extravagantes des journalistes qui l'étouffent en l'embrassant, le Pactole qui coule dans ses coffres, tout semble lui défendre de se croire un simple mortel : il revient à Paris avec moitié plus d'argent et moitié moins de talent ; et alors même qu'il n'est plus qu'un mauvais acteur, il se croit encore un dieu. »

Notre Oreste était irascible. Il ne le prouva que trop au vieux Geoffroy. A quelques jours de là, le 9 décembre, Geoffroy assistait dans une loge à une représentation de la *Revanche*, où, pour parler le langage du *Journal de Paris* « le *père des comédiens* examinait tranquillement les jeux de ses enfants », lorsqu'une voix formidable ordonne l'ouverture de cette loge. Cette voix, on l'a reconnue, c'est celle d'Oreste. Une main vigoureuse saisit alors par le collet le malheureux Geoffroy, le secoue, le tiraille, malgré la résistance et les cris de sa compagne, si plaisamment dépeinte par l'auteur de *Folliculus* ; le parterre et l'orchestre sont debout pour juger des coups. Et l'infortuné *Folliculus* s'esquive tant bien que mal.

Tel est cet acte regrettable dans toute sa simplicité, ou sa brutalité, si vous aimez mieux. Aussitôt voici la ville divisée en deux camps : les défenseurs du critique malmené et les amis quand même du tragédien à poigne. Les gens vraiment sages déplorent le fait et ne se mêlent point à la discussion. Laissons à présent la parole aux deux intéressés :

« On a bercé les oisifs, depuis quelques jours, écrit Geoffroy, de contes ridicules sur l'étrange visite que j'ai reçue mardi dernier dans une loge du Théâtre-Français. Il y en a qui ont prétendu que, dans cette rencontre, j'étais tombé sous les coups du *grand Talma*, oubliant qu'il ne faut pas confondre cet acteur avec les héros qu'il représente.

« D'autres ont dit que j'étais presque mort de peur, ignorant sans doute que Talma ne fait peur que sur la scène. Voici l'exacte vérité, et, pour ainsi dire, le procès-verbal des faits : j'étais dans une petite loge du rez-de-chaussée, assez près du théâtre, avec trois autres personnes. On jouait le premier acte de la *Revanche*, et ce spectacle occupait toute notre attention, lorsque tout à coup la loge s'ouvre.

« Un homme entre brusquement, l'air furieux, l'œil égaré, tel que Hamlet poursuivi par un fantôme, ou tel qu'Oreste tourmenté par les furies.

« C'est vous que je cherche ! me dit-il en me serrant la main bien plus fort que ne fait un ami. Je sentis même que cette main, qui serrait la mienne, était armée de griffes fort tranchantes, telles que les poètes en donnent aux princes infernaux.

« Une égratignure assez forte est la seule blessure que j'ai reçue dans cette action mémorable, et j'en porte encore la cicatrice glorieuse. Mais il faut juger mon redoutable adversaire plutôt sur l'intention que sur le fait.

« Sortez ! a-t-il répété d'un ton tragique.

« — Sortez vous-même.

« Et aussitôt nous avons chassé l'ennemi de la place où il s'était introduit par surprise ; exploit assurément très facile.

« Que vouliez-vous qu'il fît contre quatre ?
— Qu'il sortît.

« Sur les quatre, il y avait deux femmes ; il s'est fait un grand mouvement dans la salle ; tout le monde s'est levé, notre loge est devenue le lieu de la scène. Les acteurs, cessant de parler, n'ont plus été un instant que spectateurs. Nous avons laissé Talma à la porte, dans un beau désespoir : ne jugeant pas même ce champ de bataille indigne de sa valeur, il a continué à battre la loge avec la grosse artillerie des menaces et des injures, jusqu'au moment où des gens sages se sont emparés de sa personne et ont soustrait son délire aux regards des curieux, auxquels il donnait une scène de fureur sur un théâtre qui ne devait pas être le sien. » Il termine ainsi : « C'est ici mon dernier mot sur cet acteur : un profond silence est désormais ce que je lui dois ;

il est devenu étranger pour moi; je ne le connais plus; je ne peux plus, avec honneur, dire ni bien ni mal de son talent. Mes éloges auraient l'air de la crainte et de la bassesse, mes critiques ressembleraient à la haine et à la vengeance : ces sentiments sont bien loin de mon cœur. »

Voyons à présent la réponse de Talma. La lettre suivante fut publiée le 16 décembre dans le *Journal de Paris*, la *Gazette de France* et le *Journal de l'Empire* :

« Monsieur, je ne réponds pas à M. Geoffroy, mais je dois compte de ma conduite au public.

« On a parlé diversement de l'événement arrivé mercredi dernier au Théâtre-Français, et je vais rétablir les faits. Sans cesse en butte aux attaques de M. Geoffroy; instruit que depuis deux ans il jouissait *gratuitement* d'une loge au Théâtre-Français, je ne sais comment, ni à quel titre; encore tout ému, je l'avoue, d'un article récent dans lequel il avait à mon égard poussé le droit de la critique au delà de toutes les bornes; frappé, en le voyant dans cette loge, de l'idée subite que, poursuivi avec acharnement par lui, je me trouvais cependant contribuer à lui fournir une place commode pour y venir débiter des invectives contre moi, il ne m'a pas été possible de retenir mon indignation; je suis entré dans la loge pour l'en faire sortir, et non pour le frapper, comme il le prétend. Le mouvement dont j'étais agité ne m'a pas permis de réfléchir ni sur le moment, ni sur le lieu, et c'est un tort dont je m'accuse.

« Au surplus, si M. Geoffroy se plaint que je l'ai maltraité, pourquoi, au lieu de se rendre, dans son feuilleton, juge dans une affaire où il est partie, ne m'attaque-t-il pas devant les tribunaux? C'est là que je pourrai lui répondre, c'est là qu'on pourra décider si j'avais ou non le droit d'expulser M. Geoffroy d'une loge qu'il ne devait pas occuper. Que ne m'y cite-t-il ? Il m'offrira une heureuse occasion de faire connaître d'une manière éclatante quels sont les ressorts qui déterminent le plus souvent en lui l'éloge ou le blâme. Je ne suis pas le seul qui brûle de le confondre et qui en ait les moyens. »

Le passage suivant, publié par le *Journal de Paris* et la *Gazette de France*, fut supprimé par le *Journal de l'Empire*, qui était le journal de Geoffroy.

« Des personnes bien excusables, sans doute, par le besoin qu'elles ont de toute la bienveillance du public, d'avoir essayé d'acheter leur tranquillité, sont prêtes à faire des révélations qui embarrasseront M. Geoffroy. Ces révélations détermineront peut-être beaucoup d'artistes, dont il met encore à profit les craintes, à se joindre à moi et à s'affranchir enfin de l'effroi de ses persécutions. Je défie ici hautement M. Geoffroy, et je l'attends. »

La fin de la lettre fut publiée partout et sans changements.

« Il est triste sans doute pour moi d'avoir à entretenir le public de pareils détails. C'est à lui de juger, du reste, si, comme le prétend M. Geoffroy, je suis gâté par les flatteurs, lorsque, dans un journal très répandu, je me vois abreuvé d'injures et de dégoûts. M. Geoffroy conviendra du moins qu'il a su mettre un terrible contrepoids à ces prétendues flatteries, grâce à l'amertume de ces censures que j'ai supportées patiemment pendant douze ans; et si dans cette circonstance j'ai cédé à un premier mouvement, commandé par le sentiment profond d'une injustice outrée, mon seul et véritable regret est d'avoir oublié un instant que j'étais en présence de ce même public, sous les yeux duquel mon faible talent s'est formé, qui m'a toujours honoré de sa bienveillance, et auquel je dois toute ma reconnaissance et tout mon respect.

« J'ai l'honneur, etc.

« Talma. »

Quoi qu'en dise Talma, la violence et les voies de fait ne sont pas un raisonnement. Le fait de la loge gratuite était vrai. Mais Talma ne représentait pas à lui seul le Théâtre-Français, et si tel était l'avis du comité, seul juge en la matière, il n'y avait qu'à faire cesser par un vote ce que le tragédien considérait comme un abus. Maintenant, je sais bien que beaucoup de gens blâmèrent tout haut la conduite de Talma, bien que l'approuvant en soi. Le farouche critique, si injuste, — et si vénal aussi, il faut bien le dire, — méritait une bonne correction. Il la reçut du premier d'entre tous les artistes, au nom de tous. Cependant l'histoire ne finit pas là. Talma, paraissant dans le rôle de *Rhadamiste*, quelques jours après cette aventure, fut accueilli par de vifs applaudissements, mais aussi par de nombreux sifflets. Une voix cria : « Talma en prison ! » La même joie et la même douleur, écrit le *Journal de Paris*, du 13 décembre, l'ont salué à la fin de la pièce.

« La représentation de *Rhadamiste* a été très brillante ce soir, écrit le rédacteur de la *Gazette de France*. Talma a été accueilli à son entrée par des applaudissements multipliés, qui cependant n'ont pu étouffer quelques sifflets destinés à le décourager. » L'individu qui avait crié : « Talma en prison ! » fut arrêté.

Cette affaire fit tant de bruit, qu'elle alla jusqu'à l'Empereur, revenu à Paris quelques jours après cette équipée. « Je me rappelle, écrit Constant, valet de chambre de l'Empereur, que Sa Majesté me parla de la querelle que Talma avait eue, peu de jours avant son arrivée, avec Geoffroy. L'Empereur, quoiqu'il aimât beaucoup Talma, lui donnait complètement tort. Il répéta plusieurs fois : Un vieillard ! un vieillard !... cela n'est pas excusable !... Parbleu ! ajouta-t-il en souriant, est-ce qu'on ne dit pas du mal de moi ?... n'ai-je pas aussi mes critiques, qui ne m'épargnent guère ? Il n'aurait pas dû être plus susceptible que moi. — Cette affaire passa cependant sans désagrément pour Talma ; car, je le répète, l'Empereur l'aimait beaucoup et le comblait de pensions et de cadeaux (1). »

(1) *Mémoires de Constant*, t. V, p. 164.

XXVII

NOUVEAUX SUCCÈS

L'Empereur était revenu à Paris dans la soirée du 18 décembre. L'armée de Moscou, la grande armée n'existait plus. Le 27 au soir, il paye d'audace et se montre à l'Opéra; on donnait *Jérusalem délivrée*. Le concours des spectateurs était immense, et d'après le *Moniteur*, les acclamations aussi. Il est vrai que la terrible vérité sur la fin de la campagne de Russie n'était pas encore bien connue. « Jamais je n'avais vu plus d'enthousiasme, écrit Constant, et je dois avouer que la transition était brusque pour moi du passage récent de la Bérésina à une représentation vraiment magique. »

Napoléon comprend qu'il faut essayer par tous les moyens possibles de réagir contre le sentiment de tristesse générale qui s'empare de tous les esprits. Le 10 janvier 1813, il fait insérer au *Moniteur* l'entrefilet suivant : « Sa Majesté l'Empereur a été hier au Théâtre-Français, où l'on jouait la tragédie d'*Hector*. Cette pièce moderne est celle que Sa Majesté paraît affectionner davantage. Ce matin, dimanche, après la messe, il y a eu parade, etc., les hommes sont superbes, pleins d'enthousiasme et de bonne volonté. » Les grands fonctionnaires et la reine Hortense reçoivent l'ordre de donner des fêtes comme de coutume. « On fut contraint, a dit Chateaubriand, d'aller au bal la mort dans le cœur, pleurant intérieurement ses parents et ses amis. » C'était au moment même où les lettres des rares survivants arrivaient du fond de l'Allemagne, apprenant enfin aux familles les lamentables détails de la retraite de Russie et du passage de la Bérésina.

Le terrible Geoffroy continue à attaquer tout le monde dans son journal depuis qu'il s'est interdit le plaisir de blâmer Talma. Après les vivants, les morts. Le Tasse, Voltaire, Corneille et Racine n'y sont pas plus épargnés que La Harpe et Jean-Baptiste Rousseau. « Dans les dernières années, il se gâta, écrit Sainte-Beuve, ou du moins il parut plus gâté qu'il ne l'avait été jusque-là. » D'étranges bruits circulèrent. Dès le 15 mars 1812, un soi-disant vieil amateur se plaignait dans le *Journal de l'Empire* du relâchement des acteurs et de celui de la critique. Il en recherchait les causes, et il entrait à ce sujet dans des allusions qui étaient on ne saurait plus transparentes.

Ce vieil amateur n'était autre que Dussault. Geoffroy avait répondu le 20 mars par un article intitulé : « Mon retour et ma rentrée. » Il avait reconnu Dussault sous le masque. Mais il répondit mal. Il s'exalta, parla de ses ennemis.: « Jusqu'ici j'avais aisément repoussé les traits lancés du dehors; mais, pour la première fois, j'ai eu affaire à des ennemis maîtres de la place ; ils m'attaquent dans l'intérieur même du journal, au sein de mes foyers. » Il avait la tête moins saine le dernier jour que le premier : c'est l'histoire de tous les potentats et dictateurs. Au reste, sa position, vers 1812, semblait entamée de toutes parts et fort compromise. Il était temps qu'il mourût, sans quoi le sceptre ou la férule lui serait échappé (1).

A la Comédie française, les sociétaires, jaloux de témoigner les liens de reconnaissance qui les unissaient à la fortune de l'Empereur, se réunissent en assemblée générale et votent l'achat de trois chevaux pour le service des armées impériales (28 janvier). M. Bernard est nommé commissaire impérial, en remplacement de M. Mahérault (6 février). On apprend la mort de Mme Louise Contat. Enfin le *Journal de l'Empire* annonce que Mlle Georges a quitté Saint-Pétersbourg et se prépare à rentrer en France. Nous allons bientôt la retrouver à Dresde.

Mais les deux événements considérables qui remplirent les annales du Théâtre-Français pendant la première partie de l'année 1813 furent la réception et la représentation de deux tragédies nouvelles, qui donnèrent l'occasion à Talma de se produire dans

---

(1) SAINTE-BEUVE, *Causeries du Lundi*, t. I, p. 383, 384.

deux nouvelles créations. Nous voulons parler de *Typoo-Saëb*, tragédie en cinq actes de M. de Jouy (27 janvier), et de *Ninus II*, tragédie en cinq actes de Brifaut (19 avril). Nous nous y arrêterons quelque peu.

La pièce de *Typoo-Saëb* avait fait grand tapage avant son apparition. On disait que l'auteur s'était préparé de nombreux obstacles ; qu'il avait contre lui la prévention dont le parterre des Français était alors armé contre toute production nouvelle ; qu'il avait choisi une histoire remplie d'intérêt, mais dépourvue de mouvements dramatiques ; que son intrigue était purement politique, que l'amour n'y avait aucune part. Enfin l'on parlait aussi beaucoup des costumes, la scène se passant à Mysore ; Talma n'avait pas passé moins de trois jours à réfléchir sur le costume qu'il choisirait.

Le jour de la première représentation arrive ; l'affluence est énorme, on se dispute les places dans les corridors. Plusieurs amateurs, n'ayant pu trouver à se caser, attendent au foyer la décision du parterre. Quelques sifflets timides sont aussitôt étouffés par les applaudissements. C'est que l'auteur a fait du sultan de Mysore un caractère brave et généreux ; sa haine contre les Anglais, haine bien motivée, est présentée d'une manière noble. M. de Jouy a su trouver la corde patriotique.

Le rôle de *Typoo-Saëb* convenant parfaitement au genre de talent de Talma, il y fut admirable d'un bout à l'autre ; le succès fut énorme. Seul, Geoffroy, n'oubliant toujours pas ses vieilles rancunes, ne sa-

vait comment s'en tirer, ce qui fit dire à un confrère :
« M. Geoffroy paraît vouloir en dire du mal, et craint d'en dire du bien. » Il se rattrapa à quelques jours de là en rendant compte de la parodie de *Typoo*, jouée sur le théâtre du Vaudeville (le *Cimetière du Parnasse ou Typoo malade*). Bien qu'il ait formellement promis de ne jamais parler ni en bien ni en mal de Talma, il se demandait si l'on n'aurait pas pu tirer un parti plus avantageux qu'on ne l'avait fait, dans la parodie du Vaudeville, de l'acteur chargé de ce rôle. « Sa grosse voix, ses cris, ses saccades, son grognement, auraient pu fournir à une imitation burlesque. »

Le 4 février, Talma joue *Typoo* aux Tuileries. Le 25 mars, toujours aux Tuileries, Talma joue *Cinna*, la pièce préférée de l'Empereur.

Ninus II de M. Brifaut n'eut pas le succès de la tragédie précédente, mais un joli demi-succès. L'auteur était un débutant, et, malgré quelques défauts, tout le monde s'accordait à reconnaître la sagesse du plan dramatique, la correction et la vigueur du style. « Je rentre un peu étourdi du succès auquel je viens d'assister à la Comédie française, écrit Charles Maurice (1). *Ninus II* est-il un bon ouvrage dramatique? Vivra-t-il assez longtemps pour qu'on s'aperçoive du contraire? — L'intérêt que M. de Montalivet y a pris m'a plusieurs fois embarrassé. — La loge, la dernière des *grillées* à l'encoignure du balcon de droite, ma place accoutumée, mettait en

---

(1) *Épaves,* par Ch. Maurice, p. 99. Paris, 1865.

rapport sa bienveillance avec mes faibles lumières, et, d'acte en acte, il me disait : « Croyez-vous que cela se soutienne jusqu'à la fin ? » — Moi de le rassurer avec une confiance passablement hypocrite ! — Cependant je me suis hasardé à blâmer un vers sans qu'il ait essayé de le défendre, celui dont Talma cherchait adroitement à dissimuler la fausseté :

> Qu'il ait sa part de gloire et non pas de danger.

« Monseigneur, ai-je dit au ministre, convenez que là où il n'y a pas de danger à courir, il n'y a pas de gloire à espérer. — C'est juste, m'a-t-il répondu, mais cela peut se corriger. — Excellent homme ! »

Talma et Mlle Duchesnois furent parfaits dans les rôles de Ninus et d'Elzire. Mlle Bourgoing manqua un peu d'énergie. Baptiste aîné fut noble, sans monotonie. La pièce en somme fut bien accueillie. Geoffroy seul en parla avec assez de malveillance, mais on n'y faisait plus guère attention. Malheureusement cet ouvrage fut interrompu après la deuxième représentation par une maladie de Baptiste.

Le mois de mai fut rempli par les débuts de Mlle Humbert, jeune actrice qui donnait de grandes espérances, et à qui Talma en personne ne craignait pas de donner la réplique afin de mieux soutenir les effets. C'est ainsi qu'il reparut dans *Andromaque*, dans *Iphigénie en Aulide*.

« Talma s'est montré sublime dans le rôle d'Achille, lisons-nous dans le *Journal des arts*. Chaque scène lui a mérité de nombreux applaudissements ; il a rendu surtout avec beaucoup d'âme et d'énergie la menace du roi des rois et la situation d'Achille et d'Iphigénie au quatrième acte. » Le jour du second début de Mlle Humbert, le parterre rit beaucoup de l'enthousiasme d'une dame qui, dans un moment d'oubli sans doute, s'élança de sa loge en criant : « Bravo, Talma ! » et lui envoya cinq ou six baisers.

Le 22 mai, le Théâtre-Français donne une représentation gratis. Le canon de Lutzen avait parlé. Sur ces entrefaites, Talma se préparait à partir pour Bordeaux. « Talma, lisons-nous dans les journaux du jour, va faire en province sa récolte accoutumée de bravos et de couronnes. Mlle Duchesnois est déjà partie ; Mlle Raucourt à la veille de son départ. » Ces projets de voyage devaient bientôt être dérangés, comme on va le voir, par les volontés de l'Empereur.

XXVIII

VOYAGE DE DRESDE

Après la journée de Lutzen, Napoléon était entré victorieusement à Dresde, où il avait été rejoint par le roi de Saxe, redevenu son allié. L'armistice fut donc signé le 4 juin 1813, non pour préparer la paix, mais à vrai dire pour préparer une seconde campagne. Telle était du moins la pensée de l'Empereur.

L'armée française entra dans ses cantonnements. Pendant ce temps, Napoléon s'installa dans le palais Marcolini, charmante habitation d'été, située dans le faubourg de Friedrichstadt. Aussitôt il fut décidé qu'il y aurait, comme aux Tuileries, dîners, réceptions et représentations théâtrales. La Comédie française fut mandée.

Quand on apprit rue Richelieu qu'il fallait partir à Dresde, ce fut parmi les comédiens à qui partirait. Tout annonçait le plus beau voyage qu'il fût possible de rêver, une réédition d'Erfurt. Mais l'Empereur ne demandait que les acteurs de la comédie. La tragédie n'avait qu'à se tenir tranquille.

L'ordre de départ avait été si prompt, a raconté Fleury (1), qu'il n'y eut le temps d'écrire à personne. Les comédiens furent menés en vrais régiments qui vont faire campagne; tout se trouva réglé. On aurait dit que l'intendance militaire avait passé par là. Chaque voyageur reçut 3,000 francs pour ses frais de route; ceux qui n'avaient pas de voiture en trouvèrent une à leur porte. Le fournisseur impérial avait pourvu à tout. Les domestiques et les bagages allaient en diligence. Ce furent des courses olympiques : on se croisait, on se saluait du mouchoir, on s'accrochait à l'occasion, mais on ne va pas à la gloire sans avaries ! Napoléon ne voulait-il pas que les arts entrassent partout en même temps que ses aigles ?

Fleury arriva le premier à Dresde ; son logement était retenu le premier d'avance, et l'on avait aussi retenu tous les autres. Hors le billet de logement, la Comédie marchait militairement ; les appartements suivirent les grades. De plus, chaque chef d'emploi reçut 1,500 francs pour ses dépenses particulières.

Les artistes désignés pour ce voyage étaient Fleury, Saint-Fal, Baptiste cadet, Armand, Thénard, Michot, Devigny, Michelot, Barbier, Mmes Mars, Bourgoing, Thénard, Émilie Contat et Mézeray. La direction avait été confiée aux soins de Desprez.

Tout ce monde fut rendu à Dresde le 19 juin. Les

(1) *Mémoires de Fleury*, t. II, p. 405.

logements préparés étaient tous meublés avec goût ; des domestiques et des voitures se tenaient à la disposition des artistes. Le duc de Vicence, chargé par intérim des fonctions de grand maréchal du palais, avait reçu l'ordre de faire disposer une salle de spectacle. Il s'en remit à son tour aux soins de MM. de Bausset et de Turenne, auxquels l'Empereur donna la surintendance de l'entreprise. On construisit donc un théâtre dans l'orangerie du palais Marcolini. Cette salle communiquait avec les appartements et pouvait contenir environ deux cents personnes ; tout fut prêt comme par enchantement, et ce théâtre improvisé fut inauguré, en attendant les débuts de la troupe française, par deux ou trois représentations que donnèrent les comédiens italiens du roi de Saxe.

Le début des comédiens français au théâtre de l'orangerie n'eut lieu que le 22 juin, par la *Gageure imprévue* et une autre pièce fort en vogue alors à Paris : *la Suite d'un bal masqué*.

Tout à coup, grand émoi dans le personnel dramatique, grand émoi même au palais, grand émoi jusque chez l'Empereur. On n'entend plus qu'un cri : Mlle Georges est de retour !

Mlle Georges la transfuge, Mlle Georges la disparue d'il y a cinq ans ! C'est elle, c'est bien elle, et la voici au milieu de ses anciens camarades, prête à jouer s'il le faut, prête à se faire applaudir, si l'Empereur toutefois y consent. Rappelons en quelques mots ce qui s'était passé.

Depuis sa fugue, dont nous avons déjà parlé, Mlle Georges avait trouvé chez les Russes gloire et fortune. Mais voici que Napoléon pénètre au cœur même du grand empire. Mlle Georges sent se réveiller en elle son âme de Française. On ne connaît que trop la fin de la campagne de Russie.

En présence de tant de désastres, Mlle Georges ne veut plus entendre parler des Russes; en vain le Czar lui offre-t-il de doubler ses appointements pour l'engager à rester. Rien n'y fait. Elle s'échappe de Saint-Pétersbourg, traverse la Baltique, se rend à Stockholm, et là retrouve Bernadotte et Mme de Staël, qui la reçoivent en compatriote et en amie. Stockholm fête l'artiste comme Saint-Pétersbourg l'avait fêtée. Puis elle témoigne le désir de gagner Brunswick, où se trouve le roi de Westphalie. Bernadotte lui donne un parlementaire et une escorte, et voici la princesse tragique faisant ainsi son entrée en Allemagne. Là, elle apprend que Napoléon est à Dresde et qu'il vient de faire mander la Comédie française. Mlle Georges n'a plus qu'un but : atteindre Dresde pour y retrouver l'Empereur et la Comédie.

Le roi Jérôme adresse Mlle Georges à son puissant frère, en la faisant précéder d'un courrier. Caulaincourt vient la recevoir à Dresde, à sa descente de berline, et la transfuge tombe dans les bras de ses amis, qu'elle n'avait pas revus depuis cinq ans.

Mais comment jouer la tragédie? Talma est à Bordeaux et Saint-Prix à Paris ; ne comptant pas sur le retour de la princesse tragique, l'Empereur n'avait fait venir que la troupe de comédie. Un tel souverain serait-il embarrassé pour si peu de chose? Vite le télégraphe est mis en mouvement; Talma est arraché de Bordeaux, Saint-Prix est enlevé de Paris, et quatre jours après, pas davantage, Horace et Manlius, accompagnés de tout leur attirail tragique, seront dans la capitale de la Saxe.

Talma avait débuté à Bordeaux le 17 juin par le rôle d'Oreste dans *Iphigénie en Tauride*. Rappelé subitement à Dresde par ordre de l'Empereur, il était forcé de rompre du même coup tous ses engagements. Le 19, il jouait à Bordeaux pour la deuxième et dernière fois, et prenait le chemin de la Saxe.

La salle de l'Orangerie devenait trop petite pour les représentations tragiques; on réserva ce genre de spectacle pour le grand théâtre de la ville, où l'on n'était admis ces jours-là qu'avec des billets du comte de Turenne, et sans aucune rétribution. Le service des loges était fait par les valets de pied de Sa Majesté, qui portaient des rafraîchissements pendant toute la durée du spectacle.

La Comédie française ne donna pas moins de vingt-cinq représentations en pleine Allemagne. Par décret impérial, M^{llo} Georges était réintégrée dans tous ses droits à la Comédie française. L'Empereur avait pardonné. Constant nous a laissé, dans ses *Mémoires*, l'emploi des journées à Dresde après l'arrivée des acteurs du Théâtre-Français. Tout était tranquille jusqu'à huit heures du matin, à moins que quelque courrier ne fût arrivé, ou que quelque aide de camp n'eût été appelé à l'improviste. A huit heures, l'Empereur s'habillait. A neuf heures, il y avait lever, auquel pouvaient assister toutes les personnes qui avaient rang de colonel. On y admettait aussi les autorités civiles et militaires du pays; les ducs de Weimar et d'Anhalt, les frères et les neveux du roi de Saxe, y venaient quelquefois. Après, le déjeuner; ensuite, la parade dans les prairies d'Osterwise, distantes de cent pas à peu près du palais. L'Empereur s'y rendait toujours à cheval, et mettait pied à terre en arrivant; les troupes défilaient devant lui et le saluaient trois fois avec l'enthousiasme ordinaire. Les évolutions étaient commandées tantôt par l'Empereur, tantôt par le comte de Lobau; dès que la cavalerie avait commencé à défiler, Sa Majesté rentrait au palais et se mettait à travailler. Alors commençait une tranquillité telle que, sans les deux vedettes à cheval et les deux factionnaires, qui annonçaient le séjour d'un monarque, on aurait eu de la peine à supposer que cette belle demeure fut habitée même par un simple particulier.

Le dîner n'avait lieu que fort tard, à sept ou huit heures. L'Empereur dînait souvent seul avec le prince de Neufchâtel, à moins d'avoir quelques convives de la famille royale de Saxe. Après dîner, on allait au spectacle, quand il y avait spectacle, et après le spectacle, l'Empereur rentrait dans son cabinet pour travailler encore, seul, ou avec ses secrétaires.

C'était tous les jours la même chose, à moins que, — et le cas était fort rare, — fatigué outre mesure du travail de la journée, « il prît fantaisie à Sa Majesté de faire venir Mlle Georges après la tragédie. »

Contentons-nous de jeter un voile sur les indiscrétions de Constant (1).

Il arrivait aussi quelquefois à l'Empereur de faire inviter à déjeuner Talma et Mlle Mars. Un jour, dans une conversation qu'il eut avec cette admirable actrice, l'Empereur parla de son début : « Sire, dit-elle avec sa grâce habituelle, j'ai commencé toute petite. Je me suis glissée sans être aperçue.

« — Sans être aperçue ! répliqua vivement Napoléon. Vous vous trompez ; croyez, du reste, mademoiselle, que j'ai toujours applaudi, avec toute la France, à vos rares talents. »

Un autre jour, Mlle Mars et Mlle Bourgoing versèrent près de Dresde en se promenant dans une calèche. La première fut vivement rétablie ; l'autre, légèrement blessée. Mais, obligée de se présenter devant l'Empereur, Mlle Mars voulut cacher son œil encore tout noir. L'Empereur lui écarta son voile en lui disant qu'il connaissait « ce petit malheur », et que ce n'était pas une raison pour lui dérober les charmes de son visage.

Un changement remarquable se fit, à cette époque, dans les goûts de Napoléon, qui, jusqu'à ce moment, avait préféré la tragédie. C'est M. de Bausset, alors chargé des fonctions de surintendant, qui fait cette remarque. « Tous les hommes, en général, écrit-il (2), éprouvent assez ordinairement cet effet de la vie. Dans l'âge des passions et de la jeunesse, les

---

(1) *Mémoires de Constant*, t. V, p. 224.
(2) *Mémoires de M. de Bausset*, ch. XIV.

chefs-d'œuvre de la scène tragique nous transportent dans un monde inconnu et de convention. Là, tout, jusqu'au langage et aux costumes, parle héroïquement à nos sens et à notre âme. C'est le moment des illusions qui nous ravissent et nous subjuguent. Plus tard, l'exaltation se calme ; on a besoin de se rapprocher de la nature et du monde réel ; la société, la peinture vraie des caractères et des mœurs nous intéresse et nous attache bien davantage. »

Ce ne furent donc pas seulement les talents de Mlle Mars et de Fleury qui opérèrent ce changement.

M. de Bausset choisissait les moments du déjeuner pour présenter à l'Empereur la liste des ouvrages qui pouvaient être représentés.

Un jour, à propos de l'*Intrigue épistolaire*, il demanda si cette pièce n'était pas de Fabre d'Églantine. Il fit sévèrement la critique du *Philinte* du même auteur. Il se décida pour l'*Épreuve nouvelle* et le *Secret du ménage*. Cette jolie comédie lui fit un grand plaisir ; il se rappela l'avoir vu jouer à Fontainebleau.

Le séjour de l'Empereur à Dresde y répandit l'abondance et la richesse. Plus de six millions d'étrangers passèrent dans cette ville depuis le 8 mai jusqu'au 16 novembre. On rencontrait dans les rues de Dresde jusqu'à des tailleurs parisiens et des cireurs de bottes de la place Maubert.

Quant à la noblesse saxonne, comme elle raffolait des fêtes, elle invitait les comédiens partout. On se les arrachait littéralement. Il arriva plus d'une fois que ces brillantes réunions n'avaient qu'un comédien.

Il semblait que les artistes fussent le bouquet obligé des soirées dans les maisons qui se faisaient un honneur de les recevoir. Seulement l'auteur des *Mémoires de Fleury* aurait bien dû relire l'histoire avant de faire rendre toutes ces politesses par ce malheureux Duroc, alors que les restes du grand maréchal, tué dans la dernière bataille, avaient traversé Dresde un mois auparavant.

Autour de Napoléon, s'était réunie, comme à Erfurt, une véritable cour de rois. Mlle Georges les appelait les *chambellans de l'Aigle*. L'Empereur et l'Impératrice d'Autriche avaient quitté Vienne de leur propre mouvement, pour venir rejoindre leur gendre à Dresde. Quelle salle! Quel auditoire! Un des grands rois du Nord, un prince royal, un empereur d'Autriche, deux impératrices, vingt princes venus de la Baltique et du Rhin, d'illustres confédérés, des ducs souverains, et le conquérant toujours attendu, et arrivant le dernier. — En haut, en bas, partout, des croix, des cordons, des diamants (1).

L'Empereur ne faisait jouer la comédie à la Cour que trois fois par semaine. Après les premières fois, il fit dire aux comédiens qu'ils pourraient disposer des autres jours, et jouer pour leur compte personnel sur le théâtre de la ville. Plusieurs étaient tentés d'accepter. Fleury s'y opposa.

« Lorsque je vins à Dresde, répondit-il, c'est d'après les ordres de Sa Majesté et pour son service. Je me regarde dans ce moment-ci comme dans sa

(1) *Mémoires de Fleury*, t. II, p. 405 et suivantes.

maison. Sa Majesté fera ce que bon lui semblera. Mais je ne jouerai pas la comédie sur le théâtre de la ville pour de l'argent ; gratis, tant qu'on voudra. Je suis aux ordres de l'Empereur, et sans doute Sa Majesté n'a pas l'intention de faire payer par la ville de Dresde les personnes attachées à sa maison. »

La réponse ne manquait pas de grandeur ; on se rangea de cet avis. On en fit part à l'Empereur sans désigner d'aucune façon Fleury. « — C'est Fleury qui a parlé ainsi, s'écria-t-il. Allons, avouez, c'est Fleury, n'est-ce pas ? Je reconnais là sa hauteur... ma foi ! C'est bien, c'est très bien. »

Et quelques jours après on pouvait lire sur les murs de Dresde : les comédiens français donneront dimanche une représentation gratis au théâtre de la ville (1).

(1) Il a été vendu récemment chez M. Eug. Charavay une lettre autographe de Talma au peintre Ducis, son beau frère ; cette lettre, datée de Dresde, 3 juillet 1813, est relative aux représentations données par la Comédie française. Arrivé depuis vingt jours, nous dit-il, il n'a encore joué que deux fois dans *Œdipe* et *Sémiramis* : il doit jouer le 4 *Andromaque;* l'Empereur est parti pour Mayence ; pendant son absence, la Comédie française n'a pas cessé son service, et elle a joué pour le roi de Saxe. Suivent de curieux détails sur l'emploi de son temps dans cette ville triste et ennuyeuse. Il donne des nouvelles des artistes qui sont avec lui, Baptiste cadet, Michot, Mlles Duchesnois et Georges. A propos de cette dernière, il parle de ses succès, de son talent, qui porte ombrage à Mlle Duchesnois, qui aurait parlé de donner sa démission. « Je crois que Duchesnois a tort de s'effrayer, ajoute Talma ; j'ai trouvé Georges fort raisonnable en ce qui est relatif à l'arrangement qui peut avoir lieu entre elles ; et je crois que sans se nuire elles peuvent toutes les

Cependant, au milieu des préparatifs de guerre, on se disposait à célébrer le 10 août la fête de l'Empereur, fête que l'on avait avancée de cinq jours à cause de l'armistice qui expirait le 15. Comme à Paris, il y eut à Dresde spectacle gratis la veille de la fête. Les comédiens jouèrent deux pièces le 9, à cinq heures du soir ; cette représentation fut la dernière. Injonction leur fut faite de retourner à Paris aussi promptement qu'ils étaient venus à Dresde. « Ma Comédie s'est bien conduite, » disait l'Empereur. Les effets de la munificence impériale ne tardèrent pas à se faire sentir.

Le 12 août, Napoléon adressait la lettre suivante au comte de Rémusat :

« Dresde, 12 août 1813.

« Je vous envoie un état des gratifications que j'accorde aux acteurs de la Comédie française qui ont fait le voyage de Dresde ; cet état monte à la somme de 111,500 francs. Vous ferez solder ces gratifications par la caisse des théâtres. »

Gratifications accordées aux comédiens français qui ont fait le voyage de Dresde :

MM. Desprez...	6,000 fr.
Saint-Prix...	6,000
Talma...	8,000
Fleury...	10,000
Saint-Fal...	6,000

deux tenir leur place. Duchesnois a des avantages qui ne pourront effacer ceux que Georges peut avoir, et je trouve que celle-ci ne peut lui faire aucun tort. »

MM. Michot		4,000 fr.
Baptiste *cadet*		6,000
Armand		6,000
Thénard		4,000
Vigny		6,000
Michelot		4,000
Barbier		3,000
Mlles Georges		8,000
Thénard		4,000
Emilie Contat		6,000
Mézeray		4,000
Mars		10,000
Bourgoing		6,000
MM. Maignien		2,000
Fréchot (les frères)		1,500
Colson		500
Combre		500
Bouillon		500
Mongelas		500

(Ces derniers, figurants, souffleur et perruquier.)

Enfin, à la même date, 12 août 1813, l'Empereur écrit au général Drouot : « J'approuve que vous fassiez payer aux comédiens français les 42,800 francs auxquels vous évaluez leurs frais de retour ; ces frais de voyage doivent leur être payés ici avant leur départ. »

Ce séjour à Dresde n'avait été qu'une suite de succès pour les artistes de la Comédie française. « Je conviens, écrit M. de Bausset, que la surintendance des théâtres à Dresde fut pour moi une source continuelle de plaisirs. Je fus frappé par l'accord de tous les acteurs, par leurs qualités privées... »

Pendant le voyage que fit l'Empereur à Mayence, raconte Constant, le général Durosnel, gouverneur de Dresde, profitant de ses loisirs, avait donné une fête aux artistes. Sans manquer aux bienséances ni à la politesse, Baptiste cadet contribua beaucoup à l'agrément de la soirée. En effet, il s'y présenta sous le nom de milord Bristol, diplomate anglais se rendant au congrès de Prague. Son déguisement était si vrai, son accent si naturel et son flegme si imperturbable, que plusieurs personnes de la cour du roi de Saxe y furent prises de la meilleure foi du monde.

Baptiste cadet était d'ailleurs coutumier du fait. On se rappelle ses mystifications aux déjeuners du colonel Beauharnais.

Le 24 août, la troupe de Dresde était de retour à Paris; Talma repartait pour Bordeaux afin d'y continuer les représentations qu'il avait été forcé d'interrompre, tandis que Mlle Duchesnois allait faire les délices du théâtre de Lyon. Mlle Georges, enfin de retour à Paris, descendait rue Batave, à l'hôtel de ce nom, et il n'était bruit dans les journaux que de sa prochaine rentrée. Mais l'enthousiasme que l'on avait conçu pour elle fut de courte durée.

Talma resta encore quelque temps à Bordeaux. La représentation qu'il donna au bénéfice de la signora Ledo attira beaucoup de monde. Puis il se rendit à Nantes, succédant à Mlle Leverd, qui quittait cette ville (7 octobre), tandis qu'on l'attendait à Paris pour remonter *Ninus II*, dont les représentations, on s'en souvient, s'étaient trouvées subitement interrompues. Vers la fin d'octobre, Talma donna encore sur le théâtre de Nantes, à son bénéfice, une représentation composée des *Templiers* et de *Shakespeare amoureux*. Il remplit avec beaucoup de succès, dans la tragédie, le rôle du grand-maître, rôle qu'il avait déjà joué à Bruxelles, et qu'il se proposait de jouer à Paris. A la fin de la seconde pièce, au moyen d'un changement à vue, tous les acteurs se trouvèrent groupés autour de lui avec des couronnes. Ceux de l'Opéra exécutèrent une cantate composée par M. Blanchard de la Musse; mais l'enthousiasme des spectateurs était tel, qu'on en perdit la plus grande partie. Talma, qui avait inutilement cherché à se soustraire à ces hommages, reçut aussi, et presque malgré lui, toutes les couronnes décernées à ses talents.

XXIX

LE THÉATRE A PARIS PENDANT LA CAMPAGNE DE FRANCE

Talma revint à Paris dans la première quinzaine de novembre. Le vieux Geoffroy, payant à Voltaire son tribut habituel à l'occasion d'*Œdipe,* se garde bien pourtant de prononcer le nom du tragédien ou celui de Mlle Duchesnois. Décidément ces deux artistes étaient rayés pour lui du livre des vivants. Pendant ce temps Martainville, dans le *Journal de Paris,* termine son article sur *Sémiramis* en disant que la destinée de Mlle Georges est d'être entraînée par Talma comme un satellite est entraîné par le mouvement de la planète qu'il escorte.

Le 5 décembre, *Ninus II* est joué aux Tuileries. On célèbre pour la dernière fois l'anniversaire du couronnement et de la bataille d'Austerlitz. Il n'y aura plus maintenant de représentation devant l'Empereur avant le 13 avril 1815! *Ninus II* est repris aussi au Théatre-Français; cette pièce, applaudie avec ivresse, suivant la *Gazette*, ou modérément, suivant Geoffroy, réussit cependant à attirer la foule. Mlle Raucourt, dont les apparitions sont assez rares, joue *Rodogune* avec Talma et Mlle Duchesnois, et parvient à faire salle comble.

L'année suivante s'annonce mal; c'est la campagne de France qui s'apprête. L'invasion s'avance à grands pas. On reproche à l'Empereur de n'avoir pas signé la paix après Lutzen.

Et cependant, malgré les terribles événements du moment, la foule se presse au théâtre; Talma paraît tour à tour dans *Ninus II*, dans *Iphigénie en Tauride*, dans *Rhadamiste*. Le 21 janvier il joue *Œdipe* devant un auditoire nombreux. Quatre jours plus tard, Napoléon quitte les Tuileries, où il laisse Marie-Louise et le roi de Rome, qu'il ne devait plus jamais revoir.

Au plus fort de tous ses malheurs, après la bataille de la Rothière, l'Empereur écrit à son frère Joseph : « Je préférerais qu'on égorgeât mon fils plutôt que de le voir jamais élevé à Vienne ou entre les mains des ennemis... Je n'ai jamais vu représenter *Andromaque*, que je n'aie plaint le sort d'Astyanax survivant à sa maison, et que je n'aie regardé comme un bonheur pour lui de ne pas survivre à son père. »

Le 10 février, Napoléon battait les Russes à Champaubert; le 11, il remportait sur les Prussiens la victoire de Montmirail; le 12, il poursuivait les vaincus et triomphait à Château-Thierry; le 14, il battait Blücher à Vauchamps.

« Sire, écrit à son frère le roi Jérôme, à la date du 11, tout Paris est dans la joie, car enfin l'honneur national n'est pas mort; l'Impératrice, que j'avais vue avant sa promenade, et que je viens de revoir, a ordonné qu'on tirât le canon et *qu'on publiât ces nouvelles aux spectacles du soir.* »

Oui, dans ces jours extrêmes, le pouvoir tâcha par tous les moyens possibles de réveiller le public et d'en tirer des ressources nouvelles; hélas! le temps était déjà loin où l'on courait s'enrôler à ce seul cri : La patrie en danger! Tous les théâtres jouèrent des ouvrages destinés à surexciter les esprits. De ces pièces, la plus retentissante fut l'*Oriflamme*, paroles d'Etienne et Baour-Lormian, musique de Berton, Kreutzer, Paër et Méhul, jouée à l'Opéra le 31 janvier 1814. C'est l'histoire de Charles Martel repoussant, dans les champs de la Touraine, l'invasion des Sarrasins.

> Charles Martel a levé l'oriflamme;
> Il nous répond des combats et du sort.

A l'Ambigu, c'est *Charles Martel* ou la *France sauvée;* à la Gaîté, c'est *Philippe-Auguste à Bouvines;* à l'Opéra-Comique, c'est *Bayard à Mézières;* aux Variétés, c'est *Jeanne Hachette* (1).

> Le fondateur de ma patrie,
> Charles, l'exemple des guerriers,

---

(1) *L'Histoire par le théâtre* (le Consulat et l'Empire), par Th. Muret, p. 273, 276 et suivantes.

> Du fond de sa tombe vous crie :
> Français ! défendez vos foyers.
> Repoussez jusqu'en Allemagne
> L'ennemi qui vient vous chercher.
> Soldats, ne laissez point toucher
> A l'empire de Charlemagne.

Le Théâtre-Français ne voulut pas rester étranger à tant de démonstrations. Il reprit une vieille tragédie jouée pour la première fois en 1765, le *Siège de Calais*. Mais cette pièce surannée, choisie et pourtant mutilée par l'autorité, ne produisit pas grand effet, malgré Saint-Prix, malgré Talma. *Œdipe* seul continue à attirer la foule.

On se promène sur les boulevards, on savoure le soleil printanier, on entre dans les cafés pour lire les bulletins des combats, à présent datés de quelques lieues de Paris ; puis, après avoir entendu dans un théâtre une pièce de circonstance, on rentre se coucher, peu disposé en somme à fournir un contingent à l'armée des volontaires.

Ce fut alors que le théâtre Feydeau remporta un des succès les plus brillants qu'il eut jamais à compter dans ses annales. *Joconde* fut joué pour la première fois, le 28 février 1814, juste un mois avant la prise de Paris. Pendant ce mois de mars, où le canon grondait de si près, *Joconde* poursuivit sa carrière triomphante. On courait entendre Martin et Mme Gavaudan, et l'on s'en allait du théâtre fredonnant les morceaux les plus remarquables, comme on eût fait aux jours les plus paisibles.

Étudions de près la vie intime du Théâtre-Français pendant cette époque agitée. Le 3 mars, on affiche *Ninus II*. Cette pièce, qu'une maladie grave de Baptiste aîné avait arrêtée tout à coup dès la seconde représentation, est encore rayée du programme par suite d'une indisposition subite du même acteur. L'administration substitue *Andromaque* à *Ninus*. Mais le parterre, mécontent sans doute du retard qu'avait occasionné la réunion des nouveaux artistes, accueille Talma lui-même par quelques coups de sifflet, auxquels il avait le droit de se montrer d'autant plus sensible qu'il les méritait moins. Ajoutons de dire que les applaudissements qu'il reçut bientôt dans le rôle d'Oreste le dédommagèrent amplement de cette injustice. Nos mœurs théâtrales ont bien changé sous ce rapport, et il faut convenir que ce n'est pas un mal.

Le 17 mars, première représentation de la *Rançon de Duguesclin*. Cette pièce, annoncée avec éclat, prônée avec indiscrétion, promise et différée tant de fois, paraît enfin. La foule est immense. Que de motifs en effet pour exciter la curiosité du public : le nom de l'auteur connu d'avance, Michot à côté de Talma, Mlle Georges à côté de Mlle Mars — ces deux actrices chantent ensemble une romance — les mœurs et les coutumes du xive siècle, la pièce d'un genre singulier et à peu près nouveau. La salle est prise d'assaut; les dames elles-mêmes conquièrent des places par escalade. Après un long entr'acte, le rideau se lève enfin : le public se trouve en face d'une conception bizarre, sans intérêt; le style est trouvé familier et trivial; les éclats de rire et les murmures éclatent de toutes parts ; c'est un mécontentement général qui va *crescendo* jusqu'à la fin de la soirée; pour comble de mésaventure, Thalie et Melpomène chantent faux; on rit dans la salle et sur le théâtre, et la pièce se termine sous une bordée de sifflets. Les artistes avaient fait de leur mieux. Peu de temps après, la pièce était imprimée : Arnault n'y mettait pas son nom.

Œdipe et *Ninus II* se succèdent sur l'affiche. Pendant ce temps Grimod de la Reynière, qui signe G.D L.R., s'exerce, dans le *Journal de l'Empire*, à reprendre la succession de Geoffroy, qui venait de mourir. Décidément Talma n'a pas de chance avec ce journal. Le nouveau venu n'est pas plus tendre que son prédécesseur. « Pour faire, en commençant, la part de la critique, écrit-il en date du 26 mars, à propos de *Ninus II*, nous nous occuperons d'abord de Talma, qui, dans le rôle de Ninus, est bien loin de répondre à la haute opinion que beaucoup de jeunes gens ont de son rare talent. De la monotonie, de la lenteur, une déclamation lourde et sans effet, une langueur mortelle qui se communique aux spectateurs, et qui jette un froid glacial dans une pièce qui n'est déjà pas très chaude ! Voilà ce qui nous a frappé d'abord dans cet excellent successeur tant vanté de Lekain. Hâtons-nous d'ajouter cependant que ces défauts tiennent moins à la nature du talent de Talma qu'au faux système qu'il s'est fait, et dans lequel il persiste, parce que l'ignorance du parterre l'encourage dans cette fausse route. Ce système, nous le disons avec douleur, achèvera de perdre la tragédie en France ; la chose est déjà bien avancée, mais il y a peut-être encore du remède ; il ne faut jamais désespérer du salut de la patrie, encore moins de celui du théâtre ; nous vivons dans un siècle où l'habitude des prodiges nous a rendu familières des choses plus difficiles encore.

« Pour en revenir à Talma, nous aimons à reconnaître en lui, même dans ce triste rôle de Ninus, une diction pure, de beaux mouvements tragiques, une entente admirable de la scène et une profondeur d'intelligence dont il serait fort à désirer qu'il fît un emploi plus conforme aux vrais principes de l'art. Mais, nous ne cesserons de le répéter, son système de lenteur, cette manie de couper sans nécessité les vers, de jouer sur les mots, de raisonner presque tous ses rôles, est vraiment insupportable à ces vieux amateurs qui, pleins encore du jeu sublime de Lekain et de la noble et franche diction de Larive, ne sont maintenant que trop souvent réduits à vivre sur leurs souvenirs ! »

On ne nous accusera pas de partialité. Nous avons dit que nous citerions tout, éloges et critiques. Disons plutôt que Talma créait un genre nouveau, parlait la tragédie, et ne la chantait pas, rejetait des mots d'un vers à l'autre, et, laissant de côté la mélopée des traditions, faisait des sorts aux mots, s'arrêtant s'il le fallait au milieu d'un vers, et repartant quand il lui plaisait. C'est tout cela évidemment que Grimod de la Reynière ne put jamais comprendre. Il lui fallait des vers bien tirés au cordeau, tous pareils, et dits pareillement ; avec la diction de Talma, il n'y retrouvait plus son compte.

Le *Journal de Paris* imprime à ce sujet :

« M. Grimod de la Reynière a solennellement reçu de l'administration du *Journal de l'Empire* la férule de M. Geoffroy. En signe de propriété, il y a gravé les quatre initiales G.D.L.R., et le premier usage qu'il en ait fait a été d'en administrer quelques coups à Talma. Ils auront dû lui causer d'autant plus de surprise que de douleur, car cet acteur avait perdu l'habitude et presque le souvenir des corrections du *Journal de l'Empire*. Depuis longtemps, M. Geoffroy l'avait déshérité de sa critique, et Talma dormait sur la foi de la rancune. Il a été réveillé en sursaut, et M. Grimod paraît disposé à lui donner souvent de pareilles aubades. Baptiste aîné a été salué aussi d'un petit bonjour. L'héritier de M. Geoffroy lui a adressé quelques plaisanteries *très neuves* et quelques observations *très utiles* sur la longueur de son corps et de ses bras. Si ce pauvre Baptiste eût rapetissé d'une ligne chaque fois qu'on lui a reproché sa *longitudinité*, il serait aujourd'hui le rival du nain de la rue Montesquieu. En général, l'article de début de M. Grimod sur la tragédie de *Ninus* a fait dire que le *Journal de l'Empire* n'aurait pas mieux choisi au gré des journaux qui rivalisent avec lui, quand il aurait consulté le *Journal de Paris*, la *Gazette de France*, et même le *Journal des Arts*. »

Es-tu content, Talma ? Chacun son tour.

Le 25 mars, Talma reparaît encore dans *Gabrielle*

de Vergy, aux côtés de Mlle Duchesnois. « Le rôle de Fayel, dit un compte rendu de l'époque (1), convient parfaitement au talent de Talma, je dirais presque à ses défauts. Les sombres soupçons qui le tourmentent, les efforts qu'il fait pour les dissimuler, le passage subit de l'espoir à la crainte, de l'amour à la rage, le projet de son horrible vengeance et la douloureuse expression de ses remords, qu'il exhale avec sa vie : toutes ces nuances se fondent dans la couleur noire que Talma imprime à la plupart de ses rôles. »

Cependant les alliés approchent toujours de la capitale, et rien ne paraît changé dans les habitudes parisiennes. Le lundi 28 mars, les Variétés donnent, comme en temps ordinaire, une première représentation :

Monsieur et Madame Jobineau ou la *Manie des campagnes*. — La manie des campagnes ! Quel atroce jeu de mots dans un pareil moment pour un chercheur d'équivoques. Mais il ne s'agissait pas des campagnes du conquérant. Le sujet, bien platement bourgeois, ne visait que la campagne avoisinant Paris, le village de Pantin, celui-là même qui allait être témoin le surlendemain d'un des drames les plus sanglants de la campagne de France.

Le lendemain 29, le jour même de la fuite de l'Impératrice Marie-Louise, les théâtres ouvrent encore leurs portes. L'Opéra donnait *Iphigénie en Aulide* et *Paul et Virginie* ; le Théâtre-Français, *Manlius* et la

(1) *Journal de Paris*, 28 mars 1814.

Revanche; le théâtre de l'Impératrice, le *Méfiant* ou *J'ai perdu mon procès*; l'Opéra-Comique, le *Forgeron de Bassora* et *Richard Cœur de Lion*, et les Variétés, la seconde représentation de *Monsieur et Madame Jobineau*. Le matin, les Parisiens avaient pu lire dans le *Moniteur* ce bulletin militaire :

« Le 26 de ce mois, Sa Majesté l'Empereur a battu à Saint-Dizier le général Witzingerode, lui a fait 2,000 prisonniers, lui a pris des canons et beaucoup de voitures de bagages. » A partir de ce jour, le *Moniteur* restera muet. Le 2 avril il contiendra une déclaration de l'empereur Alexandre.

A l'heure même où se donnaient toutes ces belles représentations théâtrales, les troupes alliées, arrivant par la route de Meaux, préparaient l'attaque générale des positions qui couvraient la capitale. Le soir du 30, Paris regardait les feux de bivouac des Russes et des Prussiens allumés sur Montmartre; le 31, l'Europe armée défilait sur les boulevards.

Pendant la conférence qui avait lieu pour la suspension d'armes, la lutte, terrible jusqu'au dernier moment, avait continué aux barrières de Paris (1), et la vie parisienne n'était toujours pas suspendue. Depuis le commencement de la bataille, les boulevards

---

(1) Une des résistances les plus célèbres fut celle de la barrière de Clichy, dont le tableau d'Horace Vernet a consacré la mémoire. Rappelons en passant que l'officier qui figure dans le fond n'est autre que Dupaty, l'auteur dramatique bien connu. — Samson, de la Comédie française, qui se trouvait aussi à la barrière Clichy en compagnie du fils de Brunet des Variétés, a laissé sur ce sujet quelques pages fort intéressantes. (*Mémoires de Samson*, p. 112 et suivantes.)

avaient été couverts d'une foule de personnes qui devisaient sur les événements. On se précipitait au jardin des Plantes, a raconté Chateaubriand. Du sommet du labyrinthe les curieux regardaient les feux de l'infanterie au combat de Belleville.

Le mardi 29 mars, le Théâtre-Français avait fait 345 fr. 84 de recette avec *Gabrielle de Vergy* et l'*École des maris*. Talma jouait le rôle de Fayel, Mlle Duchesnois celui de Gabrielle. Les 30 et 31 mars on fit relâche. Les portes rouvrirent le 1er avril avec l'*Homme du jour* par Fleury, et la *Suite d'un bal masqué* par Mlle Mars. La recette se releva à 1,639 fr. 64. Mais la foule, la véritable foule se porte à l'Opéra, où l'on attend l'Empereur de Russie et le Roi de Prusse. Et la pièce annoncée, — ô retour des choses d'ici-bas — c'est le *Triomphe de Trajan !* Cette fois seulement Trajan c'est Alexandre. Laissons la parole à Martainville, le rédacteur du *Journal de Paris* :

« La salle offrait un spectacle aussi singulier que brillant. Une riche bigarrure d'uniformes, l'éclat de mille décorations diverses éblouissaient les yeux, qui se reposaient ensuite de la parure élégante des dames. Presque toutes avaient embelli leur coiffure d'une galante cocarde blanche. Le même signe était arboré sur les chapeaux de beaucoup de gardes nationaux et de bourgeois.

« La toile se lève sans qu'on ait entendu la musique, et Derivis s'avance et dit : « Messieurs, une « indisposition survenue à un principal acteur nous « met dans l'impossibilité de jouer *Trajan*. Nous

« vous prions, nous vous supplions de vouloir bien
« accepter en échange la *Vestale*. »

« La presque unanimité des spectateurs refuse l'échange. Au bout d'une demi-heure, une voix part des premières loges : « Messieurs, dit-elle, la « modestie de Sa Majesté l'Empereur de Russie ne « lui a pas permis d'accepter l'encens qui lui était « offert dans *Trajan*. Cependant on lui a fait obser-« ver que les Parisiens désiraient cette pièce, et l'on « attend la réponse de Sa Majesté. »

« Quelque temps après, Derivis est revenu adresser ces mots au public : « Messieurs, Leurs Majestés « ont accepté l'échange : *ils* vont honorer le spectacle « de leur présence. » Ce *ils* incongru a fait rire les Français et sourire les officiers étrangers, qui presque tous parlent fort bien notre langue. L'acteur est le seul qui ne se soit aperçu ni de la faute ni du sourire.

« LL. MM. l'Empereur Alexandre et le Roi Guillaume sont entrés ensemble dans leur loge à l'amphithéâtre; elles ont été saluées par les plus vives acclamations, auxquelles elles ont répondu par les saluts les plus affectueux. Les voûtes ont retenti des cris mille fois répétés de : *Vive Guillaume! Vive Alexandre! Vive Louis XVIII! Vivent les Bourbons!*

« Docile aux vœux du public, l'orchestre a joué l'air, si cher aux Français, de : *Vive Henri IV!* Les applaudissements éclataient avec fureur à chaque reprise; les mouchoirs blancs flottaient, les chapeaux et les cœurs sautaient : c'était un délire. »

Et plus loin : « L'entr'acte a été rempli par le chant électrique du *Bon Henri*. Ce nom rappelait celui de ses illustres fils, et le refrain était : *Vivent les Bourbons! Vive Louis XVIII!*

« Les dames jetaient des cocardes blanches, qui étaient vivement recueillies et aussitôt arborées. Plusieurs voix demandèrent qu'on renversât l'aigle dont les ailes se déploient au-dessus de la loge qui fut celle de Napoléon. Comme cette opération eût été un peu longue, on s'est contenté de couvrir d'un voile blanc, emblème de la paix, cet oiseau qui ne porte plus que des foudres éteintes. »

Lays enfin s'avance un papier à la main, et, sur l'air chéri de *Vive Henri IV*, chante quatre couplets de M. de Chalabre, dont voici deux échantillons :

> Chantons Guillaume
> Et ses vaillants guerriers ;
> De ce royaume
> Ils sont les boucliers.
> Par la victoire
> Il nous donne la paix,
> Et compte sa gloire
> Par ses nombreux bienfaits.

> Vive Alexandre,
> Vive ce roi des rois!
> A nous défendre
> Il borne ses exploits.
> Ce prince auguste
> A le double renom
> De héros, de juste,
> En nous rendant Bourbon.

Oui, Français, vous avez bien lu. Ce sont des Français qui chantent ainsi devant des étrangers! Tant il est vrai qu'on était si las de la guerre qu'on en était arrivé au point de ne plus discuter les moyens par lesquels on obtenait la paix. « La bourgeoisie, a dit M. Thiers dans son *Histoire du Consulat et de l'Empire*, plus éclairée peut-être sans être moins patriote, appréciant les causes et les conséquences des événements, était partagée entre l'horreur de l'invasion et la satisfaction de voir cesser le despotisme et la guerre. »

Terminons le récit de cette soirée, toujours selon Martainville : « La fête finit comme elle avait commencé. On se serrait la main, on s'embrassait dans les foyers, dans les escaliers. On n'entendait que des voix fatiguées, épuisées ; l'organe des dames même avait perdu sa moelleuse douceur ; elles en étaient dédommagées par la pétillante expression de leurs yeux et de leurs traits. Quand on a été si longtemps contraint à se taire ou à ne parler que bien bas, il est facile de s'enrouer la première fois qu'on crie. »

Or ces Français, ces Parisiens qui acclamaient des souverains étrangers comme des libérateurs, faisaient cela sans en rougir, comme la chose la plus naturelle du monde. Il est vrai que ceux-ci, à leur tour, se posaient non pas comme ennemis de la France, mais comme ennemis de Napoléon, dont l'ambition était devenue une cause de malheurs universels. Il n'importe, le temps, qui efface bien des choses, n'efface point pour nous, à quelque parti que nous appartenions, ce manque de tact et de convenances, parlons franc, cette honte. On peut excuser à un certain point de vue les revendications légitimistes et le bon accueil fait aux Bourbons, mais je n'ai jamais compris, pour mon compte, cet accueil fait aux ennemis de la France. Cherchez une excuse, si vous le voulez, à tant de turpitudes. Je vous mets bien au défi d'en trouver une seule présentable. Voilons-nous la face et passons.

Les affiches des théâtres changèrent comme par enchantement ; on donna :

La Partie de chasse de Henri IV.
Les États de Blois (avec Henri IV).................. } aux Français.

Les Héritiers Michau, ou le Meunier de Lieursaint......
Les Béarnais, ou Henri IV en voyage......................
La Bataille d'Ivry.............. } à l'Opéra-Comique.

Henri IV et d'Aubigné........
Une Journée de Henri IV.... } à l'Odéon.

Les Clés de Paris............ au Vaudeville.

Le Souper de Henri IV.......
La Jeunesse de Henri IV..... } aux Variétés.

Henri IV, ou le Siège de Paris... à la Gaîté.
La Partie de chasse de Henri IV... à Séraphin.

Nous avons dit qu'il n'avait pas été permis au vieux Geoffroy d'assister à toutes ces métamorphoses. Le farouche critique était mort le 26 février 1814, débarrassant ainsi la plupart des artistes d'un juge implacable et sans merci. Son dernier feuilleton, en date du 4 février, avait été consacré à l'opéra de l'*Oriflamme*. Grimod de la Reynière, dont nous avons parlé plus haut, lui avait succédé en attendant l'avènement prochain de Charles Nodier. Geoffroy tenait le sceptre de la critique au *Journal de l'Empire* (*Journal des Débats*) depuis l'année 1800. Talma perdait en lui son plus impitoyable ennemi (1).

(1) Lire dans le *Journal de l'Empire* en date du 11 mars 1814, et le *Journal de Paris* des 6 et 9 mars de la même année, de longues notices sur Geoffroy. De nombreuses études ont été faites d'ailleurs sur ce critique, sans oublier celle de Sainte-Beuve.

XXX

TALMA JOUANT DEVANT LES ALLIÉS

L'excellent Régnier, de la Comédie française, nous a laissé dans un chapitre de ses *Mémoires* inachevés le récit de ses impressions dans la soirée du 2 avril 1814 (1).

Après quelques réflexions tendant à prouver que, dans une époque troublée, la première préoccupation des gouvernants est toujours de rouvrir les théâtres, en signe de confiance, il arrive à parler de la représentation elle-même. « Donc, préoccupé de dissiper autant que possible l'alarme générale, le gouvernement, qui travaillait à nous rendre la royauté légitime, rouvrit les théâtres. La pièce qu'avait choi-

(1) Ce passage des *Mémoires* de Régnier, publié d'abord dans le journal *le Temps* du 27 décembre 1885, se retrouve dans le livre récemment paru, chez Ollendorff : *Souvenirs et études de théâtre*, par Régnier.

sie la Comédie française pour sa réouverture était *Iphigénie en Aulide :* ma mère y jouait Eryphile. A mon grand contentement, ma grand'mère, qui voulait voir la représentation, m'emmena avec elle : « Dieu ! que la salle est noire ! » s'écria-t-elle comme nous entrions dans notre loge ; quelques mots échangés avec une personne qui nous y avait précédés m'expliquèrent ce cri de surprise. A peine quelques spectatrices, et aucune note claire dans leurs toilettes pour trancher avec l'uniforme sombre des étrangers qui avaient envahi la salle. Dans les loges, au balcon, au parterre, à l'orchestre, à toutes les places, on ne voyait que des Prussiens, des Russes, des soldats venus des quatre coins du monde, des ennemis, enfin ! On ne trouvait qu'au parterre quelques spectateurs en habit civil. Bien des années plus tard, assistant, pour les débuts de Rachel, à une autre représentation d'*Iphigénie en Aulide*, et promenant dans un entr'acte mes regards sur la salle, tous les incidents de cette soirée du 2 avril 1814 me revinrent à la pensée ; je fermai les yeux pour mieux voir en dedans de moi ce passé disparu, la vieille salle d'autrefois, bleue, avec de grandes colonnes ioniques (1), et ce monde d'étrangers qui la remplissait. Je revoyais et je comprenais ce que j'avais mal vu et mal compris en 1814 : ces combattants de la veille, accourus au lendemain de leur victoire pour écouter un de nos chefs-d'œuvre, s'inclinant

---

(1) C'est en parlant de cette salle que le peintre David disait un jour à Charles Maurice : « Des colonnes en l'air ! » 18 novembre 1812. (*Histoire anecdotique du Théâtre.*)

18.

devant une gloire qu'ils ne pouvaient nous enlever, et, dans leur empressement à envahir le Théâtre-Français, rendant le plus éclatant hommage au génie de Racine et au génie de Talma. »

Ah! qui aurait pu dire les impressions diverses qui devaient agiter toutes ces âmes : ici, sur la scène, des Français, forcés de jouer devant leurs vainqueurs; là, dans la salle, des conquérants jouissant de leur triomphe, et venant enfin contempler *de visu,* au Théâtre-Français même, les artistes dont ils lisaient les noms dans les gazettes; venant applaudir de leurs propres mains nos vieux chefs-d'œuvre classiques, et Racine, et Corneille! O honte, mélangée cependant d'un sentiment d'orgueil, si tant il est vrai que notre gloire littéraire devait effacer ce soir-là les malheurs de nos armes! N'importe! J'y songe quelquefois encore en me promenant dans les couloirs du Théâtre-Français; il me semble qu'en cherchant bien on doit retrouver à l'angle de quelque marche la trace de l'éperon d'un cosaque.

Régnier continue son récit :

« Je reviens à la représentation d'*Iphigénie en Aulide*, le 2 avril 1814. J'avais sept ans, j'étais tout yeux et tout oreilles, étonné, émerveillé de ce que je voyais, de ce que j'entendais, et que je saisissais à peine. Les décors, les costumes antiques, la voix des acteurs, qui me paraissait extraordinaire, tout me surprenait, m'enchantait, lorsque tout à coup, sous un tonnerre d'applaudissements, je vis entrer un guerrier casqué d'or et drapé dans un riche manteau vert. C'était Talma! Ce nom bien ouvert, sonore, me plaisait infiniment; tous les spectateurs se le repassaient de bouche en bouche avec admiration. L'enthousiasme me gagna; quand on applaudissait, je battais des mains; ma joie était vive, exubérante. Cet état de bonheur et de surexcitation dura tant que dura la pièce. Elle finit enfin, à mon grand chagrin; mais tout aussitôt se produisit un incident qui m'intéressa presque autant que le spectacle. On venait de jeter sur la scène quelque chose de lourd enveloppé d'un papier blanc. — « Des vers sans doute, dit ma grand' mère. » Et au même instant, montés sur les banquettes, les spectateurs bourgeois du parterre se mirent à crier à tue-tête : « La lecture! la lecture! » Après une assez longue attente, le rideau se relève, et un commissaire de police, ceint de son écharpe, se présente; il ramasse le papier et veut haranguer le parterre : « La lecture! la lecture! lui crie-t-on. Talma! Talma! » Le commissaire, interloqué, essaye de se faire entendre; les cris redoublent. De guerre lasse, il fait un geste vers la coulisse; de ce côté, il semble qu'il y ait aussi un débat, car ce n'est qu'après un assez long temps que Talma, en habit noir, se décide enfin à paraître. On l'acclame; quant à lui, par son attitude, ses gestes embarrassés, il paraît demander ce qu'on exige de lui : « La lecture! la lecture! » lui crie-t-on du parterre. Le commissaire, qu'il consulte, lui tend le papier; Talma le déploie et laisse tomber quelques pièces de monnaie qui le chargeaient. Il s'avance, se penche, présentant le papier de côté à la lumière de la rampe. Je le voyais l'éloigner, le rapprocher, le placer presque sous son nez, lire avec difficulté et en se reprenant fréquemment. Que pouvait-il lire? Un dithyrambe, un appel à la royauté? Je me souviens seulement que, la lecture finie, on l'applaudit avec fureur. J'étais toujours étonné, je trouvais que Talma n'avait pas lu couramment. Toujours curieux de contrôler l'exactitude de mes souvenirs, j'ai consulté le *Journal de Paris* du 4 avril 1814, et j'y ai vu, sous la signature de Martainville, les lignes suivantes :

« Au Théâtre-Français, on a chargé Talma de lire une pièce de vers moins corrects qu'énergiques, et relatifs aux circonstances actuelles. Ils ont été beaucoup plus applaudis que ceux de Racine. Les étrangers auxquels les chefs-d'œuvre de notre scène sont familiers n'auront pas dû concevoir une haute idée de la manière dont ils ont été rendus sur notre premier théâtre, s'ils en jugent par la représentation d'*Iphigénie*. »

Et Régnier ajoute : « J'avoue que je ne saurais, comme le *Journal de Paris*, en vouloir à Talma, Saint-Prix et Mlle Duchesnois, de ne point s'être montrés à la hauteur de leur talent habituel. »

Il convient de s'arrêter ici, car on a vivement reproché à Talma d'avoir, lui le familier de Napoléon, le protégé et l'obligé de l'Empereur, récité en pleine scène du Théâtre-Français des vers, sinon contre son bienfaiteur, du moins en faveur du nouveau régime, et cela, le lendemain même de la chute du colosse impérial. Expliquons-nous.

Par son service, Talma, comme tous les autres artistes, était forcé de jouer ce soir-là à la Comédie française. Un acteur n'est pas un homme politique; c'est un homme public à la disposition du public. N'applaudissons-nous pas encore chaque soir des comédiens que nous avons applaudis quand ils s'appelaient comédiens ordinaires de l'Empereur? L'honorable M. Got, par exemple, est-il déshonoré aux yeux des plus ardents de nos républicains pour avoir joué jadis aux Tuileries? Et parmi les artistes du Théâtre-Français qui jouaient alors au théâtre de la Cour, n'y en avait-il pas dans le nombre dont les opinions personnelles antibonapartistes étaient bien connues de tout le monde? Tout cela ne signifie rien, et personne n'en voudra, je pense, à Talma d'avoir joué devant les alliés, alors que le théâtre était ouvert et que chacun était tenu, par métier, d'y remplir son service.

L'accusation de s'être avancé seul, à la rampe, en habit noir, et d'avoir lu des vers contre le régime impérial est plus grave. Et toutefois, avant de me prononcer, je voudrais bien savoir exactement comment les choses se sont passées. D'après Régnier, dont on peut réfuter en partie le témoignage, à cause de son extrême jeunesse, *les vers furent jetés sur la scène*, et Talma, qui ne les connaissait pas apparemment, fut demandé par acclamation pour en faire la lecture.

Si cela est ainsi, je ne vois pas en quoi on pourrait tenir grande rigueur à Talma, étant donnés les circonstances, l'imprévu, les demandes réitérées de la salle, qui veut quand même la lecture des vers jetés sur la scène, et qui réclame Talma pour cette lecture. En ce cas, la personnalité de Talma disparaît, et l'on n'a devant soi qu'un lecteur sans préméditation. Le fait de s'avancer, se pencher, présenter le papier de côté à la lumière de la rampe, l'éloigner, le rapprocher (Talma avait la vue basse), se reprendre fréquemment, prouve assez que la chose n'était pas préparée, et je n'hésite pas à croire qu'en comité Talma eût nettement refusé de lire les vers en question. Une lecture dans de telles conditions n'a plus de caractère officiel; un ami me prie à l'improviste de lui lire un article de journal, est-ce à dire que je suis de l'avis du journaliste, dont je ne connais pas l'article ? Je ne suis plus qu'un porte-parole, et il est bien certain, si l'article me déplaît, que je n'irai pas lire ce même article en public, d'une manière officielle, et en cherchant à le faire accepter ou applaudir par mes auditeurs.

Tout cela serait indiscutable, à mon avis, si je ne rencontrais des versions différentes. Voici celle donnée par Charles Maurice (1) : « Les premiers vers qui ont été faits contre Napoléon tombé sont de M. Brifaut, l'académicien actuel. Ils ont été récités sur le Théâtre-Français, après une représentation d'*Iphigénie en Aulide*. C'est Talma qui les a lus, ou plutôt *dits*, car il n'y portait pas assez souvent les yeux pour qu'on pût douter qu'il ne les sût par cœur. Il venait de remplir le rôle d'Achille, et n'avait pris

---

(1) *Histoire anecdotique du théâtre*, t. I, p. 186.

que le temps bien juste pour revenir se présenter en habit de ville. Il a terminé ses vers par un petit geste de la main droite, accompagné du cri, assez faiblement poussé, de *Vive le Roi!* »

Qui croire ? Il est évidemment question de la même soirée, cela ne fait aucun doute. Talma a joué dans *Iphigénie en Aulide*. Il est remonté dans sa loge, et la salle trépigne en demandant Talma pour une lecture. Et j'insiste : pour *une lecture*, Charles Maurice en convient. Talma revient en habit de ville. Tout le monde est d'accord sur ce point. A partir de ce moment, nous ne pouvons plus nous y reconnaître ; selon Régnier, Talma avait toutes les peines du monde à déchiffrer l'écriture ; selon Charles Maurice, Talma n'avait en main le papier que pour la forme, et récitait plutôt qu'il ne lisait. Charles Maurice convient seulement qu'arrivé à la fin du morceau, il ne poussa que d'une voix faible le cri de *Vive le Roi!* ce cri, qui, en cas d'une lecture à l'improviste, pouvant être une surprise pour lui, blessait sans aucun doute ses sentiments personnels.

Eh bien, entre ces deux récits, l'un si détaillé et si précis, et l'autre si succinct, permettez-nous d'ajouter foi plutôt à celui de Régnier. Régnier assistait à cette soirée, c'est incontestable. Il a vu, de ses yeux vu ; il se rappelle le papier que l'on a jeté ; il voit Talma arrivant en habit de ville et interrogeant la salle du regard pour demander ce qu'on lui veut ; il le voit encore prenant le papier, le déployant, s'efforçant de le déchiffrer péniblement à la lueur de la rampe. On n'oublie pas ces choses-là.

Quel rapport ce récit si sincère peut-il avoir avec les quelques notes d'un journaliste qui n'assistait peut-être pas à cette représentation, qui ne les a peut-être transcrites que sur des racontars, et qui les a publiées avec bien d'autres notes, pour faire nombre, quarante-deux ans plus tard ?

Talma ne cessa jamais d'aimer Napoléon, et c'était de toute justice. Nous le verrons bien plus tard, sous la Restauration, dans ses voyages à travers les départements, considéré par le gouvernement de Louis XVIII comme un agent bonapartiste. Nous publierons, quand il le faudra, les comptes rendus des commissaires de police et des agents chargés de le surveiller en province, comme un conspirateur ou un fauteur de troubles.

C'est pourquoi, sans faire de Talma un homme politique, *ce qu'il ne fut jamais*, nous nous efforcerons de défendre sa mémoire contre des accusations de bassesse ou d'ingratitude, sentiments qui n'étaient point dans son cœur.

M. Émile Augier possède un manuscrit autographe de Valmore, acteur qui appartenait alors à la Comédie française, et renfermant le récit d'un incident analogue qui se produisit au Théâtre-Français le jour où l'on essaya de jeter en bas de la colonne la statue de Napoléon. Régnier a cité un passage de ce manuscrit dans ses *Mémoires* (1).

Un Français, un certain chevalier Dupuis des Islets, avait écrit des vers pour « exprimer les sentiments

---

(1) *Le Temps*, 31 décembre 1885.

de reconnaissance du peuple français à l'égard des alliés qui venaient délivrer le pays du joug despotique, etc. » Le public, cette fois encore, somma Talma de lire le morceau.

« L'embarras de Talma, écrit Valmore, était des plus grands : s'il lisait ces vers, c'était remercier publiquement l'ennemi de son pays d'une délivrance qui avait coûté la vie à des milliers de ses compatriotes, et, de plus, c'était se montrer ingrat envers l'homme découronné qui l'avait comblé de ses bienfaits ; s'il refusait de lire, son refus entraînait la perte de son état ; la colère d'un parti triomphant l'aurait forcé à renoncer à l'art, qui était sa passion, sa gloire et sa fortune.

« Le génie de M. Talma, continue Valmore, lui donna le moyen de sortir de cette difficulté ; il fit sa lecture d'une voix lente, grave, et des plus tristes, et quand il fut arrivé à la phrase qui la terminait, et que le manuscrit cite en prose : « Recevez donc, ô rois, la récompense la plus glorieuse que des vainqueurs puissent envier : la bénédiction des vaincus ! » sa voix profonde devint plus sourde et sa tête s'affaissa sur sa poitrine, comme courbée par la honte et le déshonneur. Le parterre, ajoute le narrateur, resta immobile de stupeur, et pas un applaudissement n'osa se faire entendre ! »

Rapprochons de ces témoignages les deux affirmations suivantes émanant de Talma lui-même :

« L'Empereur a parlé de moi au premier bivouac qui eut lieu après son débarquement à Cannes. »

(Note relevée sur un carnet de Talma, portant la date de 1818.)

« Lorsque l'Empereur revint de l'île d'Elbe, il eut la bonté de me parler d'une lettre *que je lui avais écrite* à Fontainebleau, lors de son abdication, au moment où tout l'abandonnait, les hommes et la fortune. « Elle ne m'étonna point, me dit-il, mon « pauvre Talma ; vous étiez bien malheureux en me « l'écrivant ; mais le sort a de beaux retours ! Je vous « apporte la réponse moi-même : nous nous re- « voyons. » (*Talma,* quatrième entretien rapporté par M. Audibert, Paris, 1845.)

Enfin, pendant l'été de 1814, Talma ne craindra pas de se compromettre en allant à Aix, en Savoie, réciter des vers chez l'ex-Impératrice, devenue l'archiduchesse Marie-Louise. Qui donc, après cela, osera prétendre que Talma avait abandonné ses affections personnelles envers son ancien souverain ?

XXXI

LOUIS XVIII

Dès le 3 avril, tous les petits théâtres avaient repris leur pleine activité. Le samedi 2, le roi Frédéric Guillaume avait été à l'Opéra-Comique. « Avant-hier, lisons-nous dans le *Journal des Débats* du 5 avril, le roi de Prusse a honoré de sa présence le théâtre de l'Opéra-Comique, où l'on représentait la *Fausse Magie* et le *Déserteur*. Sa Majesté, revêtue d'un simple uniforme, voulait garder l'incognito ; mais les Parisiens, qui l'avaient vu le jour de son entrée à Paris, l'ont reconnu, et les cris de : « Vive le roi Guillaume ! » ont retenti de toutes parts. Le jeune prince Guillaume, son fils, et le prince Henri, son neveu, étaient dans la loge du roi ; les acclamations dont ils ont été l'objet ont paru les émouvoir vivement, et les jeunes princes ont plusieurs fois salué le public avec une aimable modestie. Sa Majesté et

Leurs Atesses Royales se sont retirées après la *Fausse Magie.* »

Le dimanche 3, l'Empereur de Russie et le Roi de Prusse allèrent au Théâtre-Français. On donnait les *Fausses Confidences* et la *Jeunesse de Henri V.* Dès six heures, la salle était pleine. Un incident marqua le cours de cette soirée. Un jeune homme, nommé André de Trémontels, demanda aux princes l'autorisation d'aller placer trois fleurs de lis d'or au-dessous de la couronne qui occupait le milieu de l'encadrement de la toile. C'est ce même jeune homme, raconte le *Journal de Paris*, qui, le jour de l'entrée de l'Empereur Alexandre à Paris, lui avait dit : « Quel jour de triomphe pour vous, Sire ! Mais Votre Majesté nous apporte-t-elle la paix ? » — « Oui, avait répondu l'Empereur de toutes les Russies, oui, la paix, la paix ! l'amitié, le bonheur des Français, voilà mon triomphe, à moi (1). »

André de Trémontels plaça donc les trois fleurs de lis au-dessus du cintre, en présence des souverains alliés et aux applaudissements de toute l'assistance. Ce soir-là Fleury et Mlle Mars avaient fait les honneurs de la soirée. La recette s'était élevée à 3,781 fr. 95. Au dehors, la foule attendait la fin du spectacle dans la rue Richelieu, et les monarques s'en allèrent aux cris longtemps répétés de : « Vive l'Empereur Alexandre ! vive le Roi de Prusse ! vive Louis XVIII (2) ! »

Le lendemain 4 avril, le Roi de Prusse, qui décidé-

---

(1) *Journal de Paris*, 9 avril 1814.
(2) *Journal des Débats*, 5 avril 1814.

ment aimait le spectacle et les acclamations en public, alla voir jouer Brunet aux Variétés; des couplets furent même chantés en son honneur. Le 5, il se rendit au Vaudeville, où l'on chanta encore pour lui des couplets dus à Frédéric Bourguignon.

« Dans deux loges assez éloignées l'une de l'autre, écrit Charles Maurice, en date du 8 avril 1814 (1), j'ai vu ce soir au Théâtre-Français l'Empereur de Russie, le Roi de Prusse et l'Empereur François II d'Autriche. Il faut vivre au XIX° siècle pour être bien sûr qu'en pareil cas on n'a pas rêvé. A quoi donc servent les révolutions? » Charles Maurice insinue ensuite qu'à la porte de la loge de l'Empereur Alexandre, Talma, en habit noir à la française, se tenait non sans une certaine affectation du désir d'être remarqué par le potentat. Le trait est méchant. Est-il vrai? Et si le devoir forçait Talma à se tenir là, selon l'usage, en quoi Charles Maurice a-t-il pu voir qu'il y avait de la part du tragédien *une certaine affectation du désir d'être remarqué?* Bref, passons. Le chroniqueur se montre plus complaisant à l'adresse de Fleury :

« Fleury, que son devoir de semainier obligeait de remettre le répertoire au prince, le lui a présenté d'un air noble, respectueux et triste, dont toute la salle a paru frappée. Comme Talma, il était en habit noir à la française, mais évidemment mieux porté à ce titre (8 avril 1814). »

---

(1) *Histoire anecdotique du théâtre*, par Ch. Maurice, t. I, p. 189.

Tout ce mois d'avril se passa en ovations et en couplets de circonstance. Le seul Bourbon arrivé à Paris, le comte d'Artois, qui y avait fait son entrée le 10, va bientôt se trouver mêlé à toutes ces fêtes. Le 12, la Comédie française reprend la *Partie de chasse de Henri IV*. L'enthousiasme est général, mais les vœux et l'espoir du public sont trompés. « Ni Leurs Majestés l'Empereur Alexandre et le roi Guillaume, ni Son Altesse Royale le lieutenant général du royaume, lisons-nous dans le *Journal de Paris* du 13 avril 1814, n'ont pu honorer le spectacle de leur présence. Le couplet *Vive Henri IV* a été chanté et répété en chœur par toute la salle. Il pleuvait des couplets sur le théâtre; on en a chanté plusieurs; on a même apporté sur la scène un piano pour en accompagner quelques-uns dont l'air était nouveau (1). »

Sur ces entrefaites, Charles Nodier, succédant au court intérim de Grimod de La Reynière, avait pris d'une façon définitive la succession du vieux Geoffroy au *Journal des Débats*.

Une des plus curieuses représentations de cette époque fut incontestablement celle donnée le 15 avril en présence des souverains alliés sur le théâtre de l'Opéra. Les loges de tous les rangs sont garnies de dames, sur la tête desquelles flotte un panache blanc; un bouquet de lis orne leur sein; les deux balcons sont exclusivement occupés par des officiers supé-

---

(1) Les couplets chantés au Théâtre-Français par Mlle Emilie Leverd, après la représentation de la *Partie de chasse de Henri IV*, étaient de Frédéric Bourguignon, musique de J. Frey (couplets qui furent imprimés).

rieurs des armées alliées. On donne le grand opéra d'*Œdipe* et le ballet de *Nina*. Monsieur arrive le premier et reçoit des marques non équivoques de sympathie. On regarde avec curiosité ce prince, qui ne connaît pas encore cette salle de l'Opéra, construite depuis son exil. L'Empereur de Russie arrive de son côté un peu avant ses deux alliés, hésite avant d'entrer dans sa loge, et se promène dans le couloir. Les deux autres monarques arrivent enfin, et tous trois entrent dans la loge. On remarque que Monsieur a applaudi le premier et le dernier. Après le premier acte, le prince français va rendre visite aux trois monarques. Il reste dans leur loge durant le second acte, et la soirée ne se termine pas sans que le souverain n'ait rendu à Monsieur sa visite. Puis les princes s'en retournent comme ils étaient venus, sans escorte. Qui donc prétendait que les Bourbons n'étaient pas rentrés en France littéralement dans les fourgons de l'étranger?

On veut voir des allusions partout. Le 23 avril, le Théâtre-Français donne *Gaston et Bayard* en présence du duc de Berry. Les vers suivants soulèvent un enthousiasme indescriptible :

> Le neveu de Louis, armé pour sa vengeance,
> N'est-il pas en secret chargé de sa clémence?
> Ah! qui versa des pleurs, tremble d'en voir couler,
> Et plus on a souffert, mieux on sait consoler.

Et plus loin :

> Français qui prodiguez votre sang pour vos rois,
> Vous méritez un roi qui sache en être avare

Ce fut en présence de telles dispositions d'esprit
de la part du public que la Comédie française donna,
le 28 avril, la première représentation d'*Ulysse*, tragédie en cinq actes de Lebrun. On ne manqua pas
nécessairement d'appeler cette pièce le *Retour d'U-
lysse* (du Lis), et le calembour fit fortune. Mais le
public, qui se souciait fort peu de la tragédie en
elle-même, ne voulut voir dans cette pièce que des
applications que l'auteur n'y avait certes pas mises,
puisque sa pièce avait été écrite bien avant les
événements du jour. Ainsi dans les vers :

> Il est des dieux vengeurs près des tombeaux assis,

on voulut voir une allusion à la mort du duc d'Enghien, et ce fut une explosion d'applaudissements.
Et ce passage :

> Tous, les larmes aux yeux, bénissent l'heureux jour
> Qui rend, après vingt ans, un père à leur amour.

fut nécessairement appliqué à Louis XVIII. — Cas
fort piquant, fait remarquer M. Muret dans son *Histoire par le théâtre* : l'auteur était très impérialiste;
or, on applaudissait, en sa présence, précisément tous
les vers qui allaient à l'encontre de ses affections, tandis qu'on recevait fort mal ceux qui se trouvaient dans
ses opinions. Mais comme la politique ne réussit
guère au théâtre, *Ulysse*, malgré le talent de Talma
et de Mlle Duchesnois, ne resta pas bien longtemps sur
l'affiche. C'est dans cette pièce que l'on remarqua
l'embonpoint naissant de Mlle Georges, ce qui fit dire

aux mauvaises langues que « le chagrin ne maigrissait pas les femmes ».

Louis XVIII fit son entrée à Paris le 1ᵉʳ mai. Martainville, le célèbre critique du *Journal de Paris*, et l'auteur dramatique, suivait le cortège à cheval, avec un panache blanc, agitant un grand sabre. Quand il passa devant le théâtre des Variétés, il fit un fort beau salut aux dames qui regardaient le défilé du haut du balcon du théâtre. Martainville-Don-Quichotte! Pouah! la triste et souvent grotesque chose que la politique! j'aime encore mieux Martainville auteur du *Pied de mouton*.

Le jour même de l'entrée du nouveau roi dans sa bonne ville de Paris, les comédiens français, pour prouver sans doute leur attachement au nouvel ordre des choses, déposaient chez un notaire une somme de 1,200 francs pour le rétablissement de la statue de Henri IV. Quelques jours après, les artistes de l'Opéra-Comique en versaient autant.

Louis XVIII ne se présentait pas du reste en ennemi des arts et des artistes. Homme de lettres lui-même, et fort aimable homme, il n'avait aucune raison pour détester ceux qui pouvaient rehausser l'éclat de son règne par leurs talents. Et puis n'avait-il pas à faire oublier de tous la façon dont il revenait en France? Il n'allait donc pas mener les artistes tambour battant, comme son prédécesseur; il allait tâcher de leur plaire; et n'était-ce pas la meilleure façon de flatter leur amour-propre, que de leur faire savoir qu'il les connaissait déjà de réputation, avant d'avoir pu les juger?

Le vieux Ducis se fait présenter au Roi par le duc de Duras et lui offre un recueil de ses œuvres. Et comme Ducis avait été autrefois secrétaire de Monsieur : « J'espère que Sa Majesté n'a pas oublié les traits d'un de ses plus anciens serviteurs, hasarde Ducis. — Voici une preuve que je m'en souviens très bien, » reprit le Roi, et il lui débita de mémoire ces quatre vers :

> Oui, tu seras un jour, chez la race nouvelle,
> De l'amour filial le plus parfait modèle,
> Tant qu'il existera des pères malheureux,
> Ton nom consolateur sera sacré pour eux (1).

A quelque temps de là, Ducis reçoit la croix de la Légion d'honneur, et comme il se trouve sur le passage du Roi, qui revient de la messe : « Cela vous va très bien, » lui dit en souriant Louis XVIII. Le Roi avait gagné sa cause auprès du vieil auteur dramatique (2).

Picard, à son tour, est présenté au souverain et lui offre un exemplaire de son théâtre. « Monsieur Picard, lui dit le Roi, je vous connais de réputation ; j'ai vu jouer à l'étranger quatre ou cinq de vos pièces ; je lirai le reste avec un grand plaisir (3). »

Enfin n'est-ce pas Louis XVIII qui dira à Talma, après l'avoir vu jouer : « J'ai pourtant le droit d'être difficile, Monsieur Talma, j'ai vu jouer Lekain. »

Ajoutons que l'allocation servie par l'Empereur à

---

(1) *Journal de Paris*, 15 mai 1814.
(2) *Journal des Débats*, 11 septembre 1814.
(3) *Journal des Débats*, 18 juin 1814.

Talma sur la cassette particulière lui fut continuée par le Roi. Aucun artiste n'avait donc en somme ni le droit, ni le devoir de le haïr.

Il parut alors à l'étalage des libraires une gravure — une caricature pour mieux dire — qui ne fut pas sans contrarier le tragédien. Elle représentait Talma donnant des leçons de dignité impériale à Napoléon. « La pose du professeur est des plus imposantes, ajoute le journal où nous avons puisé cette indication, et la gaucherie de l'écolier, des plus chargées. »

Désireux de connaître cette gravure, je la cherchai longtemps sans résultat, lorsque j'eus l'heureuse idée de m'adresser à l'*Intermédiaire des chercheurs et des curieux*. Deux aimables correspondants inconnus ont bien voulu me renseigner (tome XIX, page 250, année 1886). Cette gravure coloriée existe encore dans une collection fort curieuse du même genre et de la même époque, au château de Magnas-Saint-Clar (Gers), chez M. le marquis de Galard, qui la tient de son grand-père. On en trouve un autre exemplaire, paraît-il, dans la collection historique de M. le baron de Vinck, à Bruxelles. Elle est intitulée : « T... donnant une leçon de grâce et de dignité impériale. » C'est une gravure sur cuivre, coloriée; hauteur de la planche, deux cent quarante-cinq millimètres; largeur cent quarante-sept millimètres. A droite de l'estampe, Talma vu de dos, la tête laurée, a endossé un costume romain de théâtre; il pose à la statue, et tient de sa main droite un long bâton pour figurer le sceptre impérial, et domine son élève de sa grande taille.

A gauche, l'Empereur, coiffé du petit chapeau, en petite tenue militaire, imite la pose de son précepteur, et les contorsions qu'il est obligé de faire se réflètent sur sa figure par une affreuse grimace.

Talma donnant une leçon de dignité impériale à l'Empereur ! Nous avons dit à ce sujet tout ce que nous avions à dire à propos des conversations entre Napoléon et Talma (chapitre XII). Nous n'y reviendrons pas.

Si Talma avait été débarrassé d'un puissant ennemi par la mort de Geoffroy, il faut avouer qu'il n'avait pas encore conquis toutes les grâces de ses successeurs. Nous avons cité plus haut un article de Grimod de la Reynière. Charles Nodier, qui prend sa place, se livre aux réflexions suivantes à propos de la représentation d'*Ulysse* : « Je ne dissimulerai donc point, écrit-il dans le *Journal des Débats* du 5 mai, que je ne m'accoutume pas plus que le public à la psalmodie monotone de cette déclamation notée qu'on a introduite depuis quelques années au théâtre, et qui ne met à la place de la belle diction tragique qu'un récitatif ennuyeux... Il résulte de la nouvelle méthode que des sons lugubres, lamentables, déchirants, dont on aurait pu tirer un très grand parti en temps et lieu, ne produisent d'autre effet que l'ennui depuis qu'ils sont devenus une habitude de l'acteur, et qu'ils composent une espèce d'air obligé sur lequel on chante régulièrement toutes les tragédies du monde. »

C'est à n'y plus rien comprendre ; les vieux amateurs reprochaient au contraire à Talma de *parler* la tragédie, de la débiter d'un ton trop naturel. Et voici

Charles Nodier qui l'accuse de la chanter! Poursuivons :

« La voix dramatique n'a plus de rapport avec la voix humaine, c'est un instrument sépulcral qui résonne du fond des tombeaux et qui rappelle ces porte-voix dont se servaient les anciens... A cela près, Talma joue Ulysse dans l'esprit classique de ce rôle, Mlle Duchesnois a d'excellentes intentions et de beaux mouvements dans celui de Télémaque, et Mlle Georges est une fort belle Pénélope. »

Martainville est moins rigoureux : « Talma a bien représenté un prince chez lequel dix ans de malheurs n'ont point éteint le sentiment de sa puissance et de sa gloire et ont accru le désir de la vengeance. »

Il rend hommage à la touchante sensibilité de Mlle Duchesnois, et déclare, non sans quelque raison, que la pièce de Lebrun est plus lyrique que tragique.

Mais ce que Charles Nodier ne peut contester, c'est la somme immense de talent dépensée par Talma dans le rôle d'Hamlet : « Hamlet est un des rôles de la jeunesse de Talma, écrit Charles Nodier à propos de la reprise de cet ouvrage le 11 mai, et Talma y retrouve presque toute la verve de son jeune talent. » Remarquons en passant que le tragédien n'avait alors que cinquante et un ans, ce qui n'est pas un âge excessif pour un grand premier rôle. « Ses qualités, continue-t-il, y sont plus brillantes et ses défauts moins sensibles, car ses défauts, qui tiennent un peu à l'habitude d'un certain genre, sont d'autant plus sensibles qu'ils s'éloignent davantage de ce genre pour lequel il était particulièrement fait. Ce qu'on a le plus généralement remarqué, c'est l'amélioration extrême de sa diction dans un rôle qui lui permettait plus qu'aucun autre ce ton creux et sépulcral qu'on lui reproche. Talma ne peut plus acquérir, mais il peut revenir encore sur des imperfections tolérées (1). »

Nous proposant d'examiner un peu plus loin et en détail cette interprétation d'Hamlet, nous ne nous y arrêterons pas ici davantage. Constatons seulement que le théâtre de Shakespeare était toujours resté pour le tragédien, et depuis sa jeunesse, l'objet de constantes études, et qu'il n'abandonnait pas le projet d'aller encore à Londres pour étudier sur place les œuvres du Maître, études d'autant plus faciles pour lui qu'il connaissait à fond la langue anglaise (2). C'est ce projet qui nous est dévoilé

---

(1) Il a été vendu le 15 janvier 1887 dans une vente d'autographes une importante correspondance de Mlle Raucourt, adressée à Mahérault, an IX-XIII, toute relative aux rôles qu'elles remplissait au Théâtre-Français. Et le 18 janvier, il a été vendu encore une très curieuse lettre de la tragédienne, contenant son opinion sur la diction, base de l'art du comédien. Elle constate les vices de la déclamation généralement adoptée : « Cette nouvelle école, écrit-elle, est destructive de l'art et des chefs-d'œuvre que notre mission est de transmettre au public. » Le mal, à son avis, provient du Conservatoire, dont tous les professeurs se sont entichés. « Corneille est mon auteur de prédilection, ajoute-t-elle, mais par malheur, et par suite du système de déclamation, ce n'est pas l'auteur le mieux joué. Il demande à être parlé noblement, et rien n'est plus difficile pour ceux qui ne veulent ou ne peuvent entrer dans les secrets de l'art. »

(2) Nous aurons l'occasion de parler en temps voulu de ce voyage, qui n'eut lieu que beaucoup plus tard.

par le petit entrefilet suivant du *Journal de Paris* (21 mai 1814) :

« Le célèbre tragédien français Talma se propose, dit-on, de faire un voyage à Londres. On assure que cet acteur connaît très bien le théâtre anglais, et qu'il a fait une étude approfondie de Shakespeare. »

L'information n'était cependant qu'en partie exacte, ainsi que le prouve la copie suivante d'une lettre adressée par Talma au grand acteur anglais Kemble. Cette copie provient du cabinet d'autographes d'un riche amateur anglais :

« Paris, 20 mai 1814.

« Permettez-moi, *dear Kemble*, que je vous adresse M. Dublin, allant à Londres pour des affaires de commerce ; mon intention avait été aussi de partir pour Londres ; mais des affaires et une prudence de conduite dans les circonstances actuelles m'ont fait suspendre mon projet jusqu'à nouvel ordre. L'espoir aussi de vous voir peut-être bientôt à Paris a un peu contribué à différer mon voyage. Faites-moi donc savoir si vous venez ici. Que d'événements, mon cher, depuis que nous ne nous sommes vus ! Toutes les royautés de ce monde sont des royautés de théâtre, ou plutôt la nôtre est encore la plus solide! Dieu veuille qu'avec le temps nous nous tirions du bourbier où l'on nous a mis. Le Roi a d'excellentes intentions, des lumières et un caractère ferme, mais que nous sommes pauvres et misérables ! Adieu, mon cher Kemble, mon plus grand désir est de vous voir et de *shake hands with you.* Adieu, à vous de cœur.

« Talma. »

My best respects to Mrs Siddons.

XXXII

RÉACTION ROYALISTE.
TALMA JUGÉ PAR CHARLES NODIER

Cependant le Roi ne s'était pas encore décidé à se montrer au Théâtre-Français. Cette première apparition eut lieu le 21 mai. On afficha, *par ordre*, *Héraclius* avec Saint-Prix, Damas, Lafon, etc. Talma ne jouait pas. Avant six heures, la salle était remplie; la garde nationale faisait le service. A sept heures et demie, le Roi, accompagné de Madame et des princes de sa famille, fit son entrée au milieu des acclamations du public. Sa Majesté se plaça, non dans la loge d'avant-scène, mais dans une grande loge préparée pour la circonstance au milieu de la galerie. De toutes les parties de la salle on pouvait apercevoir ce prince, dont la figure respirait la bonté et la satisfaction. Le Roi daigna plusieurs fois applaudir; la belle diction de Lafon lui plut infiniment, et il s'empressa, aussitôt la tragédie, de faire parvenir à l'artiste « le témoignage de sa satisfaction ». Le journal qui rapporte ce fait a omis avec soin de nous dire en quoi elle consistait.

Nous avons dit que Talma ne jouait pas, et cependant il n'était pas absent du théâtre, à en juger par ce passage du *Bulletin de Paris* du 22 mai : « Hier, jour de la représentation d'*Héraclius*, parmi les semainiers du Théâtre-Français, qui, selon l'ancien usage, portaient les flambeaux devant le Roi, Sa Majesté a distingué M. Talma, auquel elle a adressé les paroles les plus flatteuses. » Saurait-on lui en faire un crime?

On ne pourrait en dire autant, par exemple, de sa femme, Mme Talma, qui, du fond de sa retraite, n'échappait pas à la contagion des hymnes et des louanges, maladie qui éclatait alors sous différentes formes. C'est ainsi qu'elle publia dans le *Journal des Débats* du 24 mai, sous son nom de demoiselle Vanhove (1), une poésie dédiée à Son Altesse Royale Madame la duchesse d'Angoulême, et intitulée « l'Apparition ». Mais, au moins, Mme Talma pouvait donner comme excuse qu'elle n'avait jamais eu à se louer des façons impériales. On se rappelle comment l'Empereur l'avait fait rayer brusquement du cadre de la tragédie, en déclarant

---

(1) On a imprimé dans les *Débats* C^{me} Vanhove, mais n'est-ce pas bien « Caroline » qu'il faut lire? Mme Talma étant poète et auteur dramatique à ses heures, il n'y a guère de raison pour lui refuser cette paternité jusqu'à preuve du contraire.

qu'il ne voulait plus voir jouer devant lui cette actrice.

Tout ce qui était prohibé sous l'Empire fit naturellement son apparition sous les Bourbons, c'est la loi. Ce fut d'abord l'*Allemagne*, l'ouvrage de M*me* de Staël, ouvrage dont nous aurons à citer des passages à propos des appréciations qu'il renferme sur l'interprétation de Talma dans différents rôles.

Puis ce fut le tour de la tragédie de Raynouard, les *Etats de Blois*, pièce jouée une seule fois à la Cour devant Napoléon et interdite en public. Paris avait donc été privé de cet ouvrage; on résolut de le produire enfin, et cette réhabilitation eut lieu le 31 mai. Succès de curiosité à la première représentation, pas autre chose. Mais une curiosité passagère et quelques beaux vers jetés çà et là ne sont pas chose suffisante pour faire recette. Un défaut presque absolu d'action et trop de conversations politiques refroidirent considérablement l'intérêt. Talma lui-même ne savait pas bien son rôle. « Talma a joué Guise avec plus d'énergie que de mémoire, » lisons-nous dans un compte rendu de cette représentation. « Le rôle chevaleresque de Henri était très favorable à Lafon. M*lle* Raucourt a montré dans Catherine les restes d'un beau talent. » Les *Débats* sont à peu près du même avis : « Talma est très bien dans le rôle de Guise, à quelques défauts de mémoire près; je ne parle pas du défaut de couleur, qui en est un autre, mais j'ai cru devoir l'attribuer à l'auteur. » On attendait un succès; ce fut presque un échec. Ce qui fit dire à propos de cette pièce, interdite d'abord, puis autorisée :

> A présent, moi, que je l'ai vue,
> Je dis du meilleur de mon cœur :
> Celui qui l'avait défendue
> Etait un ami de l'auteur.

Le public royaliste tenait cependant rigueur à ceux des comédiens qu'il soupçonnait encore de bonapartisme. C'est ainsi qu'un jour, nous raconte M. Couailhac (1), ayant appris qu'une cabale formidable se montait contre Talma, le Roi le fit mander ainsi que Mlle Mars. Une note parue dans les journaux, annonçant en termes pompeux que Sa Majesté, amie et protectrice des arts, avait daigné recevoir particulièrement les deux grands artistes, suffit à faire taire les mécontents.

Une autre fois, ce fut à Fleury qu'on s'en prit. La réaction royaliste avait préparé sa petite manifestation. Fleury paraît en scène, et commence à recevoir une bordée de cris et d'apostrophes. Mais l'estime que l'on avait pour sa personne, ajoute Charles Maurice, à qui nous empruntons ce détail, l'emporta sur les résolutions de la cabale politique, et ses agresseurs devinrent eux-mêmes ses claqueurs. Ceci se passait en juillet 1814.

La Comédie française se désorganisa bientôt,

---

(1) Couailhac, *la Vie au théâtre*, p. 177. Nous ne savons où M. Couailhac a puisé les détails qui suivent, mais nous avouons ne pas avoir retrouvé la note en question.

comme il arrivait chaque été. Mlle Georges partit pour Nantes, où Lafon et Mlle Mars se disposèrent à l'aller bientôt rejoindre. Talma prit à son tour son congé. Une des dernières représentations qu'il donna à Paris fut celle de *Britannicus*, le 5 juillet. Cette représentation servait de début à une jeune actrice, remplie de promesses, Mlle Stéphanie Lombard. C'est à propos de cette représentation que Charles Nodier écrit : « Mlle Raucourt joue Agrippine de manière à rappeler Agrippine elle-même ; c'est un des rôles où elle laisse le moins à désirer, depuis qu'elle laisse à désirer quelque chose. Talma, qui a fait, je ne sais où, une grande étude de Néron, et qui représente Néron dans son costume, dans sa démarche, dans ses gestes, dans sa *physionomie numismatique*, au point de tromper l'œil de l'antiquaire le plus exercé, s'élève, dans cette pièce, sinon au-dessus de son talent naturel, du moins au-dessus de son talent de tous les jours, qui est beaucoup plus négligé. Il y met une fermeté, une vigueur, une chaleur d'expression, et surtout une rapidité de débit que je craignais de ne plus retrouver à ce théâtre, et qui influe toujours heureusement sur le jeu des acteurs qui l'entourent. »

Talma prit donc son vol vers les provinces. Il était las du reste de tout ce qui se passait et de tout ce qu'il voyait à Paris depuis six mois. Nous avons parlé de son projet d'aller à Londres étudier de plus près Shakespeare. Une lettre de Mme de Staël nous apprend qu'il était fatigué de Paris. « Talma est un peu triste et découragé, écrit-elle, et la littérature participe à la fatigue de tout et de tous (1). »

« C'est le moment des voyages, écrit Charles Nodier, le 19 juillet dans le *Journal des Débats;* c'est celui où, nos acteurs célèbres vont se faire payer de province en province un tribut annuel d'or, de lauriers et de mauvais vers. Déjà Talma vient de laisser le sceptre aux mains de ses rivaux, sans indiquer le but de sa course lointaine ; on sait seulement que ce prince de nos coulisses, philosophe par principe, et heureux de déposer un moment la grandeur souveraine, garde un *incognito* très sévère. Metz fonde son espoir sur Derivis, et Bordeaux sur Lavigne ; Nantes regrette déjà Mlle Georges, et Mlle Duchesnois nous menace d'une éclipse de deux mois. »

Ce fut pendant ce congé que Talma, nous l'avons dit plus haut, se rencontra à Aix en Savoie avec l'ex-Impératrice Marie-Louise, qui y avait fixé son séjour depuis le 17 juillet. Le peintre Isabey y fit le portrait de la jeune archiduchesse ; Talma lui récita des vers, choisis, de préférence, dans le théâtre anglais. Le baron Corvisart, son médecin, le baron de Bausset et le comte de Cussy, ses chambellans, y composaient toute sa suite. Seul, de toutes les personnes qui l'approchaient, le général autrichien Neipperg, qui deviendra plus tard son mari, ne partageait pas les idées impérialistes ! C'était encore le beau temps où Marie-Louise gardait quelque respect pour le souvenir du père du roi de Rome, pour le souverain détrôné !

(1) Lettre autographe de Mme de Staël, Paris, 19 juin 1814. (Vente Charavay, 1er mai 1885.)

La fin de l'année 1814 à la Comédie française fut assez terne. Nous tirerons hors de pair les deux faits les plus importants à signaler : la rentrée de Talma et la présence de Louis XVIII à une représentation de *Britannicus*.

Talma reparut dans *Œdipe*, le 18 octobre. Sa rentrée coïncidait avec la rentrée de Mlle Raucourt. Nous emprunterons au *Journal des Débats* le compte rendu de cette représentation :

« Le public se porte toujours aux représentations d'*Œdipe*, mais sa curiosité était avant-hier excitée par d'autres motifs que par le mérite de l'ouvrage. Talma et Mlle Raucourt étaient l'objet principal de sa curiosité. Une longue absence les avait dérobés l'un et l'autre à nos plaisirs ; ils reparaissent ensemble. La salle s'est trouvée beaucoup trop petite pour leurs nombreux admirateurs. L'orchestre, vide de musiciens, a fourni quelques places de plus ; mais beaucoup se sont retirés en gémissant de ne pouvoir être admis pour cette fois...

« Talma et Mlle Raucourt sont entrés ensemble et ont recueilli des applaudissements unanimes. Ceux mêmes qui boudaient un peu Talma, et qui avaient jugé son absence trop prolongée, ont oublié à sa vue leur mécontentement. Le public traite les acteurs qu'il chérit comme on traite sa maîtresse : au moindre signe de retour, il leur pardonne leurs caprices et leurs torts.

« Comme c'est la première fois que j'ai à parler de Talma (Charles Nodier se trompe, c'est la seconde, et il avait été assez sévère la première), je crois, avant de rendre compte de l'effet qu'il a produit dans *Œdipe*, devoir exprimer franchement mon opinion générale sur le talent de cet acteur célèbre. Cette opinion, une fois connue, servira ou à expliquer ou, si l'on veut, à excuser ce que j'en dirai dans les occasions particulières où j'aurai à parler de lui.

« J'ai vu débuter Talma, et, à quelques interruptions près, je l'ai suivi constamment dans sa carrière théâtrale. Je lui trouvai dès l'origine le germe des qualités qu'il a développées depuis avec avantage : de l'intelligence, de la force, une figure expressive et mobile ; je savais qu'il était passionné pour son art, je présageai dès lors ses succès, et mon horoscope a été justifié par l'événement. Un seul défaut me paraissait balancer ces qualités brillantes : la monotonie et la pesanteur de sa diction ; mais j'espérais que ce défaut disparaîtrait avec le temps, et, à cet égard, je me suis cruellement trompé. »

Nous nous permettrons d'interrompre ce morceau, en faisant remarquer que ce défaut, constaté par tous les contemporains au début de la carrière de Talma, avait disparu dans la suite, au dire des mêmes contemporains. Nous avons cité à ce sujet vingt témoignages. Charles Nodier seul ne partage pas cet avis. Constatons, et passons.

« Ne pouvant apparemment le corriger (ce défaut), il s'en est fait un système ; il y a, en quelque sorte, accoutumé le public, comme certains chanteurs l'ont accoutumé aux roulades et aux gargarismes. On s'est dit une fois pour toutes : c'est sa manière. Et comme il plaît légitimement par d'autres côtés, il a bien fallu lui passer son défaut, au risque d'être privé de ce qu'il a de bon.

« J'avoue que je ne suis jamais entré pour ma part dans cette condescendance du public. Je voudrais qu'il fût généreux, mais sévère, et qu'il sût donner un prix à ses applaudissements, en y mêlant de temps à autre des leçons utiles aux acteurs. Je voudrais, par exemple, qu'en témoignant sa satisfaction à Talma pour ces beaux mouvements qui n'appartiennent qu'à lui, il lui fît sentir, au moins par son silence, son mécontentement dans les morceaux qu'il débite avec une lourde et fatigante emphase. »

L'emphase de Talma ! Mais c'est contraire à tout ce que nous avons lu. On ne parle partout que de son naturel et de sa simplicité dans le débit. Ainsi Geoffroy lui en voulait parce qu'il n'était pas assez classique, assez pompeux : Charles Nodier lui reproche de l'être trop ! — Terminons :

« Talma a confirmé dans *Œdipe* la justesse de ma manière de voir à son égard. Il a eu de très beaux éclairs de talent ; il a très bien dit les deux derniers vers du troisième acte :

.... Suivez-moi
Et venez dissiper ou combler mon effroi.

« Dans la belle scène du quatrième acte, il a repris avec beaucoup de justesse : *Un seul homme !* etc. »

Nous nous excuserons de la longueur de la citation, que nous avons encore bien écourtée ; mais il était intéressant de voir comment Charles Nodier jugeait Talma.

XXXIII

LE ROI VA VOIR JOUER TALMA
POUR LA PREMIÈRE FOIS

Si le Roi ne se montrait que rarement au théâtre, le duc de Berry, en revanche, s'y montrait fréquemment. C'est ainsi que la Comédie française joue par ordre, le 24 octobre, en sa présence, *Tartuffe* et le *Conteur*. Le 12 novembre, le duc de Berry assiste à une représentation de *Rhadamiste* joué par Talma. Le Roi seul venait moins fréquemment au spectacle. Ainsi, depuis sa présence au Théâtre-Français, présence que nous avons constatée en mai, ne l'y avons-nous pas vu une seule fois.

Louis XVIII n'avait donc encore jamais vu jouer Talma, à moins que ce ne fût à ses débuts, et cela ne comptait guère. Il résolut à cet effet de se rendre au Théâtre-Français, le 16 novembre, accompagné de Monsieur, du duc d'Angoulême, de Madame et du duc de Berry. On afficha par ordre *Britannicus* et les *Héritiers*. On sait que ce rôle de Néron était un des meilleurs du tragédien.

A cette nouvelle, la foule se porta en si grand nombre aux abords du théâtre pour assister à cette représentation, que, dès le matin à cinq heures, des gens armés de lanternes faisaient la queue (1).

Quand il fallut ouvrir les portes, ce fut bien une autre affaire ; le contrôle fut culbuté et un certain nombre de personnes entra dans la salle sans billets. Les places de parterre se vendirent jusqu'à 120 francs. Le comte Orloff et le duc de La Vauguyon, n'ayant pu trouver de places à acheter, cherchèrent à s'introduire par l'entrée des artistes, alors située au fond d'un long couloir obscur; repoussés par le concierge, ils voulurent gagner le fonctionnaire à prix d'or ; mais il y avait là des témoins, et la consigne fut maintenue (2).

Dans la salle, une partie de la première galerie est convertie en loges découvertes pour la famille royale. A sept heures précises, le duc de Duras, premier gentilhomme de service, se présente seul dans la loge royale, et annonce : le Roi !

L'entrée du Roi et de sa famille excite dans toute la salle la plus vive émotion. Pendant un quart d'heure ce ne sont littéralement que des larmes et des cris frénétiques : « Vive le Roi ! Vive la famille royale ! Vive la duchesse d'Angoulême ! » Les re-

(1) *Journal des Débats*, 17 novembre 1814.
(2) *Mémoires du docteur Véron*, t. I, p. 228.

gards et l'intérêt s'attachent particulièrement sur cette princesse, dont la vue rappelait les souvenirs encore si récents de la captivité au Temple.

Le spectacle commence par *Britannicus*. Toutes les allusions sont saisies au passage. Il faut renoncer à décrire l'enthousiasme, nous raconte le docteur Véron, qui assistait à la représentation, au moment où Burrhus, cherchant à détourner Néron du meurtre de Britannicus, lui adresse ces paroles :

> Quel plaisir de penser et de dire en soi-même :
> Partout, en ce moment, on me bénit, on m'aime ;
> On ne voit point le peuple à mon nom s'alarmer ;
> Le ciel, dans tous leurs pleurs, ne m'entend point nommer ;
> Leur sombre inimitié ne fuit point mon visage :
> Je vois voler partout les cœurs sur mon passage !

Toute la salle se lève spontanément et se tourne vers le Roi. Le Roi se lève à son tour et, touché jusqu'aux larmes, porte à plusieurs reprises la main à son cœur. De toutes parts on crie à l'acteur en scène de répéter le passage. Plusieurs minutes s'écoulent avant que la représentation puisse reprendre son cours.

Enfin les artistes eux-mêmes semblent vouloir se surpasser ; Talma est incomparable dans ce rôle de Néron, où se rencontrent tant de ces mots brusques et détachés où il excelle. Charles Nodier lui-même en convient cette fois, et il déclare hautement que le tragédien a saisi avec une grande intelligence toutes les nuances de ce rôle difficile et profond. Mais comme il faut bien trouver toujours quelque chose à reprendre, il le chicane à présent sur des questions de détail : « Je désirerais, écrit-il, que cet acteur s'interdît certaines familiarités qu'il trouve peut-être historiques et naturelles, — mais que réprouve la sévérité du cothurne, et qui ravale à la trivialité du drame la majesté de la tragédie. — Dans la grande scène, par exemple, avec Agrippine, il veut peindre l'ennui, la fatigue que lui fait ressentir la longue énumération des bienfaits de sa mère. Je ne vois pas clairement qu'il soit nécessaire pour cela de badiner avec son manteau, et d'avoir l'air d'en prendre la mesure. Talma a assez de jeu dans la physionomie pour exprimer par les traits de son visage l'impatience dont il est agité. » Il n'en est pas moins vrai que ce jeu du manteau est resté à l'état de tradition, et que peu d'artistes joueraient Néron sans badiner avec leur manteau d'un air distrait pendant les observations d'Agrippine. Tout dépend évidemment de la façon dont ce jeu de scène est rendu.

La petite pièce des *Héritiers*, qui terminait le spectacle, avec M*lle* Mars divertit beaucoup la famille royale, et la représentation finit, comme elle avait commencé, par les cris de « Vive le Roi ! » — Le Roi se retira avec le même cérémonial qu'à l'arrivée. Deux sociétaires semainiers, un flambeau à la main, marchant devant lui, l'accompagnèrent jusqu'à sa voiture.

Le duc de Berry revint encore voir jouer Talma dans *Manlius*, le 19 novembre. *Œdipe*, *Iphigénie* *Philoctète*, *Coriolan* et *Gabrielle de Vergy* se succédèrent tour à tour sur l'affiche. Comme on le voit pas une pièce nouvelle, pas un auteur nouveau;

20.

c'est un cercle étroit où l'on tourne. Toute tentative nouvelle semble interdite. Un journal littéraire de l'époque, *le Nain jaune*, passe en revue de la façon suivante l'état de la Comédie française à la fin de cette année 1814.

« La Comédie française, lisons-nous, vouée au culte exclusif des morts, refuse, par condescendance pour son caissier, le plus petit autel dans son temple aux auteurs qui ont le malheur d'être vivants; elle abuse contre eux, avec une rigueur trop peu généreuse, de toute la sublimité des ouvrages de nos grands maîtres et de l'inévitable beauté de leurs vers immortels; on s'aperçoit trop souvent, malgré les innombrables critiques dont les comédiens sont l'objet, *que ces beaux vers-là ne leur coûtent rien à dire.*

« La paix ramenée parmi les acteurs, comme sur le *Grand-Théâtre*, dont elle fut si longtemps bannie, semble se fixer désormais parmi eux; et l'on a perdu l'espoir de voir revivre ces différends célèbres, ces longues haines qui offraient à la critique un si précieux aliment. Le procès de nos deux premières tragédiennes paraît jugé; du moins ont-elles pris pour l'éteindre un moyen infaillible : la moins belle ne se montre plus, et la moins bonne joue tous les jours. La rivalité de Talma et de Lafon n'est plus reconnue qu'à Bordeaux. Mlle Mars a embrassé Mlle Leverd avec toute l'*ingénuité* qu'on lui connaît. Mlle Bourgoing et Mlle Volnais sont réconciliées; le temps, qui calme tout, a fait cette merveille; ce qui ne les empêche pas toutes deux de se plaindre de lui. Enfin,

Mlle Raucourt, qui ne daigne jouer que trois fois dans l'année, ne peut plus être un sujet de comparaison pour aucune de ses cadettes ; elle prend toujours part aux bénéfices pour se consoler d'être inutile. »

Personne n'est oublié, comme on voit ; ni Mlle Duchesnois « la moins belle », ni Mlle Georges « la moins bonne ». Le critique ne peut pardonner aux jolies femmes de vieillir, et Mlle Raucourt, qui n'a plus que quelques jours à vivre, n'échappe pas aux traits de la satire. Seul le talent de Talma reste inattaquable et inattaqué.

« La reprise de *Coriolan*, continue l'auteur de l'article ci-dessus, a été pour Talma l'occasion d'un succès qu'il serait injuste de passer sous silence. A l'exception de quelques traits de cette couleur un peu sombre, qu'il est dans l'habitude d'imprimer à tous ses rôles, il est impossible de représenter plus dignement la fière indignation de cet illustre proscrit, que ses victoires et sa mort n'ont pas absous dans la postérité du crime d'avoir porté les armes contre sa patrie. Talma, malgré ses défauts, qu'il ne faut pas se lasser de reprendre, est le seul tragédien que possède aujourd'hui notre théâtre ; ceux qui le composent ne savent pas l'apprécier (1). »

Quel plus bel éloge que celui-là, venant de la part d'un critique qui n'épargne personne !

Talma avait conçu il est vrai le rôle de Coriolan d'une manière toute différente de celle de Larive ;

---

(1) Le *Nain jaune*, n° 337, 15 décembre 1814.

mais tout en laissant le souvenir de son prédécesseur intact, il y avait imprimé à son tour une empreinte absolument ineffaçable.

La reprise de *Rhadamiste* parvint à attirer la foule : le Roi s'y rendit aussi, le 14 décembre, et le public, qui veut toujours trouver des allusions partout, saisit au vol quelques vers récités par Desprez pour signaler son enthousiasme. Talma déploya, selon son habitude, un talent très distingué dans le rôle de Rhadamiste, et joua avec une si grande vérité la scène de la reconnaissance, que les spectateurs, oubliant la présence du Roi dans la salle, se mirent à applaudir malgré eux.

Sur ces entrefaites, Mme Talma, qui vivait, comme on sait, depuis quelques années déjà loin de la scène — et de son mari — faisait recevoir par la Comédie française une comédie nouvelle en trois actes et en prose : *Laquelle des trois ?*

« Le public profitera sûrement de la représentation de cette pièce, ajoute la note qui nous fournit ce détail, pour terminer les regrets à une actrice qu'il a vue avec peine abandonner la double carrière où il était accoutumé de l'applaudir. »

Quant à Talma, que les critiques des journaux ont le don d'irriter, — on l'a vu par sa polémique avec Geoffroy,— il riposte encore aux observations soulevées par le terrible *Journal des Débats*, comme on le verra par l'article suivant provoqué par une reprise de *Polyeucte*. (Toujours des reprises!)

« Talma, à ce qu'il paraît, s'est indigné que j'eusse dernièrement resserré son domaine dans des limites qu'il ne veut pas reconnaître; il a voulu me donner un démenti, et me prouver qu'il avait d'autres rôles que ceux que je lui avais assignés par préférence. Je reçois le démenti sans m'en fâcher, et je désire bien sincèrement en recevoir encore plusieurs autres du même genre. Il a été constamment ce qu'il doit être dans Sévère, noble, fier, généreux; sa diction a été parfaite dans la magnifique scène du quatrième acte; j'aurais désiré plus de sensibilité lorsqu'il parle de son amour à Fabian, et surtout à Pauline. Je l'attends à la plus prochaine représentation de *Polyeucte*. »

La rentrée de Lafon, dans les derniers jours de décembre, fournit encore l'occasion à quelques journalistes de mettre cet artiste en parallèle avec Talma. Mais les temps sont changés; il n'y a plus à présent de comparaison possible. Certes Lafon rend toujours avec éclat les traits militaires et chevaleresques; il a pour lui le *panache*, ce fameux panache qui manque à Talma. Mais il ne saura être ni varié, ni profond, ni grave, ni terrible. Lafon sera un bel acteur, et rien de plus. Talma, lui, produira l'illusion continue. On sera charmé par Lafon; on pleurera, on frémira, on passera par toutes les gammes de la passion avec Talma. Le doute n'est plus possible, et le public, souverain maître en la matière, remplira la salle de la Comédie les seuls jours où le nom de Talma paraîtra sur l'affiche.

Après la rentrée de Lafon, voici celle de Mlle Duchesnois, attendue avec impatience. Mlle Georges, dans tout l'éclat de sa magnifique beauté, est bien toujours la plus belle reine qu'on puisse voir, mais Mlle Duchesnois n'en est pas moins la tragédienne la plus vraie et la plus pathétique, en dépit de son physique ingrat.

« On a donné samedi dernier, pour la seconde rentrée de Mlle Duchesnois, une des plus brillantes représentations d'*Andromaque* que j'aie vues depuis longtemps, écrit le rédacteur du *Nain jaune* (1). Talma, aussi admirable qu'il l'est toujours dans les dernières scènes d'Oreste, a réfuté plus victorieusement que jamais, par la manière dont il a joué les autres parties du rôle, ceux qui s'obstinent à le confiner dans le genre terrible. »

Nous pourrions multiplier les citations à l'infini. Elles ne serviraient à rien prouver de plus. Talma, acteur incomplet pendant la Révolution, s'est perfectionné sous l'Empire ; il a atteint dès à présent le *summum* de son art. Pendant les douze années qui lui restent à vivre, il sera l'acteur idéal.

(1) Le *Nain jaune*, n° 342, 10 janvier 1815.

XXXIV

L'ENTERREMENT DE MADEMOISELLE RAUCOURT

Mlle Raucourt, dont nous avons eu si souvent l'occasion de parler et qui ne paraissait plus sur la scène du Théâtre-Français qu'à de rares intervalles, mourut le 15 janvier 1815 d'une maladie inflammatoire, à l'âge de cinquante-neuf ans (1).

Le fait en lui-même n'aurait absolument rien d'extraordinaire, si cette mort n'avait donné lieu à un grand scandale, et si l'enterrement de cette reine tragique n'avait failli provoquer une émeute et soulever la populace. C'est pourquoi nous ne pouvons,

---

(1) « Mlle Raucourt est sérieusement indisposée, lisons-nous dans le *Journal des Débats* en date du 15 janvier. On croit même que la première représentation d'*Arthur de Bretagne*, que l'on devait donner ces jours-ci au bénéfice de cette actrice célèbre, ne pourra avoir lieu avant un mois. » Et le 17 janvier : « Mlle Raucourt est morte hier matin d'une fluxion de poitrine. » Et c'est tout. Il n'est pas dit un mot de ses obsèques.

dans cette histoire théâtrale, passer sous silence un pareil événement. Les principaux faits sont connus ; nous avons publié nous-même un article sur ce sujet dans la *Revue d'art dramatique* du 15 mai 1886. Mais comme les journaux de l'époque gardèrent sur cette affaire un silence de commande, il est bon de dire ici les choses telles qu'elles se sont passées. Rappelons-nous que Louis XVIII vient de monter sur le trône, que nous sommes au mois de janvier 1815, c'est-à-dire peu de temps avant le retour de Napoléon de l'île d'Elbe, et que c'est enfin la plus belle époque des revendications légitimistes.

Fille de comédien, comédienne elle-même, Mlle Raucourt, de son vrai nom Marie-Antoinette Saucerotte, avait fourni à la Comédie française une longue et brillante carrière ; son nom figure sur la liste des pensionnaires dès l'an 1773, ce qui lui faisait bien quarante-deux ans de présence à son actif.

Emprisonnée sous la Terreur, comme la plupart des acteurs du Théâtre-Français, on ne pouvait la soupçonner de n'avoir pas été à ses heures, royaliste sincère. Chargée plus tard par Napoléon d'aller porter le goût de notre littérature en Italie, on ne pouvait lui reprocher de n'avoir pas rendu de sérieux services au pays.

Mlle Raucourt avait bien des mœurs étranges et une singulière réputation. Sa manière de vivre, ses costumes d'homme, ses airs masculins, en avaient plutôt fait un homme qu'une femme. Mais tout ceci n'avait rien à voir dans les circonstances qui nous occupent.

Mlle Raucourt était donc morte le 15 janvier 1815, dans son domicile, 2, rue du Helder, et voici que l'on apprend que le curé de Saint-Roch refuse absolument l'entrée dans son église à la comédienne. Un semblable scandale s'était déjà produit au sujet de l'enterrement de Mlle Chameroy. Le curé de Saint-Roch avait aussi refusé l'entrée de son église à la danseuse; mais le gouvernement consulaire, sans contraindre le clergé, avait trouvé un moyen de tout concilier. On s'était adressé au desservant de l'église des Filles-Saint-Thomas, alors ouverte, et celui-ci, plus accommodant, avait consenti à bénir les restes de la pauvre fille, dont on n'aurait jamais parlé sans cet incident.

Le jour de l'enterrement de Mlle Raucourt avait été fixé au 17 janvier. Le corbillard, suivi d'un grand nombre de voitures de deuil, stationne dans la rue du Helder. On attend le départ du convoi; les parents et les amis de la défunte déclarent qu'ils ont fait depuis deux jours des instances inutiles auprès du curé de Saint-Roch, mais que celui-ci s'obstine à refuser à Mlle Raucourt l'entrée de son église; qu'enfin les acteurs du Théâtre-Français viennent d'avoir recours au Roi, et que l'on attend ses ordres.

Mais le temps se passe, et les ordres du Roi n'arrivent pas. Les comédiens français en *habits de gardes nationaux*, pour prouver sans doute qu'ils sont citoyens, vont et viennent dans la plus grande agitation; la foule des curieux grossit, les murmures augmentent, et l'indignation est générale.

Nous emprunterons les détails qui vont suivre au récit d'un témoin oculaire, qui n'est autre qu'un futur comédien du Théâtre-Français, un camarade de la défunte (1) :

« Enfin la nouvelle se répand qu'il faut renoncer à entrer à l'église, et qu'on allait se rendre directement au cimetière. Des cris de protestation s'élèvent de toutes parts ; on ne peut soutenir l'idée de voir ignominieusement rejetée du lieu saint une femme dont le seul crime est d'avoir récité sur un théâtre les vers des grands poètes qui ont illustré la France, une femme qui par ses talents et sa bienfaisance bien connue s'était attiré l'estime générale.

« Bientôt l'on forme le projet de remporter par la force ce qu'on n'avait pas obtenu par la prière. Les pauvres qui portent les cierges répondent que l'on peut compter sur eux, et le convoi se met résolument en marche dans la direction de l'église Saint-Roch. Au moment où le corbillard va s'engager dans la rue de la Michodière, un officier de police saisit les rênes des chevaux et veut lui faire prendre la direction des boulevards. « A l'église ! » crie-t-on de toutes parts. L'officier de police est impuissant à se faire entendre. Il cède au nombre et s'éloigne. Le cortège s'engage alors dans la rue de la Michodière.

« Déjà les comédiens, entraînés presque malgré

---

(1) *Notice sur l'enterrement de M*^{lle} *Raucourt,* actrice du Théâtre-Français, morte le 15 janvier 1815, à Paris. — De l'imprimerie P. N. Rougeron, rue de l'Hirondelle, n° 22, 1821. — Brochure de 10 pages (anonyme).

Cette notice, due à Pierre-Victor, a été rééditée en 1834 sous son nom.

eux, paraissent s'alarmer de cette scène orageuse et craindre qu'elle ne leur soit imputée. Mais ils ne sont plus les maîtres de la situation. La multitude seule est souveraine dans cette circonstance. Une foule que l'on évalue à quinze mille personnes encombre les rues voisines de Saint-Roch. Les premiers arrivés ont pénétré dans l'église même par les portes latérales, qui étaient restées ouvertes. On veut que la cérémonie s'effectue dans toutes les règles, et que Mlle Raucourt ait les honneurs de la grande porte.

« En vain on somme le suisse de l'ouvrir; on essaye alors de l'enfoncer; on brise les chaises; mais la porte, aussi inébranlable que le curé, résiste à toutes les tentatives.

« Pendant que les uns se livrent à cette attaque infructueuse, les autres demandent des prêtres à grands cris. Effrayé par tant de bruit, et ne se croyant pas en sûreté dans son domicile, le curé de Saint-Roch se retranche au fond de la sacristie. Mais les personnes qui, à l'approche du convoi, étaient allées lui adresser de nouvelles supplications, reviennent annoncer son inflexibilité et sa détermination de périr plutôt que d'enfreindre les ordres qu'il dit avoir reçus du chapitre métropolitain.

« Le tumulte est à son comble. Les uns proposent de conduire le corps à travers la ville, jusqu'à l'archevêché; les autres veulent se porter aux Tuileries pour connaître les ordres du Roi. La fermentation des esprits devient telle qu'on est prêt à se livrer à toutes les extrémités.

« Cependant les sociétaires de la Comédie française ne sont pas à leur aise. Ils attendent au dehors de l'église une solution quelconque. Cette solution se présente sous la forme d'un piquet de gendarmerie qui vient se ranger devant l'église. En somme, les comédiens sont assez disposés à gagner promptement le cimetière, craignant d'acheter trop cher leur triomphe; mais la foule ne l'entend pas ainsi.

« Le corbillard veut se remettre en route; c'est en vain. On se jette sur les chevaux, on arrête le char à l'entrée de la rue Traversière; mais la rue se trouve tellement obstruée qu'il est impossible de le faire retourner. Voyant que les quatre chevaux embarrassent le cocher, la multitude coupe les traits des deux premiers; le corbillard s'avance alors librement, et revient dans la rue Saint-Honoré, par celle des Frondeurs, aux acclamations de tout le peuple.

« Alors commence ici une scène inénarrable : on se jette sur le cercueil, chacun se dispute l'honneur de le porter. La grande porte s'ouvre enfin, et un flot humain s'y précipite, en portant le corps avec lui : on le dépose au pied de l'autel; les cierges s'allument comme par enchantement, et les ordres du Roi arrivent au même instant, prescrivant de rendre à Mlle Raucourt les devoirs funèbres dus à tous les chrétiens. Louis XVIII avait même envoyé, s'il faut s'en rapporter à M. de Vaulabelle (1), un des

---

(1) *Histoire des deux Restaurations*, par M. de Vaulabelle.

prêtres de sa chapelle pour faire à l'actrice qu'il avait applaudie l'aumône de quelques prières.

« A cette nouvelle, les voûtes retentissent d'applaudissements. Le curé est appelé avec des cris forcenés. Les officiers de police, montés sur les marches de l'autel, veulent haranguer la multitude; on ne les écoute pas. *Le curé! le curé!* est le seul cri qui se fasse entendre. Enfin on voit paraître un prêtre suivi d'un porte-croix et de deux chantres. Aussitôt la scène change. A la vue du ministre, le tumulte s'apaise, et le recueillement le plus profond règne dans toute l'assemblée. Jamais à un spectacle plus violent ne succéda aussi subitement un spectacle plus édifiant. Le prêtre officie et fait les cérémonies accoutumées au milieu d'un religieux silence. Le service terminé, il reconduit le corps jusqu'à la porte de l'église, et le peuple satisfait le replace lui-même dans le corbillard.

« Après la station d'usage devant le Théâtre-Français, le convoi continua sa marche et arriva au cimetière du Père-Lachaise, où l'on peut voir encore le tombeau où repose la tragédienne. »

Ainsi se termina l'enterrement de Mlle Raucourt. « Le sens de cette manifestation échappa aux courtisans, écrit M. de Vaulabelle. Le mécontentement public avait saisi cette occasion pour éclater avec une menaçante énergie. La Cour ne vit là qu'une émeute de comédiens et un vulgaire accident de rue. »

Louis XVIII, en envoyant un prêtre de sa chapelle, avait-il donc seul compris et fait comprendre qu'il fallait compter encore avec l'opinion publique?

Cette journée fut suivie, comme il fallait s'y attendre, de petits drames amenés par les mots échangés. C'est ainsi que le lendemain deux officiers des mousquetaires rouges se retrouvaient en face de deux comédiens, Gavaudan et Clozel; l'un blessait Clozel au bras, l'autre recevait dans l'épaule un coup d'épée de Gavaudan.

Quant à M. de Vérines, brigadier de mousquetaires, il ne voulut jamais accepter le duel que lui offrit Talma, dont il était, disait-il, un des plus grands admirateurs; ce qui est fort possible du reste, la bravoure de M. de Vérines ne pouvant être mise un seul instant en doute (1).

Nous n'ajouterons que quelques réflexions au sujet des rapports des comédiens avec l'Église. M. Ch.-L. Livet et M. Loiseleur ont d'ailleurs échangé des lettres fort curieuses sur ce sujet dans le journal *le Temps* du 17 novembre 1885. L'excommunication collective des comédiens n'a jamais existé en France, et, ce qui le prouve, c'est que les comédiens se mariaient à l'église et tenaient des enfants sur les fonts baptismaux; quelques-uns communiaient. L'Église, il est vrai, exigeait une renonciation d'état, au lit de mort des comédiens, et cela par suite de la prescription de Jean de Gondi, archevêque de Paris en 1623, prescription ordonnant de priver de la sépulture ecclésiastique les comédiens qui refuseraient de

---

(1) Nous laissons la responsabilité de cette anecdote à M. V. Couailhac, à qui nous l'avons empruntée. (*Grandes et petites aventures de Mlle Montansier*, p. 117, 118.)

renoncer à leur profession (1). Nous avons raconté nous-même dans notre *Histoire des comédiens de la troupe de Molière* la renonciation du comédien Brécourt. Nous avons vu dans notre précédente étude, *Talma et la Révolution*, le curé de Saint-Sulpice refusant de marier Talma dans son église. Mais, comme nous l'avons expliqué, du reste, lorsque le curé de Saint-Eustache refusait d'enterrer Molière, il visait plutôt l'auteur de *Tartuffe* que le comédien; lorsque le curé de Saint-Sulpice refusait de marier Talma, il visait plutôt l'interprète de *Charles IX* que l'homme lui-même. De tels motifs n'existaient pas pour Mlle Raucourt, qui s'était même confessée, assure-t-on, et avait rendu le pain bénit et distribué des aumônes fort peu de temps avant sa mort.

Les brouilles entre l'Église et les comédiens sont heureusement fort rares. On cite bien Rosimont, celui-là même qui avait remplacé Molière dans le rôle d'Argan du *Malade imaginaire*, presque au lendemain de sa mort. Le père Lebrun nous apprend dans son *Traité des spectacles* que Rosimont fut enterré sans clergé, sans luminaire et sans prière, dans un endroit du cimetière de Saint-Sulpice où l'on mettait les enfants morts sans baptême. Tout cela parce qu'il était mort sans avoir eu le temps de demander les secours de l'Église. Or, notez que ce malheureux comédien avait publié, sous le nom de Jean-

---

(1) *Dictionnaire des cas de conscience*, par de Lamet et Fromageau, t. Ier, col. 797, et *Dictionnaire des cas de conscience*, de Pontas, t. Ier, p. 746.

Baptiste Dumesnil, en 1680, une Vie des saints (1).

On cite encore Adrienne Lecouvreur, qui, pour n'avoir pas eu le temps de prendre des arrangements avec l'Église, fut enterrée de nuit, au coin de la rue de Bourgogne, par les soins de deux portefaix. Et encore faut-il voir peut-être dans cet événement de vieilles rancunes satisfaites, des jalousies de grandes dames subsistant même après la mort de leur rivale.

Nous avons parlé plus haut de l'enterrement de la danseuse Chameroy. Si Mlle Raucourt était morte un an plus tôt, sous l'Empire, ou même trois mois plus tard, sous les Cent-Jours, un pareil scandale ne se fût pas produit. Le clergé, redevenu tout-puissant par suite du retour des Bourbons sur le trône, avait saisi cette occasion pour faire preuve d'autorité ; mal lui en prit. Il avait compté sans l'opinion publique. Qu'en est-il résulté ? Un scandale, tout à l'honneur de la mémoire de la comédienne que l'on prétendait rabaisser, tout à la confusion d'un curé plus royaliste que le roi. Il est vrai que ceci se passait en 1815. De nos jours, ces messieurs sont devenus plus conciliants, et le vénérable curé de Saint-Roch, pour faire oublier sans doute le trop de zèle d'un de ses prédécesseurs, conviait récemment la Comédie française à une messe solennelle en l'honneur du deuxième centenaire de la mort du grand Corneille. Ne nous en plaignons pas : sans être de fervents paroissiens, les comédiens n'ont jamais fait montre

(1) Le titre exact de cet ouvrage est : *Vie des Saints pour tous les jours de l'année*. Paris, Guillaume-Desprez, 1 vol. in-4°.

d'irréligion. L'Église n'a rien à gagner à vivre en mauvais termes avec des gens inoffensifs, ou tout au moins indifférents en matière religieuse. Un peu de tolérance ne messied pas (1).

(1) Sous Charles X, le clergé refusa encore des prières au corps de l'acteur Philippe, artiste très aimé aux boulevards. Il y eut émeute et déploiement de troupes. Mais on dut céder à la force et s'en aller directement au cimetière.
Nous possédons une curieuse brochure relative à cette affaire : *l'Ombre de l'acteur Philippe à ses confrères et à ses concitoyens*. Paris, chez les principaux libraires. 1824, 16 pages in-18.

XXXV

REPRISE D'HAMLET
INTERPRÉTATION DE TALMA

Le commencement de l'année 1815 fut signalé au Théâtre-Français par la rentrée de Mlle Duchesnois, qui reparut dans *Phèdre* après une longue maladie (4 janvier 1815), et par la représentation au bénéfice de Mlle Desbrosses, représentation dans laquelle Talma reparut dans *Hamlet* (9 janvier). Et comme, au moment même où nous écrivons ces lignes, *Hamlet* tient encore la grande place sur l'affiche de la Comédie française, où la foule court chaque soir applaudir M. Mounet-Sully, absolument incomparable dans ce rôle, il n'est pas hors de propos d'examiner un peu de quelle façon Talma interprétait l'*Hamlet* de Ducis, le seul Hamlet alors connu.

M. Mounet-Sully a rendu ce rôle d'Hamlet d'une façon tout à fait supérieure. Je n'ai pu voir ni Talma, ni Rouvière, le premier créateur de l'Hamlet de Dumas, et j'étais bien trop jeune pour me rappeler la façon dont Mme Judith joua ce rôle à la Gaîté. Pour nous donc, spectateurs de l'an 1887, Hamlet, c'est Mounet-Sully ; ou plutôt ce n'est plus Mounet-Sully que nous avons devant nous, c'est Hamlet. Et en disant ceci, je ne cède pas à un engouement personnel ; vous n'aurez qu'à relire plus tard tout ce que les journaux ont écrit là-dessus depuis deux mois. C'est Hamlet qui marche, c'est Hamlet qui parle, c'est Hamlet qui rêve.

On sort donc de cette représentation en se disant à part soi : Je ne sais pas comment les prédécesseurs de Mounet-Sully interprétaient ce rôle, mais à coup sûr je sais qu'on ne peut y être plus vrai. C'est bien là l'Hamlet du poète, étrange, incompréhensible, dormeur éveillé, que j'ai eu là pendant quatre heures devant les yeux.

Et c'est pourquoi je m'empresse de le dire bien haut, je suis heureux, dans le courant de cette étude, de trouver un artiste contemporain que je ne craigne pas de mettre en parallèle dans un rôle avec le grand Talma. C'est la seule et unique occasion qui me soit offerte. Je la saisis en hâte. Talma n'en perdra pas un fleuron de sa couronne, et M. Mounet-Sully pourra, à juste titre, s'enorgueillir de la comparaison.

Le rôle d'Hamlet fut toujours un de ceux que Talma affectionna plus particulièrement. Il convenait à sa nature sombre. « Il y a de la fatalité sous ce front-là, » disait Ducis en parlant de Talma.

Aussi le tragédien ne manquait-il aucune occasion de s'y produire. Mlle Desbrosses, sa camarade, se retirait du Théâtre-Français après une carrière honorable et paisible. Mlle Desbrosses avait joué les soubrettes avec une vivacité que l'on eût remarquée mieux encore sans un défaut naturel qui gênait sa prononciation, et qui ne lui avait jamais permis la concurrence, ni avec Mlle Devienne, ni surtout avec Mlle Joly. Liée par un attachement constant et sincère à Dazincourt, qui l'institua son héritière, elle dut au souvenir de son bon et fidèle ami une existence indépendante que la représentation d'*Hamlet* venait encore assurer davantage.

L'empressement du public était d'ailleurs justifié par la réapparition de Talma dans ce rôle.

« Jamais ce grand acteur, écrit le *Journal des Débats* (1), ne s'est montré autant au-dessus de la critique et au-dessus de l'éloge : il n'a pas eu un instant de faiblesse. Dès son entrée, son désordre, ses cris sourds et inarticulés, la terreur empreinte sur son visage, semblaient rendre visible aux yeux du public, l'ombre de son père *volant sur sa tête et attachée à ses pas*. Dans la scène où Norceste, par son ordre, fait, en présence de Gertrude et de son complice, le récit de la mort du roi d'Angleterre, et entoure cette mort des mêmes circonstances qui ont accompagné celle du roi de Danemark, le regard scrutateur de Talma, promené tour à tour sur sa mère et sur Claudius, saisissait avec une admirable

(1) *Journal des Débats*, 11 janvier 1815.

variété les différentes impressions que le récit fait sur ces deux personnages. On y lisait son indignation contenue contre l'indifférente immobilité du plus grand coupable, et son désespoir de ne plus pouvoir révoquer en doute le parricide d'une mère. Il a nuancé avec un art infini le long, et beaucoup trop long, et surtout trop métaphysique monologue qui commence le quatrième acte. La terreur paraissait ne pas pouvoir être portée plus loin. Cependant Talma a trouvé le secret d'en rendre la peinture encore plus effrayante : au moment où, pour la seconde fois, l'ombre paternelle lui apparaît pour lui remettre le poignard vengeur, quand l'acteur, repoussant de la main ce présent épouvantable, s'est écrié avec l'accent de la sensibilité la plus profonde : *Je ne pourrai jamais*, tous les cœurs se sont serrés, tous les yeux étaient mouillés de larmes.

« A peine le rideau était-il baissé qu'il a été redemandé à grands cris. Cédant aux vœux du public, il a paru, et est venu recueillir, dans des applaudissements nouveaux et unanimes, le prix bien mérité de ses heureux efforts. »

« On a donné, samedi dernier, la tragédie d'*Hamlet*, lisons-nous dans le *Nain jaune* (1), au bénéfice de Mlle Desbrosses, qui emporte, en quittant la carrière dramatique, le souvenir consolant d'avoir attiré la foule au moins une fois. Cette représentation a été digne de l'empressement du public ; Talma est profond, énergique et terrible dans le rôle d'Hamlet, et

(1) Le *Nain jaune*, 15 janvier 1815.

M{}^\text{lle} Duchesnois a triomphé avec beaucoup d'art de toutes les difficultés du rôle ingrat de Gertrude. La scène de l'urne, jouée avec une admirable vérité, a été applaudie par tous ceux qui ne frémissaient pas. »

« Je sors oppressé... J'ai vu Hamlet... Non, j'ai vu Talma, » s'écrie à son tour Martainville dans le *Journal de Paris*. Talma eût peut-être mieux aimé que Martainville se fût écrié : « J'ai vu Talma, non j'ai vu Hamlet. »

Quoi qu'il en soit, il ressort de tous ces témoignages que Talma était absolument hors de pair dans ce rôle. Et c'est pourquoi je m'empresse encore de proclamer que nous avons le bonheur d'en dire autant de M. Mounet-Sully.

Mais la comparaison ? direz-vous. Ah ! la comparaison ! Eh bien ! voici ce que je répondrai : l'Hamlet de Ducis n'est pas à proprement parler l'Hamlet de Dumas. Du temps de Ducis, il fallait être tragique, ou ne pas être, pour parler le langage de la pièce. Shakespeare n'était pas accepté, mais toléré. Talma, malgré tout son génie, n'aurait pu maintenir la pièce sur l'affiche pendant une série de représentations. A l'époque où vint Dumas, au contraire, il fallait être romantique. C'était déjà se rapprocher du grand modèle. Où Talma avait les voies à ouvrir, Rouvière et Mounet-Sully ont donc trouvé les voies tout ouvertes. Ce grand point établi, je conclurai : nous vous avons mis sous les yeux les comptes rendus de l'époque : vous avez vu, autant que voir se pouvait, Talma dans le rôle écrasant d'Hamlet. A présent, si vous voulez prononcer sur l'interprétation actuelle, en tenant compte de la différence qu'il existe entre la traduction de Ducis et celle de Dumas, de la diversité des époques et du jugement porté par le public sur Shakespeare à soixante-dix ans d'intervalle, allez voir jouer Hamlet par M. Mounet-Sully, et cela vous pouvez le voir tous les soirs.

Talma reparut tour à tour dans *Gaston et Bayard*, dans *Rhadamiste*, dont il paraissait avoir fait une nouvelle étude, dans *Esther*, où il ne laissait rien à désirer dans le rôle d'Assuérus tandis que Lafon jouait le rôle d'Aman, dans *Coriolan*, dans *Iphigénie*, dans *Polyeucte*, dans *Ninus*, dans les *Templiers*.

« Mlle Duchesnois, lisons-nous à propos de *Polyeucte* (1), a chanté le rôle de Pauline avec la plus endormante monotonie ; elle a un peu réveillé les spectateurs au cinquième acte, mais beaucoup plus par sa pantomime que par sa déclamation. Je persiste à croire que la santé de Mlle Duchesnois n'est pas entièrement rétablie. Damas et Talma ont jeté de la vie et du mouvement dans cette suite de scènes de langueur et d'ennui. Talma surtout a débité avec une sagesse et une vérité admirables toute la belle scène de Sévère au quatrième acte, et s'il n'a pas été plus tendre et plus amoureux au second, la faute en est sans doute à sa glaciale interlocutrice. »

« Talma est effrayant de vérité dans tout le rôle de *Ninus*, » nous dit encore le critique (2) ; et à propos

---

(1) *Journal des Débats*, 11 février 1815.
(2) *Journal des Débats*, 23 février 1815.

des *Templiers* : « Talma est touchant, pathétique, entraînant, dans le rôle du jeune Marigny. »

C'est vers le même temps que le *Nain jaune* publiait une caricature des théâtres où l'on voit un personnage représentant le Thâtre-Français, couvert d'une cuirasse, chaussé du cothurne tragique et coiffé d'une perruque Louis XIV, repoussant avec son poignard les auteurs modernes qui ont la singulière prétention d'être joués.

Lafon, l'ex-rival de Talma, reparaissait alors dans la comédie, s'essayant tour à tour dans la *Métromanie*, l'*Amant bourru* et le *Misanthrope*.

Ainsi se passèrent les deux premiers mois de l'année 1815.

Nous ne pouvons résister au plaisir de citer la petite chronique suivante, que bien peu connaissent sans doute, et qui passe une revue satirique et parfois même assez méchante de tous les artistes composant le Théâtre-Français à cette époque. Nous la trouvons dans le *Journal de Paris* du 5 mars 1815 (le journal de Martainville). Nous en donnons en même temps la clef :

La Dominicale, petite chronique.

« On annonce prochainement la publication de plusieurs ouvrages qu'on attribue à des comédiens. En se faisant auteurs, ils ont voulu prouver aux médisants que c'est à tort qu'on leur reproche d'être *illettrés*. On a mauvaise grâce à demander à quelqu'un qui écrit s'il sait lire. Quoi qu'il en soit, voilà les titres de plusieurs de ces ouvrages, qui ont déjà leur place marquée dans la bibliothèque du Théâtre-Français

« 1° Nouveau traité d'orthographe, où l'on démontre l'avantage d'écrire les mots comme on les prononce, et l'inutilité de la ponctuation dans l'écriture et dans le débit. Paris, 1 vol. in-12, par M. Fl... (Fleury).

« 2° Recherches historiques sur la culotte du Centaure Nessus; brochure de 100 pages. Bordeaux, par M. Laf... (Lafon).

« 3° Description d'un mannequin-organisé propre à faire valoir les costumes grecs ou romains; ouvrage dédié aux peintres et aux sculpteurs, par M. S^t-Pr... (Saint-Prix).

« 4° Découverte d'une gamme qui ennoblit le hoquet dans les moments de sensibilité, avec des exemples notés dans plusieurs tons, par M. S^t-Ph... (Saint-Fal).

« 5° La Sirène de quarante ans; nouvelle merveilleuse, avec cette épigraphe : *Nimium ne crede colori*, par Mlle M... (Mlle Mars).

« 6° La Psalmodie grégorienne adoptée à la déclamation tragique, par M. T... (Talma).

« 7° Le Télégraphe perfectionné par un capucin, notice extraite de la bibliothèque germanique, par M. B... aîné (Baptiste aîné).

« 8° Théorie du cabotinage; 27 vol. in-4°, par M. Th... (Thénard), revue par M. Fl... (Fleury), *cum notis variorum*.

« 9° Commentaire sur Atrée et Thieste, avec cette épigraphe : « Je le sens au plaisir que me fait la vengeance, » par Mlle Du... (Duchesnois).

« 10° Mme Gigogne, ou le Triomphe de la maternité,

parade de Collé, arrangée décemment par Mme Th...
(Mme Thénard).

« 11° Recueil de plusieurs rôles, tels qu'Iphigénie, Atalide, etc., notés sur des airs populaires, et arrangés, sans variations, pour la serinette, par Mlle B... (Mlle Bourgoing).

« 12° La Reine voyageuse, ou l'Auberge des Trois Rois, proverbe joué à Saint-Pétersbourg et ailleurs, et traduit du russe par Mlle G... (Mlle Georges).

« 13° Entretien acoustico-physique sur le son des cruches cassées et des cloches fêlées, par MM. Van... Fau... et Bau... (Vanhove, Faure et Baudrier).

« 14° Les Inconvénients de la paresse, suivis des Dangers des bonnes fortunes, deux petits drames en un acte, par M. Car... (Cartigny).

« 15° Éloge de la monotonie, manuscrit tracé sur des feuilles d'opium avec de l'encre faite d'huile de pavot, recommandé pour les insomnies par la Société de médecine; 2 pages, par Mlle V... (Volnais).

« 16° Jocrisse parvenu, ou le Goût du terroir, roman ou histoire, par M. Bat... cadet (Baptiste cadet).

« 17° Tarif des hémistiches, avec cette épigraphe : *Venez la voir, Seigneur*, par Mlle Pat... (Mlle Patrat).

« 18° De l'utilité des chevilles pour boucher les trous; fragment d'un grand traité sur les marionnettes, par MM. Dum... Des... etc., etc. (Dumilatre, Desmousseaux).

« 19° Almanach des bonnes ménagères, pour l'année 1815 et suivantes, par Mme Pel... (Mme Pelicier).

« 20° Remarques critiques sur les imperfections

de l'Apollon du Belvédère, par M. March... (Marchand).

« 21° Enfin, Théâtre de Corneille, Racine et Molière, etc., épuré et corrigé par le souffleur. »

Terminons ce chapitre par cet autre trait emprunté au même *Journal de Paris :*

« On parle d'un nouveau dictionnaire des synonymes, plus complet que tous ceux qui ont déjà paru. En voici un article ; c'est une distinction qui nous a paru très judicieuse entre les *applaudissements et les claques.* On peut en vérifier la justesse tous les soirs dans nos premiers théâtres.

« *L'applaudissement* se prend toujours en bonne part, et la *claque* en mauvaise. L'un se mérite, l'autre s'achète ; *l'applaudissement* acheté n'est plus qu'une *claque.* Les honnêtes gens *applaudissent* avec discernement et modération ; la canaille *claque* avec raison comme sans mesure... Exemple : on peut dire Talma et M{^lle} Mars ont obtenu de nombreux *applaudissements.* M{^lles} V... et B... (Volnais et Bourgoing) ont reçu beaucoup de *claques.* »

XXXVI

LES CENT-JOURS. — LA DÉCORATION DE TALMA

Le lundi 20 mars 1815, le Théâtre-Français donnait le *Cid* et la *Fausse Agnès*; l'Opéra-Comique, l'*Amour filial, Blaise et Babet*, les *Savoyards;* les Variétés, *Jocrisse corrigé*, la *Noce interrompue, le Savetier et le Financier, Je fais mes farces;* le Vaudeville, la *Petite Critique épistolaire*, une *Soirée des boulevards* et *Gaspard l'avisé*, lorsque le bruit se répandit dans Paris que Napoléon, de retour de l'île d'Elbe, venait d'arriver dans la soirée aux Tuileries, vingt jours après son débarquement dans le golfe Jouan.

Le *Journal de l'Empire,* qui vient encore de jeter aux orties son titre de *Journal des Débats*, écrit en toute hâte : Post-scriptum. Huit heures du soir. L'Empereur est arrivé ce soir à huit heures au palais des Tuileries, au milieu des plus vives acclamations. Dans le moment où nous écrivons, les rues, les places, les boulevards et les quais sont couverts d'une foule immense, et les cris de : Vive l'Empereur! retentissent de toutes parts. »

Nous avons dit plus haut que l'on jouait aux Variétés *Je fais mes farces*. Lorsque l'on annonça dans la salle le retour de l'Empereur, Potier, qui était en scène, dit assez haut à Brunet : « Il paraît que je ne suis pas le seul qui fait ses farces. » Le spectacle fut interrompu : personne ne resta dans la salle (1).

« Ma plume!... ma plume! s'écrie Charles Maurice dans son *Histoire anecdotique du théâtre*. Je ne veux pas que le sommeil de cette nuit efface rien des impressions que je viens de recevoir.

« Napoléon est revenu tout à l'heure de l'île d'Elbe. Mon ami Pigault-Lebrun fils, l'un des officiers de sa garde, m'a fait entrer dans la cour des Tuileries quelques instants avant l'arrivée de l'Empereur. Bien qu'il y eût là beaucoup de monde, la foule n'était pas assez grande pour que je ne fusse pas parvenu à bien me placer. J'étais au pied du pavillon de Flore, du côté du quai, et tout près de la porte du château.

Une longue rumeur annonce Napoléon. Je le vois venir à cheval, entouré, pressé par de nombreux militaires qu'enveloppaient eux-mêmes des flots de peuple, mêlant leurs acclamations aux cris qui faisaient trembler l'autre rive. »

Le lendemain de cette mémorable soirée, Gavaudan, placé au balcon du Théâtre-Français, est re-

(1) *Mémoires de Mlle Flore*, t. II, page 197.

connu par le public et invité à chanter la *Marseillaise*. « Je ne la sais pas, dit-il à son voisin de stalle, Charles Maurice. Que faut-il faire? — Cherchez dans votre répertoire ce qui pourrait les contenter. » Alors Gavaudan se lève, et après avoir obtenu du silence : « Messieurs, dit-il, je ne sais pas la *Marseillaise;* mais je vais vous chanter autre chose. » Et il entonne le *Vol de l'aigle de clocher en clocher*. Mille acclamations sanctionnent cet heureux choix.

Suivant son habitude, Napoléon ne perd pas son temps. Le 24 mars, un décret supprime la censure et les censeurs. Ou du moins le rôle de la censure pendant les Cent-Jours se bornera à examiner de près les ouvrages qui auraient pu soulever des tumultes populaires. Quant aux impromptus et aux à-propos louangeurs, ils seront résolument écartés de la scène. Napoléon avait pu apprendre depuis ses revers ce que valaient les œuvres de ces écrivains qui, après avoir célébré l'Empire et la première Restauration, revenaient à présent lui offrir leurs hommages.

Le 27 mars, le duc de Montesquiou est nommé surintendant des théâtres impériaux, et M. Bernard, confirmé dans son poste de commissaire impérial près le Théâtre-Français. Le 13 avril, les comédiens jouent pour la première fois depuis le retour de l'Empereur et la dernière sur le théâtre du palais des Tuileries. Le spectacle se compose de la *Nièce supposée*, avec Fleury, Armand, Michelot, Baptiste cadet, Thénard, Mmes Thénard, Mars et Bourgoing.

Que dire des revirements de l'esprit public, qui

applaudit tour à tour l'Empereur, le Roi, l'Empereur encore et les alliés? Donne-t-on *les Horaces* au Théâtre-Français? Toutes les allusions sont saisies au vol avec transport par un public en délire. Dans les entr'actes, les spectateurs font jouer des airs patriotiques et reprennent en chœur les refrains ; ce ne sont que des cris : Vive l'empereur ! Vive la liberté ! Point d'étrangers en France ! La foule se presse dans les théâtres, à l'Opéra, aux Français, à Feydeau ; le public réclame l'air : *Veillons au salut de l'Empire !*

Ce fut sur ces entrefaites que Talma reprit son rôle de Joseph dans *Omasis*. Mais la représentation la plus curieuse de cette époque des Cent-Jours fut apparemment celle du 21 avril, celle où Napoléon vint assister à la représentation d'*Hector*, joué par Talma et Mlle Duchesnois. Ce fut aussi sa dernière apparition au théâtre de la rue de Richelieu.

On peut juger de l'affluence des spectateurs lorsqu'on apprit que Napoléon devait se montrer ce soir-là à la Comédie française. La salle fut littéralement envahie ; les musiciens, chassés de l'orchestre, en furent réduits à transporter leurs instruments sur le théâtre ; les coulisses sont encombrées de curieux. Gavaudan, reconnu encore au balcon, est forcé de chanter une ronde dont il avait, quelques jours auparavant, égayé un repas donné par la garde nationale à la garde de l'Empereur.

Cependant l'heure s'écoule ; Sa Majesté n'arrive pas. On commence ; à la troisième scène, l'Empereur fait son entrée au milieu des applaudissements de toute la salle. Les acteurs, sans attendre le vœu du public, se retirent d'eux-mêmes et recommencent la pièce. On devine sans peine l'effet produit sur un tel auditoire par les passages suivants :

HECTOR.

Je ne suis point à moi, je suis à la patrie !

ANDROMAQUE.

Mais ton Astyanax a des droits à la vie !

HECTOR.

Il en aura peut-être à l'immortalité
S'il imite son père...

Et encore :

Comme un colosse immense, à l'armée immobile
Apparaît un guerrier...

PATROCLE.

C'est lui.

ANDROMAQUE.

C'était Achille.

Et plus loin :

Il reparait enfin !

A ces mots, les voûtes de la salle retentissent des cris de : « Vive l'Empereur ! » Les loges et le parterre confondent leurs acclamations. Enfin Napoléon se retire après la tragédie, chargeant encore, avant de sortir, son commissaire près le Théâtre-Français de témoigner sa satisfaction aux principaux artistes.

Nous ne reverrons plus Napoléon au théâtre ; Sainte-Hélène, hélas! guette sa proie.

Il y eut cependant encore une petite représentation à l'Élysée le 4 mai. On joua la *Suite d'un bal masqué*, et le 26 du même mois, l'opéra italien parut à la Cour. Mais c'en est bien fini des représentations en public. Le 2 juin, les artistes du Théâtre-Français donnent 1,500 francs pour subvenir aux frais de la guerre. Le 13, Napoléon quitte Paris ; le 18, la bataille de Waterloo était perdue, et l'Empire à jamais renversé. Le 22 juin, le Théâtre-Français réalisait 65 francs de recette ; le 23, 132 francs ; le 26, 94 francs ; le 27, 165 francs. Le 28 juin, il faisait relâche ; les alliés entraient dans la capitale. Tout était consommé.

Napoléon avait-il reçu Talma dans son intimité pendant les Cent-Jours ? Nous ne saurions l'affirmer, et cependant tout porte à le croire. Ce sont d'abord MM. Laugier et Mottet qui le déclarent dans leur *Notice sur Talma* (Paris, 1826).

« Lors de la première Restauration, nous disent-ils, Talma fut traité avec bienveillance par le Roi, qui sut apprécier son mérite. En 1815, il alla voir Napoléon, qui avait lu à l'île d'Elbe tout ce qu'on avait imprimé sur lui. « Hé bien ! lui dit l'Empereur, on prétend que j'ai pris de vos leçons ! Au reste, ajouta-t-il en souriant, si Talma a été mon maître, c'est une preuve que j'ai bien rempli mon rôle. » Puis, changeant de conversation : « Le Roi vous a bien reçu ; il vous a bien jugé ; vous devez avoir été flatté de son suffrage ; c'est un homme d'esprit qui doit s'y connaître ; il a vu Lekain. »

C'est ensuite l'entretien rapporté par M. Audibert, entretien dont nous avons parlé dans un précédent chapitre, à propos d'une lettre écrite par Talma à Napoléon, alors que celui-ci s'apprêtait à quitter Fontainebleau pour l'île d'Elbe. Napoléon causa donc à Talma pendant les Cent-Jours ; cela est incontestable. Et d'ailleurs, que pouvait-on lui reprocher ? La situation artistique de Talma ne le mettait-il pas à l'abri de toute atteinte ? Il avait continué son service au Théâtre-Français ; l'empire ou la royauté n'avaient rien à voir là-dedans.

Mlle Mars, non plus, n'avait pas été dédaignée. Dans la dernière revue que l'Empereur passa dans la cour du Carrousel, il aperçut l'aimable comédienne assise en curieuse sur l'appui d'une des fenêtres de l'appartement du roi de Rome, au rez-de-chaussée. L'Empereur arrête son cheval, tire sa lorgnette de sa poche, puis, quelques instants après, s'approche de l'actrice, toute troublée : « Vous voilà, mademoiselle Mars, lui dit-il. Vous venez donc nous voir. Vous n'avez pas craint le soleil... Dans tous les cas, il ne gâtera jamais vos grâces. » Cette scène désigna naturellement Mlle Mars à l'attention de toute la foule et de l'état-major de l'Empereur, et malgré son assurance de comédienne celle-ci resta tout interdite.

Il n'avait pas été donné à Talma d'assister à la seconde chute de l'Empire. Profitant d'un congé qui lui avait été accordé, le tragédien était à Lyon.

Et maintenant que nous voici arrivé à la fin de cette deuxième étude, embrassant toute la période impériale, comme notre précédente étude avait embrassé toute la période révolutionnaire, il nous sera permis de poser à notre tour cette question : Pourquoi Napoléon n'a-t-il pas décoré Talma?

A cette heure, où la décoration des comédiens fait répandre dans les journaux des torrents d'encre, où l'on discute, où l'on ergote si l'on doit décorer celui-ci où celui-là, la question ci-dessus ne me semble nullement déplacée. Samson et Régnier furent décorés comme *professeurs*, à condition de ne plus remonter sur le théâtre.

M. Got fut donc en réalité le premier comédien décoré, et après lui M. Delaunay. Mais MM. Got et Delaunay étant, en même temps que comédiens, professeurs au Conservatoire, on pouvait bien se demander s'ils recevaient la décoration comme professeurs ou comme artistes. Je ne parle pas de M. Febvre, décoré comme vice-président d'une société de secours à Londres.

Pour quelle raison Napoléon, l'admirateur et l'ami de Talma, ne décora-t-il pas celui-ci, soit comme professeur, — puisqu'il l'était aussi, — soit comme artiste? S'il faut en croire M. Couailhac, le général Bertrand a dit que l'Empereur avait regretté, à Sainte-Hélène, de ne pas avoir décoré Talma. La vérité, je crois, est que le préjugé contre le comédien était encore si violent, que cette idée ne lui vint même pas à l'esprit. Et cependant, le contraire pourrait aisément se soutenir (1).

(1) Nous pouvons en effet citer à l'appui de ce que nous avançons ce passage extrait du *Mémorial de Sainte-Hélène*,

Napoléon, d'ailleurs, s'est expliqué sur ce point. Étant à Sainte-Hélène, il eut entre les mains l'ouvrage de J. Hobhouse, paru à Londres en 1816, et contenant des lettres sur les Cent-Jours. Or, comme ces lettres, à son avis, contenaient quelques allégations fausses, l'Empereur se plut à les annoter dans les

---

t. II, p. 294. « Dans mon système de mêler tous les genres, faisait observer Napoléon (à M. le comte de Las Cases), et de rendre une seule et même récompense universelle, j'eus la pensée de donner la croix de la Légion d'honneur à Talma; toutefois je m'arrêtai devant le caprice de nos mœurs, le ridicule de nos préjugés, et je voulus au préalable faire un essai perdu et sans conséquence : je donnai la couronne de fer à Crescentini. La décoration était étrangère, l'individu aussi; l'acte devait être moins aperçu et ne pouvait compromettre l'autorité, tout au plus attirer quelques mauvaises plaisanteries. Eh bien! résumait l'Empereur, voyez pourtant quel est l'empire de l'opinion, et sa nature : je distribuais des sceptres à mon gré, l'on s'empressait de venir se courber devant eux, et je n'aurais pas eu le pouvoir de donner avec succès un simple ruban, car je crois que mon succès tourna fort mal! — Oui, Sire (répondit alors le comte de Las Cases). Il fit grand bruit dans tout Paris, il emporta l'anathème de tous les salons; la malveillance s'en donna à cœur joie et fit des merveilles. Cependant, dans une des belles soirées du faubourg Saint-Germain, l'indignation qu'elle avait créée se trouva noyée tout à coup dans un bon mot. C'était une abomination, disait un beau parleur, une horreur, une véritable profanation, et quel avait pu être le titre de Crescentini? s'écriait-il. Sur quoi la belle Mme Grassini, se levant majestueusement de son siège, lui répliqua du geste et du ton le plus théâtral : Et sa *blessoure* donc, Monsieur, pour quoi la comptez-vous? Ce fut alors un tel brouhaha de joie, d'applaudissements, que la pauvre Mme Grassini se trouva fort embarrassée de son succès.

« L'Empereur, qui entendait cette anecdote pour la première fois, en a beaucoup ri; il y est revenu souvent depuis, et il l'a parfois racontée à son tour. »

loisirs de son exil. C'est dans ces notes, publiées dans le trente et unième volume de la volumineuse *Correspondance de Napoléon*, que nous verrons en quels termes Napoléon jugeait Talma.

« Napoléon n'a jamais fait société avec Talma (c'est l'Empereur qui parle); c'est une erreur de l'auteur que des propos aventureux ont trompé. Il n'a jamais mis sa bourse à la disposition de cet acteur (nous avons eu cependant les preuves du contraire, témoin la lettre de Talma que nous avons reproduite), c'est bien mal connaître la réserve de l'Empereur. Mais l'Empereur estimait beaucoup le talent de Talma. Il voulut obtenir une décision de l'Église pour faire lever les anathèmes ridicules contre les comédiens; les évêques lui conseillèrent d'attendre un autre temps. »

Et après quelques détails sur la façon dont l'Empereur déjeunait, détails que nous avons rapportés autre part, il ajoute : « Le sieur Denon, directeur du Muséum, le premier architecte Fontaine, le premier peintre David, Talma, que Napoléon considérait comme le premier acteur tragique, Lesueur, Paër, le ministre Decrès, la Grassini, dont il aimait le chant, Mlle Mars, dans les dernières années, depuis qu'elle était devenue si supérieure dans les rôles de grande coquette, entraient pendant le déjeuner et causaient avec l'Empereur; Talma venait deux fois par mois, au plus trois, surtout quand il avait débuté dans quelque nouveau rôle; il désirait connaître l'opinion du maître.

« Quant à l'argent (c'est toujours Napoléon qui

écrit), les comédiens étaient tenus à des dépenses énormes pour maintenir la vérité des costumes anciens. Tous les mois l'Empereur faisait sur sa cassette une distribution de gratifications aux premiers acteurs. Talma était le premier et celui qui était porté pour les sommes les plus considérables. Mlle Mars, Fleury, Raucourt, Elleviou, Mme Gardel, y étaient portés, ce qui était un sujet d'émulation pour les autres. »

Et de fait, Talma recevait comme supplément de sa part entière 1,500 francs par mois, mais il est bien exact aussi que l'Empereur lui paya plusieurs fois ses dettes.

Enfin, si la croix d'honneur semblait une trop haute distinction pour le tragédien aux yeux de l'Empereur, l'Institut restait ouvert; le comédien Molé en avait fait partie. Pendant les Cent-Jours, précisément, parut un décret impérial qui augmentait le nombre des membres de la classe des beaux-arts. Un artiste dramatique, qui fit beaucoup parler de lui à cause de ses démêlés avec le gouvernement de la Restauration, P. Victor, se plaignit alors dans les journaux de cette exclusion qu'il considérait comme injuste. « Les Constitutions libérales de l'Empire, écrivait-il, proclament tous les Français égaux, tous assujettis aux mêmes charges, tous admissibles aux mêmes emplois et aux mêmes honneurs; on ne violera point cette loi fondamentale de l'État. Préville, Molé, Grandménil, ont siégé à l'Institut. N'est-il plus aucun acteur à qui cette distinction mériterait d'être accordée? Il me semble que

Talma et Saint-Prix n'en seraient pas indignes (1). »

Cette lettre souleva, entre l'auteur et plusieurs journaux, une polémique qui ne fut pas sans intérêt. Le *Journal de Paris* répondit au correspondant anonyme : « Vous êtes orfèvre, M. Josse ! » tout en constatant que l'auteur de la lettre, s'il était en réalité comédien, pouvait répondre avec Nicomède :

Seigneur, si j'ai raison, qu'importe qui je suis !

On invoquait toujours, alors comme aujourd'hui, cette raison que l'acteur le plus distingué est exposé sur la scène à des humiliations inévitables. Et l'on en concluait que les comédiens pouvaient à la rigueur aspirer à l'honneur d'être admis à l'Institut, mais seulement lorsqu'ils cessaient d'exposer leurs personnes aux caprices trop souvent injurieux du public.

P. Victor ne se tint pas pour battu, et répliqua dans une seconde lettre, faisant observer avec raison qu'il avait réclamé, pour les comédiens, une place honorifique qui relevât leur état dans l'opinion, mais que, si cette distinction ne leur était accordée que lorsqu'ils auraient renoncé au théâtre, l'effet qu'il avait en vue serait nécessairement manqué.

« Assurément, ajoutait-il, si l'on s'avisait de recevoir à l'Institut un acteur médiocre, à qui l'art ne devrait rien, on pourrait dire qu'il y entre gratuite-

(1) *Études rétrospectives sur l'état de la scène tragique depuis* 1815 *jusqu'à* 1830, par Germain Sarrut, Paris 1843, pages 32 et suivantes.

ment ; mais un homme d'un talent supérieur, un acteur qui, comme Talma, serait parvenu à triompher de toutes les difficultés de son art, et soutiendrait depuis vingt ans avec honneur l'éclat de la scène française, aurait assurément bien payé sa dette pour y être reçu... »

Et, aurait pu ajouter Victor dans son chaud plaidoyer en faveur des artistes dramatiques, n'a-t-on jamais vu par hasard MM. de l'Institut sifflés pour leur propre compte ? N'a-t-on jamais sifflé à la première représentation de l'œuvre d'un immortel ? M. Royer-Collard n'a-t-il pas été ramené de l'École de médecine à son domicile au bruit des huées ? — L'immortel Dupuytren n'a-t-il pas été sifflé à l'Hôtel-Dieu ? Et depuis, combien d'autres ?

Bref, les traditions de la vieille monarchie, ramenées par l'Empire, s'opposaient à cette glorification des comédiens. C'est sous le gouvernement plus facile du Directoire que Molé et Grandménil avaient été reçus à l'Institut. Talma rêva-t-il jamais d'entrer à son tour dans la docte corporation ? Rien ne le prouve ; ses amis l'y poussaient cependant, comme le démontre le curieux brouillon de lettre que voici, tout entier de la main de Legouvé, y compris la signature, et rempli de retouches. Ce curieux document a été cité par l'*Intermédiaire des chercheurs et des curieux*, t. 15 — 1882 — p. 96.

« Mon cher ami Legouvé,

« Je te remercie de l'idée obligeante que tu as eue de me proposer à l'Institut, en remplacement de

M. Esménard (1), je l'accepte; je jouis de devenir ton collègue. Je t'envoie mon autorisation pour M. le Président, où je lui dis combien il m'est glorieux d'appartenir à un corps si vanté et que je suis fier d'être présenté par le poète qui m'a confié ses beaux rôles de *Néron* et de *Henri*, que j'ai été assez heureux pour jouer avec un talent égal au sien.

« Ton ami dévoué,

Ce samedi. « TALMA. »

Seulement, comme ce brouillon de lettre est tout entier de la main de Legouvé, reste à savoir si Talma était consentant ?

Mais, comme on le voit, dans tout ceci il n'est nullement question de la décoration. Se rappelle-t-on du reste le mot de M. de Rémusat à Fleury, qui, lui aussi, voulait être de l'Institut. « En vérité, mon cher Fleury, lui dit le surintendant des théâtres, vous devriez être plus raisonnable ; vous croyez qu'être comédien français est la première chose du monde; à vous entendre, il faudrait bientôt vous donner aussi la croix d'honneur ! »

Encore une fois, cette idée était si loin des préjugés d'alors, que l'on peut affirmer qu'elle ne vint pas un seul instant à l'Empereur. Le mot de M. de Rémusat le prouve. Napoléon, croyons-nous, n'aurait jamais décoré Talma, quelque grande que fût son admiration pour son talent — j'allais dire pour son

(1) Esménard était mort le 25 juin 1811.

génie. On a vu de quelle façon il se défendait d'avoir jamais fait société avec lui.

Question de temps et de milieu.

Et puisque nous avons parlé de Fleury, terminons par une réflexion de cet éminent comédien : « Il y aurait à faire une vie théâtrale de Napoléon, a-t-il dit quelque part dans ses *Mémoires*. Il ne s'est pas passé une année de cette existence si remplie sans qu'il s'occupât de la Comédie française. »

Nous avons réalisé en partie le vœu de Fleury en traçant une esquisse de cette vie théâtrale de Napoléon, tout en suivant notre tragédien pas à pas.

Il ne nous reste plus, pour couronner l'édifice, qu'à étudier Talma pendant les onze années qui lui restent à vivre — les plus belles pour l'art. — C'est ce que nous allons tâcher de faire dans notre troisième et dernière étude : *Talma et la Restauration*.

•

FIN

TABLE DES MATIÈRES

		Pages.
I.	La comédie à la Malmaison	1
II.	Le Premier Consul et la Comédie française.	14
III.	Second mariage de Talma.	25
IV.	Le théâtre de Saint-Cloud. Voyage à Bruxelles.	35
V.	Mademoiselle Georges.	45
VI.	Jugement de Napoléon sur Corneille, Racine et Molière.	55
VII.	Talma mis en échec par Lafon.	69
VIII.	Les comédiens ordinaires de l'Empereur.	80
IX.	*Les Templiers.*	192
X.	Les bulletins de la grande armée lus au théâtre.	103
XI.	Trente et une représentations à Saint-Cloud.	112
XII.	Conversations de Napoléon avec Talma.	119
XIII.	Suppression des petits théâtres.	130
XIV.	Hiver de 1806-1807. Voyage de Talma dans le Midi.	141
XV.	Séjour à Fontainebleau.	155
XVI.	Le théâtre de la cour aux Tuileries.	166
XVII.	La Comédie française à Erfurt.	176
XVIII.	Reprises de *Macbeth*, d'*Hamlet* et d'*Othello*.	189

		Pages.
XIX.	Talma à Lyon. Deux lettres de Mme de Staël.	199
XX.	Maladie de Talma.	210
XXI.	Mariage de l'Empereur. Représentations à Compiègne.	219
XXII.	Retraite de madame Talma. Second séjour à Fontainebleau.	227
XXIII.	Fêtes à Trianon. La Comédie française à Amsterdam.	236
XXIV.	Série de réceptions aux Tuileries. Désarroi de la Comédie française.	247
XXV.	Le décret de Moscou.	257
XXVI.	Scène de pugilat entre Geoffroy et Talma.	267
XXVII.	Nouveaux succès.	279
XXVIII.	Voyage de Dresde.	286
XXIX.	Le théâtre à Paris pendant la campagne de France.	300
XXX.	Talma jouant devant les alliés.	316
XXXI.	Louis XVIII.	327
XXXII.	Réaction royaliste. Talma jugé par Charles Nodier.	341
XXXIII.	Le roi va voir jouer Talma pour la première fois.	350
XXXIV.	L'enterrement de mademoiselle Raucourt.	359
XXXV.	Reprise d'*Hamlet*. Interprétation de Talma	370
XXXVI.	Les Cent-Jours. La décoration de Talma.	380

Paris. — Soc. d'Imp. Paul Dupont 41, rue J.-J.-Rousseau (

A LA MÊME LIBRAIRIE

BIBLIOTHÈQUE ACADÉMIQUE

FORMAT IN-12

Série à 4 fr. le volume

LESSING
La Dramaturgie de Hambourg, trad. de Suckau et L. Crouslé, avec préface par Alf. Mézières. 2ᵉ édit. 1 vol.

L. MOLAND
Molière et la Comédie italienne, 2ᵉ édition. 1 joli vol. illustré de 20 types du théâtre italien.

VILLEMARQUÉ (H. DE LA)
Barzaz Breiz. Chants populaires de la Bretagne, recueillis et annotés, 7ᵉ édit. (Ouv. cour. par l'Acad. franç.) 1 vol. in-12 avec musique.

DANTIER (ALPH.)
Les Monastères bénédictins d'Italie. Souvenirs d'un voyage littéraire au-delà des Alpes. (Ouv. cour. par l'Acad. franç.). 2ᵉ édit. 2 vol.

Mᵐᵉ SWETCHINE
Sa Vie et ses Œuvres. 12ᵉ édit., avec un portrait. 2 vol.
Lettres complètes. Edit. définitive. 3 vol.
Lacordaire et Mᵐᵉ Swetchine, Correspondance publiée par le comte de Falloux. 5ᵉ édit. 1 vol.

AMPÈRE (J.-J.)
Formation de la langue française. Complément de l'Histoire littéraire de la France. 3ᵉ édit. revue et annotée. 1 fort vol.

RÉAUME
Les Prosateurs français du XVIᵉ siècle. 2ᵉ édit. 1 vol.

ZELLER
Italie et Renaissance. Entretiens sur l'hist. du seizième siècle. 2ᵉ édit. 1 fort vol.

POIRSON
Histoire du règne de Henri IV (Ouv. couronné par l'Académie française, Prix Gobert). 3ᵉ édit. 4 forts vol.

CLÉMENT (PIERRE)
L'Abbesse de Fontevrault. Gabrielle de Rochechouart, 2ᵉ édit. 1 vol. orné d'un portrait.
Jacques Cœur et Charles VII. Etude historique, etc. (Ouv. couronné par l'Académie française.) Nouv. édit. 1 fort vol.

GEFFROY
Gustave III et la Cour de France (Ouv. couronné par l'Académie française.) 2ᵉ édit. 2 vol., ornés de portraits et fac-simile.

AUBERTIN
L'Esprit public au XVIIIᵉ siècle (Ouv. couronné par l'Acad. française). 2ᵉ édit. 1 fort vol.

BARTHÉLEMY (ÉD. DE)
Mesdames, filles de Louis XV, 2ᵉ édit. 1 fort vol.

Mᵐᵉ CRAVEN
Récit d'une sœur. Souvenirs de famille (Ouv. couronné par l'Académie française). 26ᵉ éd. 2 v.
Anne Séverin. 12ᵉ édit. 1 vol.

COUSIN (V.)
Histoire générale de la philosophie, depuis les temps les plus anciens jusqu'au XIXᵉ siècle. 8ᵉ édition. 1 fort vol.

NOURRISSON
Tableau des progrès de la pensée humaine, depuis Thalès jusqu'à Hegel. Nouv. édit. refondue. 1 fort vol.

LITTRÉ
Médecine et médecins, 2ᵉ édit. 1 fort vol.
La Science au point de vue philosophique. 2ᵉ édit. 1 fort vol.

BOUILLIER
Le Principe vital et l'Ame pensante. 2ᵉ édit. 1 fort vol.

MARTIN (TH.-HENRY)
Les Sciences et la Philosophie. Essais de critique philosophique et religieuse. 1 fort vol.

BUNSEN (C.-C.-J. DE)
Dieu dans l'histoire. Trad. traduite par L. Dietz, précédée d'une notice par M. Henri Martin. 2ᵉ édit. 1 fort vol.

FLAMMARION
Dieu dans la nature. Philosophie spiritualiste des sciences. 10ᵉ édit. 1 fort vol., avec portrait.

PRELLER
Les Dieux de l'ancienne Rome. Mythologie romaine. Trad. de L. Dietz, précédée d'une préface de M. Alfred Maury, de l'Institut. 2ᵉ édit. 1 fort vol.

MAX MULLER
Essais sur l'Histoire des religions, trad. par Geo. Harris. 2ᵉ édit. 1 fort vol.
Essais sur la Mythologie comparée, etc., trad. par Geo. Perrot. 2ᵉ édit. 1 fort vol. (Sous presse).

FERRARI (J.)
La Chine et l'Europe, leur histoire et leurs traditions comparées. 2ᵉ édit., 1 fort vol.

GOBINEAU (COMTE DE)
Les Religions et les Philosophies dans l'Asie centrale, avec un appendice sur le Livre des préceptes du Babysme. 2ᵉ édit. 1 vol.

DESJARDINS (ALBERT)
Les Moralistes français au XVIᵉ siècle. (Ouvrage couronné par l'Institut.) 2ᵉ édit. 1 fort vol.

HIPPEAU
L'Instruction publique aux États-Unis. Ecoles publiques, Universités, etc. Rapport adressé au ministre de l'instruction publique. 1ʳᵉ édit. 1 fort vol., planches.

www.ingramcontent.com/pod-product-compliance
Lightning Source LLC
Chambersburg PA
CBHW052236220526
45471CB00001B/69